KB134482

어쨌거나 밤은 무척 짧을 것이다

일러두기

『　』단행본
「　」기사, 논문
《　》영화, 신문, 잡지, 학술지, 전시, 음반
〈　〉작품, TV 드라마, 곡, 인터넷 사이트

어쨌거나 밤은 무척 짧을 것이다

세기의 아이들을 위한 반영화입문

유운성 지음

차례

서문

서문을 쓴다는 것은 책의 불완전성을 자인하는 행위다. 그럼에도 불구하고 기왕 쓰기 시작하면 역설을 감수하지 않고서는 모든 서문은 쓸모없는 것이라고 말할 수도 없게 된다. 『카라마조프가의 형제들』의 서문은 기왕 쓴 것이니 그대로 둔다고 하면서 도스토예프스키가 이미 써먹은 말이기도 하고 말이다. 한편, 책을 읽는 독자의 입장에서 보면 서문은 무척이나 귀찮은 존재다. 제법 볼만한 것들이 보관되어 있다는 어떤 방으로 손님을 안내하면서 '들어가시기 전에 알아두실 게 있는데요. 그게 뭐냐면…'하고 자꾸 말꼬리를 흐리며 사람을 감질나게 만드는 천박한 주인과 같은 존재가 바로 서문이다.

생각은 이렇게 하면서도 이 책에는 서문이 필요하다고 느끼게 된 이유는 어디까지나 제목에 '입문'이라는 단어를 썼기 때문이다. 여기서 나는 띄어쓰기 없이 쓴 '반영화입문'이 '반영화에 대한 입문'이라는 뜻인지 '영화에 대한 반입문'이라는 뜻인지 그도 아니면 '영화입문에 반하여'라는 뜻인지 굳이 밝힐 생각은 없다. 더불어, '반(反)'이라는 한자어를 'anti-'의 뜻으로 쓴 것인지 'counter-'의 뜻으로 쓴 것인지도 밝히고 싶지 않다. 사실 이 책은 의미의 그러한 불확정성 가운데서 진동하고 있다. '판단은 독자의 몫'이라는 식의 하나마나 한 안이한 말로 책임을 떠넘길 생각은 전혀 없다. 이미 본문의 집필을 마치고 난 지금도, 나 또한 확정적으로 판단을 내릴 처지가 아님을 솔직히 밝혀두고 싶을 뿐이다.

하지만 나는 진정한 입문서는 어떠해야 하는가에 대해서는 꽤 명확한 상을 지니고 있다. 물론, 내가 여기서 염두에 두고 있는 입문 서는 특정 분야에 학문적으로 접근하려 하는 이들보다는 교양 독자 일반을 대상으로 구성된 책이다. 즉, 교과서보다는 교양서의 성격을 띠고 있는 책이다. 문제는 후자의 책이 종종 전자의 책을 '쉽게 풀어 서', 바꿔 말하면 수식이나 전문 용어를 빼고 추론의 과정은 생략하 면서 흥미를 돋우는 결과만을 요약해 제시하는 식으로 씌어진다는 데 있다. 여기에 최신 동향에 대한 정보를 더하고 약간의 잡기(雜記) 를 곁들이면 전문적 지식을 바탕으로 쓴 수필 같은 것이 된다. 내가 잘 알지 못하는 분야와 관련해 이런 종류의 책을 접하게 되면 개인적 으로는 한 명의 독자로서 상당한 모욕감을 느끼곤 한다.

어떤 분야를 대상으로 한 것이든 독자의 지성에 대한 절대적 믿 음―당연한 말이지만, 이는 미래에 대한 믿음과 일맥상통한다―으 로부터 출발하는 입문서라면 핵심적 물음을 둘러싸고 펼쳐지는 방 법적 모색의 과정들 자체를 독자가 오롯이 체험할 수 있게끔 구성되 어야 한다. 이런 점에서 내가 생각하는 입문서의 가장 이상적인 모델 은 로저 펜로즈가 쓴 『황제의 새 마음: 컴퓨터, 마음, 물리법칙에 관 하여』이다. 펜로즈는 블랙홀에 대한 특이점 정리를 통해 2020년에 노벨상을 수상한 학자이고, 에셔의 기묘한 판화 그림과 관련해 종종 언급되는 펜로즈 삼각형(또는 펜로즈 계단) 등으로도 잘 알려져 있 다. 일찌감치 1996년에 국내에 두 권으로 번역서가 나온 『황제의 새 마음』은 '컴퓨터로 마음을 프로그래밍할 수 있는가?'라는 물음에 접 근하고자 할 때 유용한 방법적 도구로 고려해봄 직한 여러 현대적 이 론들―알고리즘과 튜링 기계의 원리, 괴델의 불완전성 정리, 비재귀 적 수학, 그리고 상대성 이론과 양자역학에 이르는―의 한복판으로 독자를 안내한다. 하지만 펜로즈는 결코 결과만을 요약해 제시하는 법이 없다. 그의 책은 각각의 이론적 도구를 떠받치는 정리들로 향하는 추론 과정 자체에 독자를 깊숙이 끌어들이는 한편, 핵심적 물음을 둘러싼 논쟁과도 끊임없이 대면하게끔 하는 구조로 서술되어 있다. 실제로 나는 이 책을 예술 전공 학부생들을 대상으로 한 교양 강좌의 교재로 삼아 한 학기 동안 강의해본 적도 있다.

　그런데 영화와 관련해서는 양자역학만큼 강한 이론은 말할 것도 없고 유력한 이론이랄 것조차 없다시피 하다. 그저 다른 것보다 조금 널리 읽히는 문헌들이 있는 정도다. 엄밀한 의미에서의 이론을 갖춘 '영화학'이란 존재하지 않는다. 영화와 관련된 기존의 문헌들을 읽고 또 문헌들을 생산하는 분과로서의 '영화 연구'가 있을 뿐이다. 따라서 교양서 성격의 입문서를 쓰는 데 활용할 이론적 도구 또한 전무하다. 이런 사정은 영화에만 국한된 것이 아니라 흔히 예술이라 불리는 모든 영역에서 마찬가지겠지만, 적어도 다른 예술들은 영화와는 비교할 수 없을 정도의 역사적 두터움을 지니고 있다. 흥미롭게도, 이러한 이론적·역사적 취약함은 생산자와 수용자 각각으로 하여금 영화를 대하는 방법의 문제를 두고 끊임없이 스스로 고민하게 만드는 결과를 낳았다. 그 어떤 절대적인 이론적 접근도 허용하지 않고 역사적 사례에 호소하는 일도 무력하게 만드는 영화의 강고한 모호함이야말로 그 주변에서 온갖 쟁론들이 펼쳐지게끔 하는 역동적 동인이기도 하다.

　이 책에서 나는 영화와 관련된 핵심적 물음을 크게 세 가지로 나누어 보았다. '영화란 무엇인가?', '영화를 어떻게 볼 것인가?', 그리고 '어떻게 영화하는가?'이다. 그리고 이러한 물음들을 둘러싸고 흥미로운 제안을 내놓은 세 명의 영화인을 주요 등장인물로 내세워 일종의 비평적인 사변 소설을 써 보고자 했다. 앙드레 바쟁, 장뤽 고다르, 그리고 세르게이 에이젠슈테인이 바로 그들이다. 나는 이들이 쓴

글이나 이들이 만든 영화 작품 자체를 교과서적으로 해설하려 들기
보다는, 그들의 글과 작품을 매개로 삼아 오늘날의 저널리즘에서, 학
계에서, 그리고 일상적 담화에서 각기 다른 방식으로 표출되는 동시
대적 쟁론들을 검토해보고자 했다.

이 책의 구도를 미심쩍게 바라보며 이런 물음을 던지는 이도 있
을 수 있다. 당신은 왜 정전의 자리에 오른 글이나 작품을 남긴 영화
작가나 평론가를 내세우고 있는가? 바쟁, 고다르, 에이젠슈테인은 물
론이고 이 책에서 당신이 언급하는 사례들은 지나치게 유럽 중심적
이지 않은가? 사실이다. 책의 후반부에서 압바스 키아로스타미의 작
업을 중요하게 고려해보고는 있지만, 실제로 이 책에서 나는 한국을
비롯해 아시아, 중동, 중남미 그리고 아프리카의 영화인들에 대해서
는 거의 언급하지 않았다.

그 이유는 단순하다. 본연의 기능에 충실한 입문서라면 핵심적
물음 주위를 집요하게 맴돌면서 사유의 연습을 수행해야 할 터인데,
한국을 비롯해 아시아, 중동, 중남미 그리고 아프리카의 사례를 선택
하는 일은 자칫 그 자체로 의미심장하게 여겨질 수 있다. 나는 유럽
중심적이지 않은 사례를 선택했다는 것만으로 뭔가 문제를 돌파했다
는 듯한 인상을 주고 싶지 않았다. 그보다는, 얼마간의 비판을 감수
하고서라도, 20세기의 영화 담론에 지대한 영향을 미쳤고 오늘날에
도 여전히 영향력을 행사하고 있는 서구적 사유들과 제대로 대결해
볼 필요가 있다고 느꼈다. 나는 인도의 리트윅 가탁, 일본의 마츠모
토 토시오, 그리고 필리핀의 롤란도 B. 톨렌티노 같은 아시아 영화인
들이 전개한 논의들에 대단히 흥미를 느끼고 있지만, 이들에 대해 자
세히 논하는 일은 이 책과는 성격을 달리할 후속 작업으로 미뤄 두기
로 했다. 그러한 논의들에 나 자신이 끌리게 된 과정에서 실제로 상
당한 역할을 한 서구적 사유들을 건너뛰고 입문서를 쓴다는 것은 자

칫 사다리를 걷어차는 일이 될 수도 있다. (다시 생각해보니, 영화에 대해 사유하는 일에 위계나 단계 같은 것이 있을 리 만무하므로, 사다리를 걷어찬다는 표현보다는 다리와 길을 끊는다는 표현이 더 낫겠다)

이 책에는 적지 않은 주석이 포함되어 있지만, 인명이나 용어를 해설하기 위해 쓴 경우는 거의 없다. 간혹 있다고 해도 해당 용어와 얽혀 있는 문제를 구체적으로 제시할 필요가 있을 경우에 국한했다. 즉, '프리츠 랑(Fritz Lang, 1890~1976): 독일의 영화감독.《M》과 《메트로폴리스》가 대표작. 나치의 압력을 피해 할리우드로 망명해 범죄 영화와 서부극 등을 연출.' 또는 '누벨바그(Nouvelle Vague): 1960년을 전후해서 프랑스에서 일어난 새로운 영화 운동.' 식의 주석이 이 책에는 없다. 사실상 아무것도 설명하고 있지 않은 이런 식의 주석은 출판계에서 여전히 관행적으로 존속되고 있는 적폐 가운데 하나다. 이런 주석은 무언가를 찾는 기쁨을 누릴 권리를 독자에게서 박탈하고 있기도 하지만 무엇보다 독자를 언제나 참고서에 매달리는 수험생 취급하고 있다는 점에서 불쾌감을 준다.

다만 '시네마'라는 용어에 대해서는 이 책에서의 쓰임새를 미리 밝혀 두는 편이 좋겠다. 외국에서 출간된 영화 관련 문헌들을 읽다 보면 'film'은 개개의 영화 작품을 가리킬 때, 그리고 'cinema'는 영화 일반을 가리킬 때 사용되곤 한다. 한편으로는 'movie'나 'motion picture' 같은 말도 있다. 그러나 한국어로는 모두 '영화'다. 홍상수가 만든 한 편의 영화('A Film by Hong Sang-Soo')도 '영화'고 한국영화('Korean Cinema')도 '영화'다. 나는 그야말로 '영화답게' 모호하고 개별과 일반을 넘나드는 '영화'라는 한자어가 마음에 든다. 그래서 책 전체에 걸쳐 특별한 표기 없이 '영화'라고 썼고 외국 문헌을 번역해 인용할 때도 가급적 'cinema'와 'film'을 모두 '영화'로 옮겼다. 하지만 일부러 독자를 혼란스럽게 할 뜻은 없으므로, 어떤 보편적 이념(형)으로서의 영화를 염두에 두고 있음을 분명히 밝히고 싶을 때는 '시네마'라 명기했다. '필름'은 사진 이미지가 각인되는 물질적 매체를 가리키는 경우에 국한해 사용했다.

'어쨌거나 밤은 무척 짧을 것이다'라는 제목은 레이 브래드버리의 『화성 연대기』에서 따온 것이다. 정확히는 이 책에 수록된 단편 가운데 하나인 「한밤의 조우」에 나오는 등장인물의 말에서 따왔다. 이 단편은 각기 다른 시간대에 속해 있어 서로 대화는 가능하지만 접촉이 불가능한 존재들 간의 일시적인 만남을 다루고 있다. 나는 이 매혹적인 단편에서 발췌한 구절들을 박민하 작가의 영상 작업에 대해 논한 글 「영화, 혹은 소통 불가능한 감각의 사막을 찾아서」에서도 인용한 바 있다. (몇몇 사정으로 아직 출판되지 않은 이 글은 본서의 주제와도 느슨하게 관련을 맺고 있다) 발터 벤야민은 '역사철학테제'라는 제목으로도 알려진 「역사의 개념에 대하여」에서 자신의 세대를 가리키며 '세기의 아이들'이라는 멋진 표현을 썼다.[1] 원래의 문맥에서 떼어내 이 책의 부제를 위해 활용하는 일이 과연 온당한 짓인가도 싶지만, 이렇게 해서라도 이 함축적인 표현에 담긴 벤야민의 희망을 어떻게든 우리 세기의 것으로 삼고 싶었다.

2021년 9월
유운성

보스토크 프레스의 제안과 격려가 없었더라면 정말이지 나는 이런 책을 쓸 시도조차 하지 않았을 것이다. 설령 집필에 착수했다 해도 끝까지 마무리하기는 어려웠을 것이다. 책을 내기까지 원고를 세밀히 살피고 의견을 준 김현호 발행인, 박지수 편집장, 이기원 평론가 세 분께 우선 감사드리고 싶다. 2017년부터 2021년까지 서울아트시네마, 대전아트시네마, 아트선재센터, 그리고 아르코미술관에서 진행한 다음의 강연들은 이 책을 집필하는 데 크게 도움이 되었다. 강연에서 제시한 아이디어를 발전시켜 집필에 활용하기도 했고, 책의 초고를 바탕으로 강연하면서 귀중한 피드백을 얻기도 했다. '역량과 유령: 영화에 대한 두 개의 가설'(서울아트시네마, 2017년 9월 12일), '스크린으로서의 세계: 키아로스타미의 버추얼리티'(서울아트시네마, 2021년 5월 16일), '독신과 불신'(대전아트시네마, 2019년 11월 17일부터 12월 29일까지 매주 일요일), '에이젠슈테인을 다시 읽는다'(대전아트시네마, 2021년 7월 8일부터 8월 12일까지 매주 목요일), '반영화입문: 연명하지 않는 영화의 삶'(아트선재센터, 2020년 8월 3일부터 8월 23일까지 매주 월요일), '파편들 사이에서 말하기: 불확정적 영상 작품을 대하는 비평의 자세'(아르코미술관, 2019년 10월 3일) 등이 그것이다. 이와 더불어, 《보스토크》, 《오큘로》, 《기획회의》 등 잡지에 기고했던 글들도 상당한 수정을 거쳐 몇몇 부분에 활용되었다. 본서 1장의 내용을 절반 정도로 축약한 글은 《씨네21》 창간 26주년 특집호(1300호)에 '시네마, 역량과 유령 사이에서'라는 제목으로 실리기도 했다. 영화에 대해 강연하고 글을 쓸 기회를 준 모든 분께 감사드린다.

제1장. 영화란 무엇인가?

역량과 유령

(…) 그의 내면에서는 늘 어떤 상(像/*Bild*)이
불가사의한 표면 위로 순식간에 지나가곤 했는데
이러한 일이 발생하는 바로 그 순간에 그 상을
포착하는 일은 결코 가능하지 않았다. 그래서 그는
끊임없이 불안에 시달렸으며 이는 사람들이 영화
(*Kinematographen*)를 보면서 느끼는 것과 동류의
것으로, 모든 것이 환영임에도 불구하고 영화를
볼 때 사람들은 그들이 받아들이는 상들 뒤로
따로따로 보면 완전히 다른 수백 개의 상들이 스쳐
지나가는 듯한 어렴풋한 지각을 떨쳐낼 수 없다.
― 로베르트 무질, 『생도 퇴를레스의 혼란』[1]

희망 없이 말하는 것보다는 침묵하는 편이 낫다. 희망 없이 수다를 떠
는 데서도 즐거움을 누릴 수 있다고 생각하는 것이야말로 전형적인
냉소주의자의 태도다. 다만, 희망을 낙관과 혼동해서는 안 된다. 낙
관은 지금 처해 있는 상황을 둘러싼 요인들로 미루어볼 때 얼마간 바
람직한 미래가 가능하다고 진단하는 일에 지나지 않는다. 이를테면
주식시장이 낙관적이라거나 부동산 시장이 안정화될 것으로 전망하
는 경제 전문가의 발언 따위를 떠올려 보라. 희망은 여건에 비추어 미
래를 낙관하는 일이 아니라 전적으로 바람직한 미래를 위한 가능성
의 조건 자체를 응시하는 일이다. 희망은 낙관이라는 타협을 용인하
지 않으면서 미래를 긍정하는 일이다. 주식시장이나 부동산 시장에
대한 전망을 내놓기보다는 그것들을 없애버리자고 요구하는 것이 희
망이다.

　　그러니 영화는 희망의 전언과 관련되어 있다는 것을 믿지 않는
다면 영화에 대해서는 침묵하는 편이 낫다. 다만, 영화가 그것의 존
재를 통해 희망과 관계하는 것인지, 아니면 그것의 소멸을 통해 그리
하는 것인지는 숙고해볼 필요가 있겠지만 말이다. 희망의 전언과 관
련된 영화란 희망적인 내용을 담은 영화와는 무관하다고 해도 좋다.
왜냐하면 여기서 말하고 있는 영화란 특정한 내용과 형식을 지닌 개
별적인 영화 작품이나 그러한 작품들의 단순한 모임만을 가리키는
것이라기보다는 그것들 모두를 가능케 하는 어떤 (심지어 아직 실현
되지 않은) 이념과 관련된 대상, 즉 시네마 또한 지칭하는 것이기 때
문이다. 칼 드레이어의 《잔 다르크의 수난》이나 존 포드의 《역마차》
처럼 고전의 반열에 오른 작품, 이탈리아 네오리얼리즘이나 프랑스
누벨바그와 같은 영화 운동, 서부 영화나 공포 영화 같은 장르, 에디
슨의 키네토스코프와 뤼미에르 형제의 시네마토그래프에서 오늘날
의 가상 현실 체험용 헤드마운트디스플레이(HMD)에 이르는 장치

가운데 어떤 것도 시네마 그 자체라고는 말할 수 없다.

시네마는 개별적인 작품들, 운동들, 장르들, 장치들을 통해서만 구체적으로 발현되고 구성되는 것이면서, 한편으론 그것 없이는 이러한 작품들, 운동들, 장르들, 장치들 가운데 그 무엇도 상상할 수 없게 만드는 것이다. 영화가 희망과 만나는 것은 바로 이러한 대상 속에서다. 한 편의 개별적인 영화 작품이 절망적인 내용을 다루고 있다 해도 시네마를 향해서는 희망의 전언을 던질 수 있는 것도 그 때문이다. 칼 드레이어의 《잔 다르크의 수난》, 미조구치 겐지의 《시든 국화 이야기》, 로베르토 로셀리니의 《전화의 저편》, 이만희의 《휴일》, 샹탈 아커만의 《잔느 딜망》, 소흐랍 샤히드 살레스의 《단순한 사건》, 호르헤 산히네스의 《민중의 용기》, 리트윅 가탁의 《티타시라 불리는 강》, 우스만 셈벤의 《캠프 티아로예》, 압바스 키아로스타미의 《그리고 삶은 계속된다》, 페드로 코스타의 《반다의 방》, 압데라흐만 시사코의 《바마코》, 그리고 홍상수의 《강변호텔》 등이 바로 그러한 예에 속한다.

시네마라는 차원에서 영화가 희망과 만난다는 진술의 뜻을 조금 더 분명히 하기 위해서는, 여기서 희망이 무엇을 향한 희망인지를, 그리고 시네마는 어떤 성격을 띠고 있는 것인지를 고찰해봐야 한다. 1장에서는 무엇보다 후자의 문제에 대해 생각해보려 한다. 궁극적으로는 전자의 문제로 향해야 하겠지만, 일단 여기서는 영화가 관계하는 희망이란 스스로의 사라짐을 통해 세계를 회복하는 것이며, 이로 인해 '무(無)에 대한 헌신'은 영화에서 매우 특권적인 윤리의 자리를 점한다는 사실 정도만 언급해두려 한다.

말할 수 있는 것과 말할 수 없는 것

오늘날 정색하고 '영화란 무엇인가?'라는 질문을 던지는 이는 거의 찾아보기 힘들다. 일상적인 수준에서 '영화란 무엇인가?'라는 물음은 '좋은 영화'와 '나쁜 영화', '한국영화'와 '미국영화', '남성적 영화'와 '여성적 영화' 같은 다분히 미심쩍은 구분을 활용하는, 질적 혹은 종적 가치나 특성에 대한 물음으로 대체되어버린 것 같다. 이론적인 영역에서는 '영화란 무엇인가?'라는 존재론적 질문보다는 '영화란 무엇이었는가?'라는 고고학적 질문이 오히려 더 관심을 끄는 것처럼 보이기도 한다. 특히 영화를 매체 일반의 역사 속에서 파악하곤 하는 논의들에서 이런 경향은 한결 두드러진다. 현대의 고전이라 할 만한 반열에 오른 책 가운데서는 프리드리히 키틀러의 『축음기, 영화, 타자기』라든지 레프 마노비치의 『뉴미디어의 언어』 등이 얼른 떠오른다. 여기서는 다른 매체들과의 관련 속에서 영화의 대안적 고고학이나 계보학을 서술하는 일이 보다 매력적인 일로 비치기도 하는 것이다.

　마노비치는 컴퓨터화에 기초하고 있는 "뉴미디어가 20세기의 지배적인 기호학적 질서, 즉 영화의 질서를 따르"[2]고 있다고 본다. 그런데 이는 뉴미디어가 반드시 영화의 질서를 따를 필요는 없다는 진단을 에둘러 표현한 것임을 놓쳐서는 안 된다. 마노비치는 "서로 보완적인 소프트웨어, 데이터 구조와 알고리즘으로 환원"[3]된 세계에서 영화는 가능한 수많은 인터페이스 가운데 그저 사람들에게 익숙한 하나의 인터페이스에 지나지 않는다고 보고 있음이 분명하다. 오늘날의 영화관 경험이 100년 전과 거의 다를 바 없어 보이는 것은 그동안 거의 바뀐 것이 없어서가 아니라 실제로는 원리상 대부분이 바뀌었음에도 불구하고 겉으로 드러나 보이는 장치들(스크린, 영사기, 객석 등)의 외양이 여전히 과거와 유사하게 디자인되어 있기 때문이다.
달리 말하자면, 뉴미디어와 영화의 하부 구조는 서로 전혀 다른데도
일종의 표현형으로서 상부 구조의 유사성이 유지되고 있을 따름이
다. 마노비치는 이 '전략적 제휴'에 대한 논의에 책의 상당 부분을 할
애하고 있다.

　『축음기, 영화, 타자기』는 키틀러의 박학다식이 유감없이 발휘
된 저작이지만 논지 자체는 놀랄 만큼 단순하다. 매체를 통해 대체
불가능한 인간 고유의 능력이란 없다는 것이다. 그의 말대로라면 이
제 "인간에게 남아 있는 것은 매체가 저장하고 유통시킬 수 있는 것
뿐"[4]이다. 이러한 전제에 입각해 쓰여진 이 책을 나름대로 재구성해
보자면 대략 다음과 같다. 축음기, 영화, 타자기는 각각 실재계, 상상
계, 상징계라는 라캉적 도식에 상응하는 매체들이다. 꽤 오랫동안 인
간은 문자나 악보 같은 분절적인 기호를 통해 상상계와 실재계를 표
상해 왔다. 분절적인 상징계적 표상의 권위는 이를 통해 유지되어 온
것이다. 그런데 소리라는 비분절적인 실재를 고스란히 각인하는 축
음기와 꿈이라는 비분절적인 표상을 닮은 영화가 나타나면서부터
그러한 권위는 더는 유지될 수 없게 된다. 게다가 타자기는 분절적인
표상을 그 어떤 신비도 없는 단순한 기호들의 조합으로 시각화해버
렸다. 1936년에 프로그램 가능한 컴퓨터의 가능성을 수학적으로 증
명한 앨런 튜링을 통해 "상징계의 세계는 실제로 기계의 세계가 되
었다."[5] 이렇게 말해도 좋겠다. 언어는 이제 아무런 꿈도 공포도 낳지
못하는 기호가 되었다고. 그렇다면 영화는? 분절적/비분절적, 표상/
실재의 조합들로 짜인 키틀러의 매체 도식에서 영화는 그다지 특별
할 것도 없는 하나의 조합에 지나지 않는다.

　비록 '영화란 무엇인가?'라는 질문을 정색하고 던지는 이를 찾아
보기 힘든 것이 사실이기는 해도,[6] 우리는 사람들이 영화라는 것을

상상하는 방식에 대해 이야기해볼 수 있다. 명시적으로 표명하지는 않을지언정 사람들은 영화에 대한 어떤 상(像)을, 혹은 가설이라고 해도 좋을 것을 암암리에 마음에 품고 있는 법이기 때문이다. 그렇지 않다면 어떤 책, 어떤 그림, 어떤 공연, 혹은 현실에서 벌어진 어떤 사건을 보고서 '정말 영화 같아!'라고 내뱉는 일 따위는 일어나지 않을 것이다. 즉, 시네마라는 대상은 사람들이 마음에 품고 있는 상이나 가설 없이는 절대로 성립되지 않는다. 이러한 상이나 가설을 암암리에 마음에 품지 않고서 영화를 만들거나 보거나 그것에 관해 이야기하는 사람은 없다. 한편으로 우리는 영화를 만들거나 보거나 그것에 관해 이야기함으로써 그러한 상이나 가설을 구성해내기도 한다.

이와 관련해, 철학자 스탠리 카벨은 영어권에서 나온 가장 중요한 영화 관련 저작 가운데 하나로 꼽히는 『눈에 비치는 세계』의 증보판 서문에서 다음과 같이 썼다. 그는 다음과 같은 주제야말로 영화에 대한 자신의 모든 사유에 있어서 명백하게 드러나는 것이자 지침이 되는 것이라 밝히고 있다.

> 영화라는 물리적 매체의 특수한 가능성과 필연성에 (…) 의미를 부여하고 자리매김하는 것은 영화감독과 비평가(나 관객) 각각이 수행하는 기본적인 행위들이다. 영화라는 매체의 '성분'을 구성하는 것은 연출과 비평을 통한 그러한 발견이 있기 전에 미리 알 수 있는 것도 아니다. 성분과 의미 사이의 이러한 상호성을 나는 영화적 순환이라 부르고 싶다. 이러한 순환에 대해 담구하는 것이야말로 영화라는 매체를 탐구하는 것이라고 생각할 수 있을 것이다.[7]

상영 후 관객과의 대화 자리에서 '영화란 무엇보다 인간의 표정을 담는 것이라 생각해요'라고 말하는 영화감독이 있을 수 있다. 이러한 발언 자체는 분명 존중할 만한 것이지만 우리의 비평적 논의의 출발점으로 삼을 만한 것은 되지 못한다. 그의 발언은 영화감독으로서 그가 자신에게 다짐한 것('나는 무엇보다 인간의 표정을 담는 연출자가 되겠다')으로 창작을 위한 개인적 지침은 될 수 있을지언정 영화에 대한 보편적 인식과는 한참이나 거리가 먼 것이기 때문이다.

물론 영화감독이란 이런 개인적 다짐을 존재론적 명제의 형식으로 말할 수 있는 특권을 지닌 사람이다. 달리 말하자면, 그는 '나는 ~한 영화를 하려 한다'나 '나는 ~한 영화를 하고 싶다'를 뜻하는 말을 '영화란 ~이다'라는 명제의 형식으로 말할 수 있는 특권을 지닌다. 영화를 보는 관객 또한 얼마간 이런 특권을 공유한다고 할 수 있다. 주의해야 할 것은, 비평가에게는 결코 이러한 특권이 없음은 물론이고 비평가는 이러한 특권을 열망해서도 안된다는 점이다. 꼭 비평을 전문적으로 하는 사람이 아니더라도, 영화에 대해 비평적인 입장에서 발언하고자 하는 이라면 그 누구도 이러한 특권을 누릴 자격이 없다. 비평이 규범적인 견해를 존재론적인 입장으로 위장해 말할 때 그것은 종교적 근본주의와 다를 바 없는 것이 되기 때문이다.

이를테면 '영화란 무엇보다 인간의 표정을 담는 것'이라는 존재론적 형식의 진술을 영화에 대한 자신의 입장으로, 즉 영화관(觀)으로 삼은 비평가가 있다고 가정하자. 이 진술은 곧바로 그의 비평적 규준이 된다. 인간의 표정이 잘 드러나지 않거나 아예 인간 자체가 등장하지 않는 영화는 그에게는 영화적으로 의미 없는 작업으로 비칠 것이다. 마르셀 뒤샹이 만든 《빈혈증 영화(Anemic Cinema)》처럼 개념적인 작품들, 운동감이 부여된 추상회화에 상응하는 스탠 브래키지의 영화들, 풍경의 미세한 변화를 포착하는 제임스 베닝의 영화들은 비평적으로 격하될 수밖에 없다. 게다가 무수한 애니메이션 작품들에 대해서도 '영화가 아니다'라고 말할 수밖에 없게 된다.

영화 관련 서적은 물론이고 관객과의 대화나 인터뷰 자리에서도 흔히 접할 수 있는 다음과 같은 진술 역시 마찬가지다. '영화는 무엇보다 운동'이라든지 '영화는 가장 탁월한 시간의 예술'이라는 식의 주장 말이다. 이런 주장 역시 영화감독의 영화관은 될 수 있지만 절대로 비평가의 영화관은 될 수 없는 유형에 속한다. '영화는 무엇보다 운동'이라는 주장은 크리스 마커의 《환송대》, 오시마 나기사의 《닌자무예장》, 그리고 호세 루이스 게린의 《실비아의 도시에서 찍은 사진들》처럼 거의 전적으로 사진이나 그림으로만 이루어진 작품을 배제할 수밖에 없다는 점에서 '영화란 무엇보다 인간의 표정을 담는 것'이라는 주장만큼이나 편협하게 근본주의적이다. 물론, 여기서의 운동이란 단지 물리적 운동만이 아니라 정신적 운동 또한 의미한다는 식으로 개념의 외연을 넓혀 주장을 보완하는 방법이 있기는 하다. 하지만 그런 식으로 보완하려 드는 것은 비평적 반칙에 지나지 않는다. 이때의 정신적 운동이란 그저 '상상력'이라 불러도 될 것을 자신의 주장을 합리화하기 위해 표현만 바꾼 것이기 때문이다.

시네마라는 대상은 무척이나 자명한 실체인 것처럼 보이지만 실은 무척이나 포착하기 힘든 것이다. 그것이 자명해 보이는 이유는 우리가 언제나 작품들, 운동들, 장르들, 장치들 따위를 통해 매우 구체적이고 현실적으로 그것과 접촉하고 있기 때문이다. 이러한 작품들, 운동들, 장르들, 장치들은 그 자체로 시네마라고는 할 수 없지만 어떤 식으로든 시네마와 관계하고 있는 것만은 틀림없다. 앞서 일부러 비판적인 시가에서 검토해보기는 했지만, '영화란 무엇보다 인간의 표정을 담는 것', '영화는 무엇보다 운동', '영화는 가장 탁월한 시간의 예술' 등등의 주장을 굳이 삐딱하게 보지만 않는다면, 이러한 진술 속에는 그 관계의 양상에 대한 얼마간의 직관적 통찰이 깃들어 있다고도 할 수 있다. 하지만 시네마라는 대상의 정체는 여전히 오리무중이다.

변증법적 사물로서의 시네마

오래전에 어느 희망의 대가가 남긴 영화에 대한 통찰을 다시 살펴보는 것으로 시작해보자.

이 희망의 대가는 오늘날에는 라트비아의 수도가 된 리가에서 태어나 소비에트 연방 시절에 활동했던 영화감독이자 이론가인 세르게이 미하일로비치 에이젠슈테인이다. 정전의 반열에 올라 있는 《전함 포템킨》, 《10월》 그리고 《이반 대제》 2부작 등으로 잘 알려진 그는 생전에 많은 양의 글을 집필했다. 여전히 출간되지 않은 상태로 남아 있는 것들도 꽤 된다고 한다. 극히 일부이기는 하지만 그의 주요 글들을 모은 『영화 형식』은 가장 널리 읽힌 영화 이론서 가운데 하나다.[8]

1898년에 태어난 에이젠슈테인은 1948년에 50세를 일기로 세상을 떠났다. 사망하기 일 년 전쯤 그는 오늘날에는 주로 3D영화라 부르는 입체영화(러시아어로는 '스테레오키노'(стереокино))와 관련해 다음과 같은 주장을 편다. "우리들의 눈앞에서 스크린 자체가 자취를 감추고 있는 중이라고 말할 순 없을까? 입체영화라는 최신의 달성에서는 갖가지 표현이 스크린 위에서뿐만 아니라 관객석 전체를 향해서 투사되고 더욱이 텔레비전의 마술을 통해서 우리 주위의 무한한 공간으로 순식간에 끌려나간다고 말할 순 없을까?"[9] 이어서 그는 다음과 같은 말을 덧붙인다. "사회의 새로운 발전단계에서 생긴 새로운 미학 체계가 그 새로운 성과를 기대하고 있는 바로 그 순간에 실제로 기술의 발전이 그것을 초래하였다."[10] VR 기술로 만들어진 작품을 그리 낯설지 않게 받아들이고 있는 오늘날의 관객에게 "스크린 자체가 자취를 감추고 있는 중"이라는 에이젠슈테인의 말은 결코 허언으로 들리지 않을 것이다. 사실, 그가 이런 주장을 피력했던 때로부터 40년쯤 전인 1908년, 혁명가이자 이론가이며 (에이젠슈테인도 한때 몸담았던) 노동자 문화운동 조직 프롤레트쿨트의 창설자인 알렉산드르 보그다노프는, 사회주의적 유토피아를 그린 공상과학 소설 『붉은 별』에서 이미 입체영화에 대한 예언적인 묘사를 선보였다.

> 화성인들은 즉각적인 컬러사진 기술을 익혔고 이를 지구의 영화관에서처럼 사물의 움직임을 포착하는 데 사용했다. 하지만 이들은 지구에서 우리가 어설프게 시도하는 것처럼 카메라를 축음기와 결합할 뿐 아니라 움직이는 사진들에 자연스러운 깊이를 주기 위해 입체의 원리를 사용하고 있었다. 입체의 두 개의 반쪽인 두 개의 이미지는 동시에 화면에 투영되고, 강당의 각 객석 앞에는 두 개의 평평한 사진을 3차원으로 결합해주는 쌍안경이 매여 있었다.[11]

입체영화에 대한 에이젠슈테인의 견해가 가장 포괄적으로 담겨있는 글은 1947년에 집필한 「스테레오키노에 관하여」이다. 에이젠슈테인 사후 축약본으로 저널에 발표되었던 이 글이 전체적인 교정을 거쳐 주석과 함께 온전한 형태로 공개된 것은 2004년이다. 영화사가 나움 클레이만이 이끈 에이젠슈테인의 미간행 저작물 복원 프로젝트 덕분이었다. 여기서 에이젠슈테인은 입체영화의 가능성을 경시하고 간과하는 이들을 향해 퇴행적·반동적·보수적이라고 쏘아붙이며 "내일의 기술의 궁극적 승리를 받아들이길 거부하는 이들은, 또한 내일의 도래 자체를 부인하는 셈"[12]이라고 일갈하고 있기도 하다. 이런 표현으로 인해 이 글은 자칫 기술 지상주의적인 텍스트로 오해되기 쉽다.

당대의 사람들이 어떻게 받아들였을지 정확히 가늠하기는 어렵지만, 에이젠슈테인의 글은 지금 읽어보면 꽤 예언적으로까지 비친다. 특히 "렌즈라고 하는 '눈'을 관객의 눈과 (직접적으로 그리고 '물질적으로') 온전히 융합하여 관객을 영화의 '주인공'이자 서술자로 변형시키고자 하는 지속적인 노력이 있어 왔다"[13]는 언급은 오늘날의 숱한 상호작용적 VR 장치들을 미리 염두에 둔 주장으로 읽힐 수 있을 정도다. 하지만 입체영화나 텔레비전 같은 당대의 '뉴미디어'를 통해 오늘날의 인터넷과 가상현실이나 증강현실 같은 장치들을 미리 내다보았다는 단순한 사실 때문에 그의 발언이 예언적이라는 뜻은 아니다.

입체영화에 관한 에이젠슈테인의 주장에서 진정 주목해야 할 부분은 1947년에 영화의 미래를 그려본 그의 말 속에 담겨 있는 영화에 대한 어떤 상(像)이다. 흥미롭게도 그는 영화를 결코 특정한 장치나 장치들의 구성과 결부시켜 이해하고 있지 않다. 달리 말하자면, 그는 영화라고 하면 당대의 사람들이 흔히 떠올렸을 법한 것들, 즉 필름·카메라·영사기·스크린·영화관 등을 영화를 구성하는 필수적인 '성분'으로 고려하고 있지 않다. 그는 스크린이 자취를 감춘다 해도 영화는 지속될 수 있다고 본다. 심지어 스크린이 온전히 사라지고 무한한 공간이 열릴 때 비로소 영화는 보다 '영화답게' 강화될 수 있다고까지 생각하는 것처럼 보인다.

이런 생각은 에이젠슈테인과 비슷한 세대의 이론가인 루돌프 아

른하임(1904~2007)이 『예술로서의 영화』에서 내놓은 유명한 주장과
는 정면으로 배치되는 것이라 할 수 있다. 아른하임에 따르면, 영화
란 전적으로 2차원적이지도 않고 전적으로 3차원적이지도 않은 '부
분적 환영(partial illusion)'이지만, 현실과 완벽히 동일하지는 않다
고 하는 바로 그 특성 때문에 영화에 예술적 차원을 부여하는 편집의
기술, 즉 몽타주가 가능해진다.[14] 이런 논리대로라면 영화적 이미지
가 입체영화나 가상현실처럼 현실과 가까운 것이 되면 될수록 영화
의 예술적 가능성은 희박해진다고 밖에 볼 수 없다.[+] 아른하임은 영
화적 이미지를 편집하는 기술 및 그렇게 편집된 이미지를 받아들이
는 관객의 지각이라는 차원에서만 몽타주에 접근하고 있다.

　반면, 에이젠슈테인에게 있어서 몽타주는 비단 영화에만 국한되
지 않는 변증법적 원리 자체다. 또는 이렇게 말해도 좋겠다. 에이젠
슈테인에게 몽타주는 시네마라는 대상의 활동 자체라고 말이다. 거
듭 강조하건대, 여기서 시네마란 에디슨의 키네토스코프와 뤼미에
르의 시네마토그래프 같은 장치 및 그러한 장치들로부터 파생된 영
화 장치들을 가리키는 것이 아니다. 그보다는 이러한 장치들을 산출
하는 한편 거꾸로 이러한 장치들을 통해 구성되기도 하는 변증법적
대상으로서 이것의 역사는 영화 장치의 역사와는 비교할 수 없을 정
도로 오래된 것이다. 다만 오래도록 이름 없이 운동을 계속해온 이것
은 20세기에 이르러 움직임의 의미가 강조된 시네마라는 이름을 부

[+]　이와 관련해 한 가지 재미있는 현상이 있다. 3D나 VR 기술을 활용한 영화를 이따금 보
는 사람이라면, 이러한 영화 대부분이 현실적이기보다는 판타지의 특성을 띤다는 점을 확인
할 수 있다. 다시 말하자면, 3D나 VR 기술에 힘입어 영화적 이미지는 한층 현실에 가까운 것
으로 될 수 있지만, 그러한 기술을 활용한 영화적 이미지는 실제로는 정작 정반대의 방향으
로 향하는 경향이 있다. 다소 짓궂게 말해 보자면, 이러한 영화의 제작자들은 영화의 가능성
이 축소될 것을 두려워한 나머지 (아마도 무의식적으로) 3D나 VR 이미지의 강화된 현실성
을 희석할 만한 비현실성을 재도입하고 있다고도 할 수 있겠다. 그러니 아른하임과 그의 견
해에 동조하는 이들은 너무 근심할 필요가 없다.

여받았을 뿐이다.[15] 그런데 이것은 너무 성급하게 붙여진 잘못된 이름은 아니었을까? 책을 펴낸다는 일이 이제는 글자를 깎고 새기는 (刊) 일과는 상관이 없는데도 여전히 '간행(刊行)'이라는 표현을 쓰는 것처럼, 우리는 그저 익숙한 이름을 습관적으로 사용하고 있는 것은 아닐까?

그렇다고 해서 영화가 19세기까지 사람들이 빛의 전파를 매개하는 물질이라고 상상했던 에테르처럼 허구적 가상이라는 뜻은 아니다. 에이젠슈테인의 유물론적 반(反)본질주의는 무척이나 단호해서 (러시아어로는 '키노(кино)'라 부르는) 시네마를 구성하는 속성들 혹은 '성분'들에 대해 명시적으로 규정하는 법은 없지만, 그는 시네마라 불리는 것의 원리로서의 몽타주 개념은 결코 포기하지 않는다. 그에게 있어 몽타주는 영화의 기술적 측면에 국한된 개념이 아니기 때문에, 무성영화 시기의 일본 영화에서는 시네마의 원리를 찾아볼 수 없는 반면 일본 문화에는 그러한 원리가 영화가 도입되기 오래전부터 존재해왔다고 보는, 분명 문제적이지만 독특하기도 한 진단도 나온다. (노파심에 언급해 두자면, 여기서 주목해야 할 것은 시네마의 원리로서의 몽타주에 대한 그의 생각이지 일본의 문화와 영화에 대한 그의 편견이 아니다) 가장 널리 알려진 그의 글 가운데 하나인 「영화의 원리와 표의문자」에서 에이젠슈테인은 일본을 두고 "영화만 빼고는 그 문화 어디에서나 수없이 많은 영화적 특징을 찾을 수 있는 나라"[16]라고 불렀다. 한자문화권에 속한 나라로서 일본 또한 사용하고 있는 한자에서부터, 하이쿠, 일본 회화, 가부키 극에 이르는 수많은 것들이 몽타주 원리에 따라 구성되어 있다는 것이다. 그의 경력 후기에 집필한 「몽타주 1938년」에서도 "영화에 있어서의 몽타주 원리는 *보편적 몽타주 원리(montage principle in general)*가 [영화에] 부분적으로 적용된 것일 뿐이며, 온전한 의미에서 이해할 때 이 원리

는 필름 조각들을 이어 붙이는 일을 훌쩍 넘어서는 것"[17]이라는 견해
를 고수한다.

　꼭 일본문화가 아니더라도 에이젠슈테인은 영화가 존재하기 이
전 시기의 여러 다른 예술적 산물들에서 몽타주의 원리를 발견하고
있다. 엘 그레코의 회화에서부터 플로베르의 『보바리 부인』에 이르
기까지 말이다. 그렇다면 몽타주를 그 원리로 삼아 끊임없이 변증법
적 운동을 계속하는 시네마, 혹은 시네마라고 불리는 것, 과연 그것
의 정체는 무엇인가? 에이젠슈테인의 반본질주의적 영화론을 참조
해 말하자면, 이는 잘못된 물음이다. 시네마는 고유한 본질을 지니지
않는 변증법적 사물이기 때문에 그것의 정체를 묻는다는 일 자체가
어불성설이다. 이렇게 말해도 좋겠다. 우리는 '영화란 무엇인가?'라
고 묻기보다는 '어떻게 영화하는가?'라고 물어야 한다. 시네마는 명
사적 실체로 고정된 존재가 아니라 동사적 수행을 통해 발생하는 사
건이기 때문이다. 이와 관련해서는 3장에서 상세히 다룰 예정이다.

　에이젠슈테인은 「영화 형식에 대한 변증법적 접근」의 첫머리에
서 철학의 기초는 "사물에 대한 역동적 개념"[18]이라고 단언한다. 이
러한 개념에 따르면 사물이란 모순적인 대립물의 상호작용을 통해
끊임없이 진화하는 것이다. 그리고 사물에 대한 역동적 이해는 예술
및 모든 예술 형식에 대한 올바른 이해를 위한 기초가 된다.[19] 시네마
또한 이러한 '것/사물(thing)'의 일종이라면 그것은 필시 능수능란하
게 분신술과 변신술을 펼치는 유령에 가까울 터이다. 지난 세기에 우
리는 (운 좋게도?) 시네마토그래프라 불리는 이 유령의 한 현신에 꽤
오랫동안 붙들려 있었던 것인지도 모른다. 영화에 대한 유물론적 유
령주의라 할 수 있는 에이젠슈테인의 입장은 오늘날 신중한 이론가
들이 영화의 위치를 가늠해볼 때 종종 취하곤 하는 입장과 무척이나
닮아 있다.

히치콕의 프랑켄슈타인

영화가 본격적으로 텔레비전과의 경쟁에 돌입하던 시기인 1950년
대, 서스펜스의 대가로 알려진 알프레드 히치콕은 영화 장치의 제
약—스크린의 외부(현실)와 내부(허구)의 철저한 분리—을 넘어서
고자 하는 시각적 충동의 도착성을 암시하는 몇 편의 짓궂은 영화들
을 내놓았다.《이창》에서 다리가 부러진 뒤 무료함을 달래려 이웃들
의 삶을 훔쳐보다 살인으로 의심되는 상황을 목격하게 된 사진작가
는 급기야 살인자의 공격을 받기에 이른다. 1960년에 개봉된《사이
코》에서 작은 구멍으로 여성 투숙객을 훔쳐보던 모텔 주인은 그녀가
있는 방으로 잠입해 샤워 중인 그녀를 잔혹하게 살해한다.《이창》과
《사이코》는 보는 이를 그가 보고 있는 것과 분리하는 경계의 이쪽과
저쪽을, 스크린의 외부와 내부를 각각 서로 다른 방향에서 관통하고
자 하는 충동과 관련되어 있다.

　흥미롭게도, 히치콕의 이런 성향을 일찌감치 예리하게 간파한
이가 바로 에이젠슈테인이다. 「스테레오키노에 관하여」는 '비평가'
로서 에이젠슈테인의 통찰력이 유감없이 발휘된 글이기도 한데 특
히 히치콕에 대한 언급에서 그러하다. 에이젠슈테인은 연극과 같은
공연 예술의 역사를 가로질러 이어져 온 하나의 충동, 즉 "관객과 배
우의 수렴 원리"야말로 "히치콕의 비타협적 방법의 기초"가 되고 있
다고 주장한다.[20] 히치콕이 자신의 영화에 카메오로 등장해 잠깐 모
습을 비치는 것 또한 이러한 "상호 침투(interpenetration)"의 맥락
에서 이해할 수 있다는 것이다.[21] 이 경우에 경계를 가로질러 허구 내
에 현실의 자신을 접속시키는 이는 바로 히치콕 자신인 셈이다. 그런
데 히치콕의 영화에서 종종 살인과 같은 범죄의 형식으로 이러한 월

경(越境)의 충동에 잠재한 도착성과 위험 그리고 불안이 분출해 버리고 마는 것은 왜일까? 그의 영화에서 수렴은 어째서 종종 파국적인 충돌을 야기하는 것일까?

에이젠슈테인이 기꺼이 긍정하는 것을 히치콕은 냉담한 시선으로 바라본다. 에이젠슈테인이 불러들인 시네마라는 유령은 히치콕의 영화에서는 매혹적이기도 하지만 궁극적으로 소름 끼치는 형상으로 현현한다. 이를 잘 보여주는 작품이 바로《현기증》이다.《현기증》을 두고 '영화에 대한 영화'라고 말한다면 과장이겠지만 시네마라는 모호한 대상의 운동을 가능케 하는 어떤 충동과 관련된 영화인 것만은 틀림없다. 그렇다면 그 충동은 어떤 것일까? 그것은 우리의 정신 속에서 유추적으로만 공존할 수 있는 것을 어떻게든 물리적으로 공존하게끔 해서 실체화(reification)하려는 충동이다. 다소 거칠기는 하지만 직관적인 비유를 제시해보자면, 2021년 현재 한국인들이 아름다운 용모의 조건으로 생각하는 요소들만 모아 컴퓨터로 합성해낸 인물의 초상 같은 것을 떠올려보면 된다. 보통 이런 합성 이미지들은 그 자체로 아름답다기보다는 기괴하게 느껴지기 십상이다. 히치콕은《현기증》에서 유추적인 것을 실체화하려는 충동에 사로잡힌 한 남자가 물리적으로 '합성'해낸 매혹적인 괴물의 형상을 보여준다. 에이젠슈테인이 히치콕적 방법의 기초라고 파악한 충동, 즉 스크린의 외부와 내부를 관통하고자 하는 충동 역시 이러한 보편적 충동으로부터 파생됐다고 할 수 있다. 외부와 내부, 즉 현실과 허구는 비유적이라면 모를까 물리적으로는 결코 공존할 수 없는 것이기 때문이다.

퇴직 형사 스코티는 친구의 부탁을 받고 그의 아내 마들렌을 미행하기 시작한다. 그녀는 한 세기 전에 죽은 카를로타 발데스라는 여인과 자신을 동일시하고 있다. 미술관에 걸린 카를로타의 초상화 앞에 앉아 있는 그녀는 카를로타와 같은 소용돌이 모양의 머리를 하고 곁에는 초상화에 그려진 것과 유사한 꽃다발을 두고 있다. 스코티는 마들렌에게 점점 빠져들지만, 카를로타에게서 벗어나지 못하는 그녀는 결국 교외의 수녀원 종탑에 올라가 자살하고 만다. 어느 날 스코티는 마들렌이 지녔던 것과 같은 꽃다발이 전시된 꽃가게 앞에서 그녀와 얼굴이 무척이나 닮은 주디라는 여인을 보게 된다. 얼마 후 스코티는 주디와 마들렌이 동일 인물이라는 사실을 깨닫는다.

스코티는 한 고급 레스토랑에서 마들렌의 모습을 처음 보게 된다. 그는 첫눈에 그녀에게 사로잡힌 것처럼 보인다. 나중에야 우리는 그가 그녀에게 강하게 끌린 것이 단지 그녀의 용모 때문이 아니라 용모와는 무관한 몇몇 요소의 특정한 조합이 수반되었기 때문임을 알게 된다. (사실 스코티는 마들렌과 닮았다는 점을 제외하곤 주디에게 거의 매력을 느끼지 못하는 것처럼 보이는데 그저 용모가 관건이라면 이런 일은 있을 수 없다) 하지만 스코티가 마들렌의 모습을 처음 보는 바로 그 순간에는 결코 그 사실을 알아차릴 수 없다. 꽃가게 입구에 서 있는 스코티 앞으로 녹색 원피스를 입은 주디가 지나갈 때, 그가 주디를 데리고 고급 레스토랑을 다시 찾을 때, 그리고 엠파이어 호텔 객실 창문으로 새어 들어오는 녹색의 네온 불빛을 배경으로 그녀의 실루엣을 본 그가 흠칫 놀라는 표정을 지을 때, 그제야 비로소 우리는 레스토랑이라는 장소, 그곳의 붉은 벽지와 보색 대비를 이루는 녹색 드레스, 그리고 꽃다발의 조합이야말로 스코티의 홀림을 촉발한 것이었음을 깨닫게 된다(그림 1). 영화를 보는 동안 가장 눈에 띄는 것이기는 하지만, 주디의 흑발에 대조되는 마들렌의 금발이란 이러한 조합을 배경으로 삼지 않고선 아무런 효력도 없을 터이다.

사실 그가 끌리는 대상이 마들렌이라고 할 수도 없다. 마들렌이 카를로타에 홀려 있다는 이야기를 미리 듣지 않았더라면 마들렌에 대한 그의 홀림이란 과연 가능했을까? 따라서 그는 오래전에 죽은 카

그림 1.《현기증》

를로타와 마들렌 사이에서, 얼마 전에 죽은 마들렌과 주디 사이에서, 나아가 이 세 여자 사이에서 활동하는 어떤 형상에 이끌린다고 말해야 옳다. 마들렌과 동일 인물임이 밝혀진 뒤 주디 또한 종탑에서 떨어져 죽고 마는데 이로써 스코티의 홀림은 정확히 (《현기증》의 원작소설 제목 그대로) '죽은 자들 사이에서(d'entre les morts)' 발생하는 것이 된다. 이때 꽃다발은 세 여자를 모두 가로지르는 사물이다. 그리하여 그것은 스코티를 매혹한 형상 그 자체는 아님에도 불구하고 그 형상을 가리키는 특권적 사물처럼 비치게 된다. 물론 이는 착시에 불과하지만 이미 홀려버린 스코티로선 그것의 위력에 저항하기는 힘든 일이다.

　《현기증》의 스코티를 사로잡은 저 형상, 숱한 사물들과 죽은 자들 사이에서 활동하는 이 형상은 분명 시네마라 불리는 대상과 무척이나 닮아 보인다. 시네마라 불리는 대상은 그 자체로는 장치가 아니지만, 장치들(키네토스코프, 시네마토그래프, 텔레비전, 컴퓨터, 스마트폰, 가상현실 등)을 통해서만, 그리고 장치들 사이에서만 활성화되고 거꾸로 그러한 장치들을 활성화하기도 하는 변증법적 사물이라는 것은 앞서 밝힌 대로다. 텍스트를 비롯해 소리와 음성이 중요한 역할

을 맡고 있음에도 불구하고 흔히 시각 매체라 불리는 이 장치들은 그
러한 명명에 걸맞게 이미지를 주요 수단으로 삼고 있기는 하다. 하지
만 이미지는 어쩌면《현기증》의 저 꽃다발과 같은 것은 아닐까? 이
미지는 그 자체가 시네마라는 대상의 필수적인 '성분'이기라도 한 것
처럼 우리를 홀려 왔고 또 홀리고 있는 맥거핀은 아닐까?

　　이보다 더 심각한 것은 장치들간의 유추적 관계를 통해서만 파
악할 수 있는 변증법적 사물로서의 시네마를 말 그대로 하나의 물리
적 사물로 실체화하려는 충동이다. 이러한 충동으로 인해 시네마라
는 대상의 현실적 운동이 가능해진다는 것은 분명하다. 에이젠슈테
인이 강조하고 있는 것이 이 충동의 긍정적 측면이라면《현기증》에
서 히치콕이 우리에게 보여주는 것은 이 충동의 부정적 측면이다. 그
림 2를 보자. 여기서 주디는 스코티의 애원에 못 이겨 금발로 염색하
고 마들렌의 머리 모양을 하고 마들렌이 입었던 회색 정장을 입고 있
다. 여기에 그녀 맞은편 창에서 새어 들어오는 녹색의 불빛이 더해진
다. 벽에 걸린 액자에는 꽃다발 그림이 담겨 있다. 이 장면이 제공하
는 것은 정말이지 기괴한 이미지며 히치콕식으로 변주해낸 프랑켄
슈타인의 괴물이라고 해도 좋을 정도다(그림 2).

　　《현기증》이 발표된 것은 1958년이고, 1950년대는 텔레비전과의
경쟁 속에서 영화산업이 대형화면, 색채영화 그리고 입체영화 포맷
을 대대적으로 실험하던 시기다. 이보다 덜 알려진 것이기는 하지만,
1951년에 미국에서는 영화관에 텔레비전 프로그램을 직접 송출하는
극장텔레비전네트워크(Theater Television Network)가 만들어지기
도 했다. 이 네트워크는 연방통신위원회가 새로운 텔레비전 방송국
설립 허가를 내주지 않던 시기(1948~1952)가 끝나 여러 방송국이 출
현하고 가정용 텔레비전 수상기가 빠르게 보급되면서 경쟁에 밀려
1953년에 사라졌다. 1950년대는 장치들 사이에서 변증법적으로 활

그림 2.《현기증》

성화되는 역동적 사물로서의 시네마가 급기야 하나의 장치로 실체화되어 고정될 위기에 처했던 시기다. (그렇다면 지금은 어떠한가?《현기증》이 이토록 '동시대적' 작품으로 여겨지는 것은 왜인가?[22]) 실물보다 크고, 색채의 화려함을 더하고, 3차원적이면서, 텔레비전 생방송의 동시성까지 포괄한다 해서 이런 '복합적 영화관'이 그 자체로 시네마가 될 수는 없겠지만, 장치의 진화와 새로운 조합은 때로 시네마 자체의 물리적 현현을 보고 있다는 착시 효과를 낳기도 하는 것이다. 에이젠슈테인이 기꺼이 긍정한 시네마라는 유령이 차이들 속에서 활동하기를 멈추고 하나의 동일성으로 현실화할 때, 우리 앞에 나타나는 것은 히치콕의 프랑켄슈타인 같은 형상일 따름이다.

위기의 극복은 두 가지 방식으로 모색되었다. 첫째는, 텔레비전과의 제휴를 꾀하는 것이었다. 기민하게도, 영화산업은 텔레비전이 영화에 위협을 가하는 것만이 아니라 영화에 새로운 피를 수혈하는 원천도 될 수 있음을 알아차렸다. 프랑스 누벨바그 시기를 대표하는 작품 가운데 하나인《아듀 필리핀》을 연출한 자크 로지에는 이 영화로 데뷔하기 전에 생방송으로 진행되는 텔레비전 드라마의 연출부로 경력을 쌓았다. 할리우드에서는 CBS 출신의 드라마 연출자들인 시드니 루멧과 존 프랑켄하이머가 각각 《12명의 성난 사람들》과 《젊은 이방인들》로 1957년에 나란히 데뷔했다. 관록 있는 거장들이 텔레비전 작업에 손대는 일도 드물지 않았다. 히치콕이 제작한 유명 텔레비전 시리즈 〈알프레드 히치콕 극장〉이 시작된 것도 바로 이 무렵이다. 프랑스의 장 르누아르와 이탈리아의 로베르토 로셀리니 또한 텔레비전 쪽으로 눈을 돌렸다. 둘째는, 기술적 혁신을 수용하되 뤼미에르적 시네마토그래프 장치를 기본값(default)으로 두는 한에서만 그리한다는 원칙을 재정립한 것이었다. 시네마토그래프 장치의 구성은 사운드의 도입 정도를 제외하고는 커다란 변화 없이 이미 반세기 이상 유지되어 온 터였다. 무엇보다 1950년대의 영화산업은 대형화면이나 색채의 도입을 통해 '확장'된 영화라 해도 기존의 영화와 별반 다르지 않게 운용할 수 있음을 이내 깨닫게 된다. 이런 사정을 고려해 보면, 실은 위기의 극복이 이루어졌다기보다는 뤼미에르적 시네마토그래프의 유용성을 재확인하는 작업이 있었을 뿐이다.

주디가 착용한 목걸이가 초상화 속의 카를로타의 목걸이와 동일한 것임을 깨닫고 나서, 스코티는 주디와 마들렌이 동일 인물임을 확인하기 위해 주디를 데리고 마들렌이 자살한 수녀원 종탑으로 다시 향한다. 긍정적인 의미에서 유추를 가능케 하는 사이 또는 차이도 없고, 부정적이나마 유추적인 것을 실체화하려는 욕망도 없는, 오직 동일시/확인(identification)에만 집착하는 이 역행적인 여정의 결말이 어떤 것인지를 여기서 따로 밝힐 필요는 없겠다. 여하간 몇 차례의 위기에도 불구하고 20세기 내내 그 유용성을 거듭 검증받곤 했던 시네마토그래프 장치는 주디/마들렌처럼 비극적 운명에 처해지는 일은 한동안 피할 수 있었다. 뤼미에르적 시네마토그래프는 디지털 시대가 도래하고 시네마라는 유령이 귀환하기까지 지속되면서 20세기를 대표하는 예술적 매체의 자리에 등극한다.

　　유령의 귀환은 20세기 후반 디지털영화의 도입과 함께 이루어
졌다. 그런데 한때 빛과 동일시되기도 했던 이 유령은 이번에는 가상
과 동일시됨으로써 다시금 그 존재가 위기에 처하게 된다. 이는 다음
과 같은 이유 때문이다. 시네마가 활성화되기 위해서는 장치들끼리
서로 유지하는 거리·사이·차이 ─ 예컨대, 기계식 계산기와 사진기
와 축음기는 구조와 작동 원리가 매우 다르다 ─ 가 필수적인데, 디지
털 기술을 대표하는 컴퓨터의 토대가 되는 알고리즘은 이러한 거리·
사이·차이를 폐지하면서 모든 장치를 통합 ─ 이른바, 멀티미디어 ─
하는 추상적인 형식이다. 결국 시네마라는 유령은 다시 퇴치되고 동
일성의 형식으로서의 알고리즘이 그 자리를 대신 차지하는 것이다.
그리고 시네마는 장치들 사이에서 변증법적으로 활성화되는 대상이
아니라 여러 장치 가운데 하나를 가리키는 단순한 이름으로 축소된
다. '디지털 시네마'나 'VR 시네마' 등은 바로 그런 이름에서 파생된
것들이다. 영화학자 데이비드 노먼 로도윅은 '영화의 가상적 삶(the
virtual life of film)'에 대해 전망하면서 다소 음울한 어조로 "시네마
는 컴퓨터가 시뮬레이션하고 모델링할 수 있는 무수히 많은 기능 중
의 하나일 뿐"[23]이라 토로한다.
　　하지만 이렇게 굴복해버려도 좋은 것일까? 뤼미에르적 시네마
토그래프의 유용성을 끊임없이 재확인하는 역행적/퇴행적인 방식에
기대지도 않고, 시네마를 물질적으로 실체화하거나 가상적으로 형
식화하지도 않으면서, '시네마의 변증법적 삶'을 활성화하는 거리·
사이·차이를 유지하는 길은 이제 닫혀버린 것일까? 위기를 극복하
기 위한 진정한 실천이란 과연 어떤 것일까?

[막간극] 영화적 이미지의 유령론

에이젠슈테인의 영화론과 관련해 내가 유물론적 유령주의라 부른 것을 영화적 이미지의 유령론과 혼동해서는 안 된다. 이미지와 비(非)이미지 모두를 가로지르며 활동하는 그 무엇, 즉 시네마라고 불리(지만 실은 이름이 없)는 것의 유물론적 유령주의와, 물리적·정신적 투사/투영(projection)의 과정에 입각해 있는 영화적 이미지의 물질적인 동시에 유령적인 특성을 지적하는 것은 다른 문제이기 때문이다. 후자의 문제와 관련해서는 영화비평가 길베르토 페레즈가 매혹적인 방식으로 다음과 같이 쓴 적이 있다.

> 아인슈타인이 우리에게 빛이란 다른 물체와 마찬가지로 떨어진다는 것[+]을 가르쳐 주었다면, 앙드레 바쟁은 빛이란 다른 물체와 마찬가지로 흔적을 남긴다는 것을, 카메라를 통해 이미지로 만들어지는 각인을 남긴다는 것을 가르쳐 주었다. 하지만 영화 이미지를 만들어내는 기계는 카메라만이 아니다. 매직 랜턴, 즉 마법의 등으로서의 영사기는 자신의 빛으로 빛의 흔적을 활성화하고 삶의 각인이 스크린 위에서 새로운 삶을 얻게끔 한다. 스크린에 떠오르는 이미지들 속에는 세계 자체라고 할 수 있는 무엇이, 물질적인 무엇이, 하지만 다른 세계로 옮겨져 변형된 무엇이 담겨 있다. 그것은 물

[+] 빛의 입자적 특성을 비유적으로 표현한 것이다. 아인슈타인은 빛을 파동(전자기파)으로 간주하면 설명이 어려운 광전효과(금속에 일정 진동수 이상의 빛을 쪼이면 전자를 방출하는 현상)를 빛의 입자성을 가정하면 해명할 수 있음을 보여준 논문으로 1921년에 노벨물리학상을 수상했다.

질적 유령이다. 따라서 영화 이미지는 현실과 묘하게 가까이 있는 동시에 묘하게 거리를 두면서 이 세계와 저 세계를 접속시키는 일을 그 특징으로 삼는다.[24]

빛이 있으라. 무언의 목소리와 더불어, 눈을 멀게 하는 광휘 속에서, 시네마가 자신의 몸을 열어 보였다고 증언하는 이들이 있었다. 이 사라져가는 종족의 일원들은 이제 얼마 남지 않았다. 그런가 하면, 서둘러 다시 옷깃을 여민 시네마를 보았을 뿐이지만 저 사라져가는 종족의 증언을 직접 들었다는 사실에 흥분하는 이들도 있었다. 자신들의 뒤늦음을 한탄하는 이들은 여전히 우리 곁에서 배회하며 최초의 빛과 목소리를 보고 들은 자들의 증언을 증언한다. 물론 으스대고 뻐기는 것은 언제나 늦게 도착한 쪽이다. (선구자들은 말이 없고 겸허하다) 증언의 증언, 그리고 증언의 증언의 증언. 이제 우리는 이러한 증언들이 더는 우리의 세기에 속하지 않음을 안다. 지난 세기의 증언들, 혹은 그것을 발화하는 자가 고유하게 지난 세기에 속한 자임을 일러주는 증언들. 이런 증언들이 잦아들고 난 다음에야 시네마는 열세 번째 이미지의 몸을 빌려 다시 한번 자신을 개시할 것이다. 그것은 사라진 종족들이 저 최초의 목소리와 더불어 보았던 이미지가 아니라고, 증언의 증언을 통해 상상한 이미지가 아니라고 외치는 이들도 있을 것이다. 하지만 우리는 이것이야말로 바로 그 이미지라고 주장할 것이다. 영화 이미지에 관한 페레즈의 물질적 유령론은 영화를 이른바 영화 장치(카메라·영사기·스크린·영화관 등)의 조합을 통해 이해하는 것으로 충분했던 시기의 막바지에 쓰어진 가장 아름다운 글이다. 하지만 그런 시기는 이미 끝났거나 적어도 끝나가고 있다.

제라르 드 네르발이라는 필명으로 잘 알려진 제라르 라브뤼니는 꿈꾸는 수면의 상태에서 최초의 빛과 목소리를 보고 들었던 19세기

의 '영화인'들 가운데 하나다. 『오렐리아』에서 그는 잠의 체험을 다음
과 같이 영화적으로 묘사하고 있다. "첫 순간은 죽음의 이미지와 같
다. 흐릿한 마비 증상이 우리의 사고를 사로잡고, 그래서 우리는 '자
아'가 또 다른 형태로 삶의 활동을 계속하는 분명한 순간을 구분할
수가 없다. 그것은 차츰차츰 밝아오는 침침한 지하세계이며, 그곳에
서는 근엄한 부동의 자세로 머무는 명계의 창백한 형체들이 그늘과
어둠 속에서 그 모습을 드러낸다. 그리고 장면이 형체를 갖추고, 새
로운 빛이 환하게 비치며 이상한 유령들이 활동을 시작한다. 그리하
여 영령들의 세계가 우리 눈앞에 펼쳐지는 것이다."²⁵ 하지만 잠에서
깨고 나면 유령들은 사라진다. 유령들의 세계를 거닐었던 추억은 시
인을 하나이면서 여럿이기도 한 것의 이미지에 사로잡히게 만든다.
거듭해서 몸을 바꾸는 이미지의 요술로 인해 혼란에 빠지고 상처받
은 시인은, 그럼에도 불구하고 유일한 이미지에 대한 믿음을 잃지 않
는다. 그리하여 그는 「아르테미스」에서 다음과 같이 노래한다. "열세
번째 여인(La Treizième)이 되돌아오네…. 그건 아직도 첫 번째 여
인. 그리고 그건 언제나 유일한 여인, ― 또는 유일한 순간."²⁶

　　1808년에 태어나 1855년에 세상을 뜬 라브뤼니가 에디슨이나
뤼미에르의 영화 장치를 접하기란 불가능한 일이었다.²⁷ 하지만 그
가 꿈꾸는 수면을 "'자아'가 또 다른 형태로 삶의 활동을 계속하는"
상태로 묘사할 때, 영화란 "삶의 각인이 스크린 위에서 새로운 삶을
얻게끔" 한다고 한 페레즈의 말과 기묘하게 공명하고 있다는 느낌을
떨쳐버리기란 무척이나 힘든 일이다. 영화적 이미지가 투사/투영되
는 그의 영화관은 꿈속에 있는 것이었지만, 한편으로는 무척이나 실
제적인 것이기도 했다. 여기서 우리는 기술적으로 실현되기도 전에
이미 영화는 19세기 중반 무렵 관념적으로 형성되어 있었다고 본 앙
드레 바쟁의 문제적 가설을 떠올려볼 수 있다. 하지만 이에 대한 논

의는 다음 절로 미루기로 하고 지금은 영화적 이미지의 유령론에 대해 좀 더 살펴보기로 하자.

영화적 이미지는 물질적 유령이라는 페레즈의 주장에 흠잡을 곳이라고는 없다. 그러한 물질적 유령이 특정한 구성의 영화 장치(카메라·영사기·스크린·영화관 등)와 결부되어 있다고 생각하지만 않는다면 말이다. 영화를 접해본 일도 없고 접할 수도 없었던 라브뤼니가 꿈에 대해 묘사한 구절들을 굳이 떠올려 본 것은, 페레즈가 근사하게 묘사한 영화적 이미지의 특성 대부분이 통상적인 영화 장치 없이도 경험 가능한 것일 수 있음을 강조하기 위해서다. 영화 장치는 영화적 이미지—라브뤼니의 시대에는 이름 없는 채로 남아 있었지만, 20세기를 거쳐 오늘날에는 이처럼 불리게 된—가 기술적으로 발현되는 환경과 그것을 경험할 수 있는 환경을 정규화(normalization)한 것뿐이다. 문제는 우리가 이러한 장치 자체를 곧 영화적 이미지의 발현과 경험을 위한 특권적인 조건이라도 되는 것처럼 받아들이게 된 데 있다. 텔레비전과 비디오카세트의 보급 덕택에 영화를 개인적으로 관람하는 일이 가능해진 이후에도, 영화관은 한동안 (그리고 여전히) '진정한' 영화적 경험을 제공하는 특권적인 장소로 남았다. '침침한 지하세계' 따위와는 거리가 멀고 오히려 쇼핑몰의 아케이드가 확장된 형태라 할 오늘날의 멀티플렉스, 물질적 유령과의 접신이 이루어지는 성전이라기보다는 키치적으로 디자인된 과대망상적 아트갤러리를 닮은 시네마테크—이와 관련해서는 부산에 있는 영화의 전당만한 사례도 없다—는 더이상 라브뤼니와 페레즈를 매혹시킨 경험을 제공해주지 않는데도 말이다. 그렇다면 이제 영화적 이미지는 어디에서, 어떤 방식으로 출현하는가? 칠레 출신의 소설가 로베르토 볼라뇨(1953~2003)는 그의 유작이 된 『2666』에서 찰리 크루스란 인물의 입을 빌려 영화적 이미지의 거처와 관련된 역설적 반전의 과정

을 극적으로 묘사했다. 다소 길지만 크루스의 이야기를 고스란히 음
미해 보도록 하자.

영화관 기능을 제대로 수행하는 유일한 곳은 옛날 영화관들
뿐이죠. 찰리 크루스는 말했다. 기억납니까? 불이 꺼지면 가
슴이 콩콩 뛰는 커다란 영화관 말입니다. 그 영화관들은 정
말로 훌륭했어요. 그곳이야말로 진정한 영화관이었어요. 교
회와 가장 흡사한 곳이었지요. 지붕이 높고 붉고 커다란 커
튼을 쳐두었으며, 기둥이 있고 복도에는 오래되고 낡은 양
탄자가 깔렸고, 박스석이나 오케스트라석, 2층 좌석도 있던
곳 말이에요. 영화가 아직도 종교적 경험, 상투적이고 일상
적이지만 종교적 경험과 같았던 시기에 만들어진 건물들이
었지만, 그것들은 점차로 철거되어 그 자리에 은행이나 슈
퍼마켓, 혹은 멀티플렉스가 세워졌어요. 오늘날에는 그런
극장이 몇 개 남아 있지 않아요. 찰리 크루스는 말했다. 오늘
날에는 모든 극장이 멀티플렉스죠. 화면도 작고 공간도 작
으며, 편안한 의자가 설치되어 있지요. 진짜 옛날 극장 공간
에는 멀티플렉스의 작은 상영관 일곱 개는 들어가고도 남아
요. 아니 상황에 따라 열 개, 열다섯 개도 들어갈 수 있지요.
영화가 시작되기 전에 이제 더는 심연의 나락으로 떨어진다
는 경험도 없고, 정신적인 혼란도 느낄 수 없어요. 이제는 멀
티플렉스 안에 있더라도 아무도 혼자 있다고 느끼지 않아요.
(…) 성스러움의 종말은 어딘가에서 이미 시작되었다고 말
하면서도 찰리 크루스는 그게 어딘지 크게 상관하지 않았다.
아마도 신부들이 라틴어로 미사 집전하는 것을 그만두었을
때의 교회이거나, 아니면 아버지들이(공포에 사로잡혀 그랬

다오, 내 말을 믿어요) 어머니를 버렸을 때의 가족에서 시작되었을지도 몰라요. 그리고 이내 성스러움의 종말은 영화관에도 들이닥쳤지요. 커다란 극장들을 허물었고, 대신 멀티플렉스라 불리는 불순하기 짝이 없는 상자를 만들었어요. 실용성이 뛰어나고 기능적으로 훌륭한 영화관들을 만든 거죠. 성당들은 해체 작업반의 철거용 쇳덩이 아래서 맥없이 무너져 내렸어요. 그때 누군가가 VCR를 만들어냈지요. 텔레비전 화면은 영화관의 스크린과 똑같지 않아요. 당신 집의 거실은 거의 무한하게 좌석이 늘어났던 옛날 극장과 같지 않거든요. 그런데 주의 깊게 관찰해 보면, 비슷한 점이 더 많아요. 우선 당신은 비디오테이프를 틀고 혼자서 영화를 볼 수 있어요. 먼저 집 창문을 닫고 텔레비전을 켜요. 그리고 비디오테이프를 넣고 편안한 소파에 앉아요. 첫 번째 필수 조건은 혼자 있어야 한다는 거예요. 집은 클 수도 있고 작을 수도 있지만, 집 안 전체에 아무도 없다면, 그 집이 아무리 작더라도 좀 더 크게 느껴지는 법이거든요. 두 번째 필수 조건은 준비된 상태에 있어야 한다는 거예요. 다시 말하면, 비디오테이프를 빌려 놓고, 마실 음료나 먹을 간식을 구입해 놓고, 텔레비전 앞에 앉을 시간을 정해야 한다는 거죠. 세 번째 필수 조건은 전화를 받지 말고, 초인종 소리도 무시하고, 한 시간 반이나 두 시간 혹은 한 시간 45분을 완전하고 철저한 고독 속에서 보낼 준비가 되어야 한다는 겁니다. 네 번째 필수 조건은 한 번 이상 동일한 장면을 보고 싶을 경우를 대비하여 리모컨을 항상 손에 들고 있어야 한다는 거고요. 이게 전부예요. 그 순간 이후부터는 영화와 당신에 따라 모든 게 좌우되는 거지요. 항상 생각대로 모든 게 잘 이루어지는 건 아니지

만, 어쨌거나 예상대로 잘 이루어진다면, 당신은 다시 성스
러움의 존재 속으로 돌아가는 겁니다. 당신의 머리를 당신
의 가슴속에 집어넣고서 눈을 뜨고 쳐다보게 되는 거죠. 찰
리 크루스는 단언했다.[28]

물질적이면서도 유령적인 영화적 이미지는 아예 움직임의 환영을 주
지 않는 사진적 이미지의 배치를 통해 발현될 수도 있다. 미국의 실
험영화 감독 홀리스 프램튼(1936~1984)이 1971년에 발표한《노스탤
지어》는 언어와 이미지의 관계, 좁게는 말과 사진의 관계를 생각해
보고자 하면 곧바로 머리에 떠오르는 작품 가운데 하나다. 이 영화의
원제는 괄호와 소문자를 써서 표기한 '(nostalgia)'다. 이 작품은 프램
튼이 1971년부터 1972년 사이에 제작한 일곱 편의 단편을 묶은 '하팍
스 레고메나(Hapax Legomena)'✛ 연작의 도입부에 해당하지만, 이
와 무관하게 독립적인 작품으로 봐도 무방하다.
　「《노스탤지어》에 관한 노트」에서 프램튼은 이 작품을 구상하면
서 자신의 삶을 반추하는 자전적 영화를 떠올렸다고 썼다. 그는《노
스탤지어》로 시작되는 하팍스 레고메나 연작이 영화 예술의 계통 발
생을 더듬는 과정을 통해 영화 작가로서 자신의 성장(개체 발생)을
우회적으로 드러내는 '입체경적' 작업이라고 보았다. 서사적인 영화
를 만드는 대신, 그는 초년의 예술가로서 경험을 쌓고 있던 이십 대
무렵에 찍은 사진들 가운데 몇 장을 고르고 그것들에 대해 말하는 방
식을 취하기로 한다. 그런데 자신이 고른 사진들을 바라보던 그는 불
현듯 당혹감에 휩싸인다.

✛　어떤 작가의 전 작품 혹은 특정 분야의 저작물 전체에 걸쳐 딱 한 번만 사용된 어구를
가리킴.

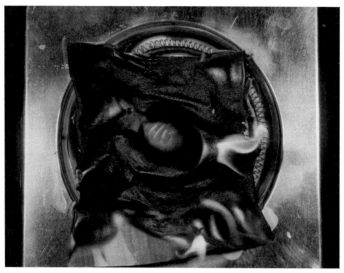

그림 3. 《노스탤지어》

그래서 나는 자비를 베풀어 그것들[사진들]을 (물론, 어떤 식일지는 몰라도 나중에 필요할 수 있으니 음화는 보존해 두고) 태워서 없애 버리기로 했다. 나의 전기적 영화는 이 연민에 찬 행위의 기록이 될 것이었다![29]

실제로 《노스탤지어》는 원형 전열기 위에 놓인 한 장의 사진이 서서히 타서 재가 되어버리는 과정(그림 3)을 기록한 열세 개의 숏(과 검은 화면)으로만 이루어져 있다. 그리고 각각의 사진에 관한 짧은 일화를 읊조리는 보이스오버 내레이션이 들려온다. 흥미롭게도 이 목소리의 주인공은 프램튼의 친구이면서 중요한 실험영화 감독 가운데 하나인 마이클 스노우[30]이나. (프램튼의 목소리는 영화 초반 마이크 테스트 도중 잠깐 들릴 뿐이다) 이처럼 프램튼의 이야기를 스노우의 목소리로 듣게 되다 보니 이따금 우스꽝스러운 상황도 벌어진다. 스노우의 전시 포스터를 프램튼이 만든 적이 있는데 스노우는 사진 자체는 맘에 들어했지만 포스터에 쓰인 "교회 사교 모임 초대장 같은" 활자체는 싫어했다. 이 일화는 "유감스럽지만, 그가 옳았다고 말해야겠다. (…) 그에게 사과할 수 있기를 바란다"는 말로 마무리된다. 프램튼이라는 '나'를 대신해 그의 고백을 읽는 중에 스노우가 자신을 '그'로서 언급하게 되는 부분은 정말이지 묘한 느낌을 준다. 이 어긋남은 《노스탤지어》 전체에 걸쳐 적용된 말과 사진의 체계적인 불일치와도 호응한다. 이러한 불일치는 분명 이 작품에서 가장 주목을 끄는 부분이다.

전열기 위에 놓인 한 장의 사진이 서서히 타서 재가 되는 동안, 내레이터는 정작 이 사진이 아니라 다음에 나올 (그리고 역시 태워질) 사진에 관해 이야기한다. 영화 내내 우리는 어떤 사진을 실제로 보기 전에 그 사진에 대한 언급을 먼저 듣게 된다. 그리고 내레이터가 말한 해당 사진이 스크린에 등장할 때쯤이면 그에 뒤이어 나올 다른 사진에 대해 언급하는 목소리가 들려온다. 예컨대, 사진용 액자 사이로 얼굴을 비추면서 오른손으로 메트로놈을 만지고 있는 칼 안드레(프램튼과 함께 살기도 했던 예술가 친구)의 모습이 담긴 사진(그림 4)이 전열기 위에서 타는 동안, 정작 우리가 듣게 되는 것은 이 사진 다음에 나올 프램튼 자신의 초상 사진에 대한 이야기다. "이것은 나의 얼굴이다. 아니 더 정확히 말하자면, 나의 얼굴이었다."

이런 구성 전략을 놓고 보면 《노스탤지어》는 단순히 하나의 형식적 아이디어를 밀고 나간 영리한 작품으로만 보일 수도 있다. 하지만 이 작품을 실제로 보고 있노라면 그런 인상은 작품이 제공하는 경험의 복잡성으로 인해 곧 사그라들고 만다. 한 장의 사진이 서서히 타서 재가 되어가는 광경을 보면서, 앞서 들었던 이 사진에 관한 이야기를 떠올려보는 한편 아직 보지 못한 다른 사진에 관한 이야기를 듣는 것이 정신적으로 상당한 수고를 들여야 하는 일임을 깨닫게 된

그림 4.《노스탤지어》

다.《노스탤지어》는 눈앞에 보이는 스크린 외에 또 다른 스크린 하나를 우리의 마음에 두고, 그 내면의 스크린에 영화적 이미지를 투사/투영할 것을 요구한다.

　하나의 이미지는 특정한 형태의 프레임 내부에 있는 시각적 요소들의 집합만을 가리키지 않는다. 이미지는 그처럼 눈에 보이는 현실적인 것은 물론이고 눈에 보이지는 않더라도 그러한 요소들을 통해 환기하거나 추론할 수 있는 잠재적인 것 또한 가리킨다. 잠재적인 측면이 전적으로 소거된 이미지는 이미지라기보다는 부호나 그래프에 가까운 것이 된다. 말 또한 마찬가지다. 진정한 말은 발화된 것과 발화되지 않은 것의 변증법을 통해서만 가능하기 때문이다. 발화되어 현실화된 의미 외에 어떠한 잠재적 뜻도 지니지 않는 말, 메시지란 그처럼 말이 아닌 말을 가리키는 것이다.

　해설자의 목소리를 곁들인 매직 랜턴 쇼의 구성을 차용한《노스탤지어》에서, 프램튼이 영화를 그 탄생 이전의 상태로 환원시켜 재고해보려 하고 있음을 짐작하기란 어렵지 않다. 오래도록 역사와 이 야기의 시대를 주도했던 언어, 그리고 기술적 이미지의 시대를 연 사 진을 일단 다시 분리해둔 다음, 프램튼은 그 둘 간의 만남이 영화적 인 그 무엇을 낳는 산고(産苦)의 순간을 재연해본다. 다만 이 재연은 실제로 벌어졌던 역사적 과정의 단순한 반복이 아니라 역사적으로 은폐되어 버린 변증법을 회복시키기 위한 몸짓에 가깝다. 발화된 것 과 발화되지 않은 것의 변증법, 보이는 것과 보이지 않는 것의 변증 법, 그리고 언어와 이미지의 변증법을 말이다.

역사적으로 언어와 이미지의 만남은 종종 서로를 보충하는 방식 으로 이루어져 왔다. 언어는 사태의 추이와 정황과 맥락을 기술하는 데는 유용하지만 사태를 이루는 장면과 세부를 모두 담아낼 수는 없 다. 그리하려면 무한한 시간이 필요할 것이다. 반면, 이미지는 사태 를 이루는 장면과 세부를 묘사하는 데는 유용하지만 사태의 추이와 정황과 맥락을 보여주지 못한다. 게다가, 이미지는 언어와는 달리 시 제와 인칭을 명확히 표현할 수 없고 기껏해야 모호하게만 암시할 수 있다. 그리하여, 언어와 이미지의 만남은 종종 언어의 여백을 이미지 로 보충하고 이미지의 여백을 언어로 보충하는 식으로 이루어지곤 한다. 문제는 이와 같은 보충이 일종의 착각을 불러일으킨다는 데 있 다. 보이는 것과 발화되지 않은 것이 등치되고, 발화된 것과 보이지 않는 것이 등치되는 식으로 말이다. 이로써 언어에서나 이미지에서 나 잠재적인 것과 현실적인 것 사이의 변증법을 작동시키는 간극이 사라져버리게 된다.

하나의 영화적 이미지를 출현시키기 위해《노스탤지어》가 회복 시키고 있는 것은 바로 이 간극이다. 이를 위해 프램튼은 어떤 사진 과 그것을 설명하는 말 사이에 시간적 지연을 두는, 무척이나 단순하 지만 효과적인 방식을 떠올렸다. 우리가 내레이터를 통해 하나의 사진에 얽힌 이야기를 듣는 동안 정작 그 사진 자체는 보이지 않고 잠재적인 채로 있다. 마침내 이 사진이 스크린에 보이고 현실화될 때, 앞서 들은 이야기는 우리의 기억 속에 일종의 잔상처럼 남아 그 사진과 중첩된다. 그리고 이 사진은 아직 나타나지 않은 또 다른 사진에 얽힌 이야기와 중첩된다. 이렇게 해서, 언어에서, 이미지에서, 그리고 언어와 이미지 사이에서 현실적인 것과 잠재적인 것 사이의 간극이 복원된다. 물질적 유령으로서의 영화적 이미지는 언제나 이러한 간극을 통해서만 출현하고 또 거기서만 삶을 영위한다.

프램튼은 이 작품에 하나의 구조적 수수께끼를 감춰두는 것을 잊지 않았다. 영화 도입부에서 내레이터는 "이것은 내가 몇 년 전에 찍은 열두 장의 사진에 대한 추억"이라 말한다. 그런데 실제로 제시되는 사진은 열세 장이다. 다만 마지막으로 제시되는 사진은 내레이터의 말에 따르면 프램튼이 직접 찍은 것이 아니고 심지어 누가 찍은 것인지도 모른다. 스크린에 어떤 사진이 제시될 때 그 다음에 나올 사진에 얽힌 이야기를 들려주는 식인 이 영화의 구조로 인해, 우리는 암실의 풍경이 담긴 영화의 첫 번째 사진에 관해서는 아무런 이야기도 들을 수 없고, 마지막 사진이 제시되는 동안 말로만 언급되는 사진은 끝내 스크린에 나타나지 않는다. 그렇다면 열두 장의 사진이란 화면에 실제로 제시되는 사진들 가운데 프램튼이 직접 찍지 않은 마지막 사진을 제외하고 셈한 것일까? (이 경우, 암실의 풍경이 담긴 첫 번째 사진은 포함되지만, 말로만 언급되는 사진은 포함되지 않는다) 아니면, 내레이터를 통해 언급되는 사진들 가운데 프램튼이 직접 찍은 사진만을 가리키는 것일까? (이 경우, 말로민 언급되는 사진은 포함되지만, 암실의 풍경이 담긴 첫 번째 사진은 포함되지 않는다) 사진을 믿을 것인가, 아니면 말을 믿을 것인가? 이 영화에서 보이지 않은 채 언급되기만 하는 사진[31]에 관한 보이스오버 내레이션을 옮겨보면 다음과 같다.

> 사진을 인화했을 때, 기묘한 것 하나가 내 눈을 사로잡았다.
> [이 사진을 찍을 때] 나는 보지 못했던 것이지만 교차로에
> 서 있는 무언가가 공장 창문에 비쳤고, 그리고 나선 트럭 문
> 에 부착된 백미러에 다시 비쳤다. 그것은 작은 세부에 불과
> 한 것이었다. (…) 그럼에도 불구하고, 나로서는 분명 보았다
> 고 확신하는 필름의 작은 입자에 기록된 그것 때문에, 나는
> 엄청난 공포와 두려움과 혐오감에 휩싸이며, 다시는 감히 또
> 다른 사진을 찍으려 들지 않겠다고 생각한다. 여기에 그 사
> 진이 있다! 보라! 내가 보고 있는 것이 당신에게도 보이는가?

다시 말하지만, 프램튼이 직접 찍은 열두 장의 사진과 그가 직접 찍은 사진에 대한 열두 개의 이야기는 딱 맞게 포개어지지 않는다. 어떻게 해도 좁혀지지 않는 이 '입체경적' 간극이야말로 열세 번째의 사진과 이야기가 도래하는 장소일 것이다. 이쯤에서 제라르 라브뤼니의 「아르테미스」를 다시 떠올려본다. "열세 번째 여인이 되돌아오네…. 그건 아직도 첫 번째 여인. 그리고 그건 언제나 유일한 여인, ― 또는 유일한 순간." 프램튼의 《노스탤지어》는 그야말로 영화적 이미지의 유령론에 입각해 있는 작품이다. 이는 엄청난 공포와 두려움과 혐오감을 불러일으키는 그 무엇, 말과 사진을 12라는 수의 언저리에서 머뭇거리게 하는 그 무엇, 13이라는 불길한 수 가운데서 떠오르는 그 무엇, 즉 영화적 이미지라 불리는 그 무엇의 도래를 미래완료로 경험케 하는 기묘한 작품이다.

이 절을 마무리하면서 덧붙이고 싶은 말. 우리는 찰리 크루스처럼 잃어버린 낙원을 그리워할 필요는 없다. 잃어버린 것도 없고 낙원

또한 존재한 적이 없으니 말이다. 그러므로, 성당은 파괴된 것이 아니며 세계와 같은 정도로 거대한 것이 되었다고 한 역사가 미슐레의 말을 지침으로 삼아 좀 더 움직여 보자.

완전한 아카이브의 신화

무척이나 낡은 영화 교과서에서라면 몽타주의 중요성을 역설한 에이젠슈테인은 미장센의 우위를 내세운 영화평론가 앙드레 바쟁과 이론적으로 대립하는 인물로 그려질 것이다. 이런 인위적인 대립 구도는 이들의 논의에 대한 무척이나 피상적인 이해에 근거해서 설정된 것이라고밖에 볼 수 없다. 영화에 대해 각각이 품고 있는 상이나 가설이라는 측면에서 보면 에이젠슈테인과 바쟁은 몽타주나 미장센에 대한 강조 때문이 아니라 영화를 유령으로 보는지 아니면 역량으로 보는지의 여부 때문에 대립하는 인물들이다. 영화의 존재론과 관련해서, 에이젠슈테인이 유물론적 유령주의라 부를 만한 입장을 대변한다면 바쟁은 관념론적 역량주의라 부를 만한 입장을 대변한다고 할 수 있다. 흥미롭게도, 이 두 입장은 전적으로 대립한다기보다는 궁극적으로 통합된다. 달리 말하자면, 유령과 역량은 변증법적 관계에 있다.

　일단 바쟁의 가장 유명한 글 가운데 하나인 「완전영화(cinéma total)의 신화」를 살펴보기로 하자.[32] 이 글은 영화를 통한 "현실의 완전하고 전면적인 재현"[33]을 옹호한 바쟁적 리얼리즘의 요체가 담긴 에세이로 간주되어 왔다. 나는 바쟁의 이론적·비평적 논의가 리얼리즘에 입각해 있다고 보는 것이 과연 정당한 일인지 의문을 품고 있는데, 이 글과 관련해서도 그런 의문이 가시지 않기는 마찬가지다. 여기서 이 글을 살펴보고자 한 것은 입체영화에 대한 에이젠슈테인과 바쟁의 견해를 비교해 보기 위해서다. 바쟁이 『크리티크(Critique)』지에 「완전영화의 신화」를 발표한 것은 1946년으로, 에이젠슈테인이 「스테레오키노에 관하여」를 집필하기 일 년 전이다. 이 둘의 견해를 비교해 보는 일이 흥미로운 이유는 에이젠슈테인과 바쟁 모두 입체영화라는 고안물을 대단히 호의적으로 바라보고 있기 때문이다. 한쪽은 입체영화에 대해 호의적인 반면 다른 쪽은 그렇지 않다면 그 둘의 비교는 그다지 흥미로운 일이 되지 못할 것이다. 에이젠슈테인과 바쟁 모두 입체영화라는 기술적 고안물을 매우 호의적으로 바라보고 있기는 하지만 그 이유가 서로 다르기 때문에 흥미롭다. 이들의 논의는 영화라 불리는 무언가를 유령으로 파악하느냐 역량으로 파악하느냐에 따라 동일한 기술적 고안물을 보는 관점 자체가 달라진다는 점을 잘 보여준다.

바쟁은 「완전영화의 신화」에서 P. 포토니에(P. Potonniée)라는 이의 글[34]을 인용하고 있는데 이는 다음과 같다. "연구자들의 눈을 뜨게 한 것은 사진의 발명이 아니라 (움직이는 사진을 위한 최초의 시도들이 있기 직전인 1851년에 시장에 나왔던) 입체경의 발명이다. [3차원적 환영을 제공하는] 공간 안에서 움직이지 않는 채로 있는 인물들을 보면서, 사진가들은 생의 이미지이자 자연의 충실한 복제가 되기에는 자신들의 사진에 움직임이 결핍되었다는 점을 깨달았다."[35] 역사적으로 영화는 무성에서 유성으로, 흑백에서 색채로, 2차원적 이미지에서 3차원적 이미지로 전환되는 과정을 밟아온 것이 사실이지만, 바쟁은 19세기의 발명가들이 애초부터 현실을 완벽하게 재현할 수 있는 장치를, 소리와 색채와 입체감이 있는 시청각적 장치를 머리에 그리고 있었다고 본다. 다만 기술적 여건이 갖춰지기까지 생각보다 시간이 좀 오래 걸렸을 뿐이다. 포토니에의 논의로부터 출발해 영화가 발명되기 직전과 직후의 시기에 이루어진 일련의 기술적 시도들을 검토한 뒤 바쟁은 다음과 같이 주장한다. "그러므로 영화의 발명을 이끈 신화는 사진으로부터 축음기에 이르기까지 19세기에 출현한, 현실을 기계적으로 재생산하는 모든 기술들을 암암리에 지배하는 신화의 극치다."[36]

여기서 바쟁이 신화라고 부르고 있는 것은 가설이나 픽션이라 불러도 무방할 듯하다. 하지만 굳이 여기서 신화와 가설과 픽션의 차이를 논하고 완전영화가 신화인지 가설인지 픽션인지를 세세히 따질 필요는 없겠다. 다만, 바쟁이 입체사진을 영화적으로 중요한 역사적 계기로 언급하면서 완전영화라는 용어를 제시하고 있는 까닭에 그의 논변이 엉뚱하게 이해되어 버리는 경우가 종종 있다는 점은 지적해둘 필요가 있다. 바쟁의 논변에서 눈여겨보아야 할 것은 그런 기술이나 용어 자체가 아니라 19세기 중엽에 영화라는 것이 이미 정신적으로 존재했다고 보는 견해다. 바쟁과 그의 동료들이 1951년에 창간한 영화잡지 《카이에 뒤 시네마》에서 필진으로 활동하기도 했던 장뤽 고다르는 훗날 영화평론가 세르주 다네와의 대담에서 "영화는 19세기의 산물로 20세기에 현실화된 것"이라고 한 적이 있는데, 사실 이는 바쟁의 견해를 고스란히 이어받은 것이라 해도 무방하다.[37] 하지만 고다르는 바쟁만큼 확신에 찬 역량주의자는 아니다. 그는 영화와 관련해 유령과 역량이라는 두 개의 가설 사이에서 망설이면서 이 둘의 변증법적 통합을 모색하는 인물이다. 이에 대해서는 2장에서 좀더 상세히 논의하도록 하겠다.

「완전영화의 신화」에서 바쟁은 기술과 발명이라는 용어를 이중적인 뜻으로 사용하고 있다. 그에 따르면 우리는 "과학적인 진보 및

산업적(이거나 군사적)인 필요에서 기인했음이 분명한 것들[기술과 발명]과 의심의 여지 없이 이들에 선행하는 것들[기술과 발명]을 구분해야 한다."[38] 과학적·산업적·군사적으로 현실화된 기술이나 발명에 선행하는 어떤 구상, 즉 관념적 의미의 기술이나 발명이라고 할 수 있는 이것이야말로 바쟁이 신화라 부르는 것이다. 즉, 그의 신화 개념은 현실화되지는 않았더라도 관념적으로는 이미 존재하고 있는 것을 가리킨다. 그는 이카로스 신화를 예로 드는데, 인간이 하늘을 난다는 이 신화는 내연기관의 발명을 통해 현실화의 가능성을 얻게 되었지만, 여하간 이 신화 자체는 내연기관이 발명되기 전부터 존재해왔다는 것이다. 이와 마찬가지로, 바쟁은 "관념론적 현상(un phénomène idéaliste)"[39]으로서의 영화는 에디슨의 키네토스코프나 뤼미에르의 시네마토그래프 등의 장치로 현실화되기 전에 이미 존재하고 있었다고 역설한다.

   이론의 여지는 많지만 명백히 플라톤적인 사고에 기대고 있는 이런 주장을 이해하는 것 자체는 어렵지 않다. 우리가 주목해야 할 것은 바쟁적 의미에서의 관념론적 기술, 즉 신화라는 것은 엄밀한 의미에서 실현 불가능한 기술이어야 한다는 점이다. 신화로서의 '시네마는 아직 발명되지 않았다!'[40]는 바쟁의 일견 수수께끼 같은 언급은 이를 고려하지 않고는 이해할 수 없다. ("시네마는 영원히 발명되지 않을 것이다!"라고 주장하는 편이 더 바쟁답기는 하다) 내연기관이 인간으로 하여금 하늘을 날게 해 준 것은 사실이지만 분명 이카로스와 같은 방식으로는 아니다. 하지만 바로 그 때문에 이카로스 신화는 이를테면 아이언맨이 착용한 슈트를 실제로 만드는 것이 가능한가 하는 식으로 오늘날에도 계속 작동하는 어떤 완전한 이념을 가리키는 신화가 될 수 있다. 오늘날의 우리에게 훨씬 더 직관적으로 다가오는 바쟁적 의미에서의 관념론적 기술은 아마 인공지능이 아닐까 싶다. 아이언맨이 착용하고 있는 슈트라든지 마음을 지닌 인공지능이 미래에 실현될 것인지 여부는 나의 관심사가 아니다. 하지만, 이런 것들이 기술로서의 신화이자 신화로서의 기술로 작동하고 있는 것은 사실이다. 그 결과, 그러한 신화를 통해 상상한 것과 똑같은 모습은 아니더라도 이런저런 화신들이나 변용들이 시대에 따라 모습을 달리해가며 나타나곤 한다. 같은 논리로, 디지털 시네마가 보편화된 오늘날에도 여전히 영화 장치의 모델로 남아 있는 시네마토그래프는 '아직 발명되지 않은' 시네마의 한 화신일 수는 있을지언정 그 자체로 시네마라고는 할 수 없다.

　에이젠슈테인에게 있어서 시네마란 현존하는 장치들 사이에서(만) 파악되는 것이면서 한편으로는 가능한 장치들을 상상하게도 하는 변증법적 대상이라는 것은 앞에서 이미 강조한 바 있다. 달리 말하자면 시네마라는 대상 자체가 몽타주의 원리를 통해 끊임없이 생성·변용되는 것이라고도 할 수 있다. 조금 기묘하게 들릴 수도 있지만, 시네마의 원리로서의 몽타주는 장치들은 물론이고 시네마라는 대상 자체에도 선행한다는 것이 에이젠슈테인의 입장이다. 반면에 바쟁에게 있어서 시네마는 현존하는 장치들과의 영원한 거리 두기를 통해서(만) 파악되는 신화이다. 이러한 신화는 그것의 화신들 혹은 변용들을 현실적으로 산출하는 힘을 지닌 것이지만 결코 온전히 실현될 수는 없는 것이기 때문에 필연적으로 불가시적이다. 이처럼 보이지 않으면서도 분명하게 작동하는 힘을 역량이라고 한다면, 바쟁이 완전영화의 신화라 부른 것은 사실 완전영화라는 역량인 셈이다. 시네마라 불리는 깃을 역량으로 파악하려는 사유가 바쟁에게서만 나타나는 것은 아니나, 바쟁의 관념론적 역량주의는 분명 그 가운데 가장 널리 알려진 입장이라 할 만하다. 그렇다면 오늘날의 우리는 이 완전영화라는 개념을 어떻게 재고해볼 수 있을까? 지금껏 바쟁의

영화론은 리얼리즘적이라는 식으로 종종 간편하게 정리되어버리곤
했는데 여기서는 조금 다른 관점에서 고찰해보자.

완전영화 개념을 제대로 이해하기 위해서는 반드시 아카이브 개
념을 동시에 고려해야 한다. 바쟁의 텍스트를 가로지르는 사유의 흐
름을 짚어나가다 보면, 우리는 그가 '리얼리즘'이라는 (다소 부적절한)
용어로 파악하고자 했던 것이 실은 완벽한 아카이브의 가능성이라
는 데 생각이 미치게 된다. 그에 따르면 전면적인 리얼리즘(réalisme
intégral)의 신화란 "세계를 그것의 이미지를 통해 재창조[한다는 신
화], 예술가가 지니는 해석의 자유라는 장애물이나 시간의 불가역성
에 얽매이지 않는 이미지를 통해 재창조[한다는 신화]"⁴¹이다. 확실
히 바쟁의 리얼리즘에서 관건이 되는 것은 모방 충동이라기보다는
보존 충동이다. 어떤 대상을 특정한 인간적 의도나 표현("해석의 자
유라는 장애물")으로 굴절시키지 않고 영구적으로("시간의 불가역성
에 얽매이지 않는") 보존하고자 하는 아카이브적 충동 말이다. 바쟁은
「사진적 이미지의 존재론」에서 "모든 예술은 인간의 존재에 근거를
두는 반면, 사진에서만은 우리는 인간의 부재를 향유한다"⁴²고 쓰고
있는데, 이처럼 인간적 개입을 최소로 하면서 '자동적으로' 세계를
이미지화할 수 있는 사진적 이미지(와 이에 근거한 영화적 이미지)는
저 보존 충동에 더할 나위 없이 걸맞은 것으로 받아들여진다. 바쟁의
리얼리즘은 안티휴머니즘적 자동주의에 입각한 완전한 아카이브의
신화다.

완전영화가 완전한 아카이브의 이상과 관련되어 있는 것이라면,
거기서 어떻게 리얼리즘이 하나의 영화적 입장으로 도출되는가를
살펴보기 위해서는 리얼리즘과 복제의 차이를 따져볼 필요가 있다.
다음과 같은 예를 떠올려 보자. 워드프로세서 프로그램으로 문서 하
나를 작성해서 그것을 컴퓨터에 내장된 하드 드라이브에 저장한 뒤

이것을 복사해 USB에 저장했다고 하자. 특별히 기술적인 문제가 없다면 USB에 저장된 파일은 하드 드라이브에 저장되어 있는 파일과 동일할 것이다. 그런데 우리는 이 두 개의 동일한 파일을 두고 복제가 잘 이루어졌다고는 말할지언정 '리얼리즘의 성취'라는 식으로는 말하지 않는다. 다른 예를 떠올려 보자. 미처 녹음기를 챙기는 일을 잊은 인류학자가 어떤 부족의 원로가 들려주는 전통 노래 하나를 그들의 언어를 이해하지 못하는 상태에서 문자나 부호로 기록할 수밖에 없는 처지에 놓여 있다. 이 경우에 우리는 노래를 문자나 부호로 옮기는 일의 리얼리즘이라는 문제에 대해 따져볼 수 있다. 정리하자면 다음과 같다. 리얼리즘이란 아키비스트가 복제의 불가능성에 당면했을 때 고민하게 되는 문제다.

완전영화란 사실 불가능하기 때문에 그것은 리얼리즘이라는 태도를 요구하는 규제적 이념으로만 남게 된다. 그리고 실제로 존재하는 영화와 완전영화의 이념 사이에는 필연적으로 어떤 간극이 있게된다. 이러한 간극이야말로 바쟁이 보는 영화미학의 자리다. 영화에 있어서 미학의 자리는 어디까지나 완전영화라는 신화·가설·픽션을 전제하는 한에서만 성립될 수 있다. 비유하자면 이는 여러 개의 작은 원형 타일들로 하나의 커다란 정사각형을 만들어내는 일과 비슷하다. 타일과 타일 사이의 빈틈을 다른 소재로 채워넣거나 타일을 깨뜨려 적절한 모양을 만들어 빈틈을 채우는 것은 허용되지 않는 조건에서 말이다. 여러 개의 원형 타일을 수백 또는 수천 개 모아 잘 배열하면 먼 곳의 관찰자에게 정사각형처럼 보이게 할 수는 있겠지만 가까이서 보면 실제로는 가장자리가 들쭉날쭉하고 타일과 타일 사이마다 빈틈이 있을 것이다. 정사각형은 원형 타일이 아무렇게나 임의대로 배치되지 않게끔 하는 규제적 이념이라면, 이 이념에 따라 원형 타일로 충실히 정사각형 모양을 만들어가는 태도가 리얼리즘이며, 그 과

정에서 '자동적으로' 생성되는 빈틈들이 어울려 만들어내는 문양이
바로 미(美)다. 이런 미학적 입장에 서게 되면 작품을 평가하는 기준
으로 창조성이 아니라 충실성이 우선시되는 것은 당연한 일이다. 바
쟁의 사유에서 미는 창작자가 무언가를 발휘함으로써가 아니라 충
실하게 규제적 이념을 따라 작업을 수행하다 보면 자연스레 생기는
문양을 통해서만 접근 가능한 무엇이다. 이것은 굉장히 안티휴머니
즘적이면서 매우 세심한 수동성을 요구하는 것이기도 하다.

특성 없는 영화를 위하여

원형 타일들만을 가지고 정사각형 모양을 만들어내는 문제, 달리 말
하자면 이는 하나의 오브제(정사각형)를 다른 오브제(원형 타일)를
통해 '번역'하는 문제라고도 할 수 있다. 편의상 전자의 오브제를 □,
후자의 오브제를 ○라고 하자. □의 자리에 세계가 놓이고 ○의 자리
에 (카메라로 포착한) 이미지와 (마이크로 녹음한) 사운드가 놓일 때,
이는 통상적인 의미에서 영화적 리얼리즘의 문제를 드러내는 도식이
된다. 그런데 바쟁이 남긴 글들 가운데 가장 흥미로운 것들은 □의
자리에 세계 자체가 아닌 문학·연극·회화 등을 위치시킨 다음, 이들
과 매체적 성격을 달리하는 영화라는 ○로 번역하는 문제를 다룬 것
들이다. 이 문제와 관련된 바쟁의 글 대부분은 총 네 권으로 발간된
그의 비평집 『영화란 무엇인가?』의 두 번째 권, '영화와 그 밖의 예술
들'이라는 부제가 붙은 선집에 수록되어 있다. 바쟁의 이론적 논의는
완전한 아카이빙이라는 신화와 관련해 그 현실적 불가능성을 자각

한 아키비스트로서의 영화 작가가 당면하게 되는 각색의 문제 또는
번역의 문제로 수렴되며, 그의 영화적 리얼리즘 논의가 정점에 달하
는 곳도 바로 여기다.

문학·연극·회화와 같은 예술 작품을 영화로 옮긴 작품의 경우
영화만의 고유한 표현기법—그게 무엇이건—을 구사할 때만 예술
적으로 정당화될 수 있다는 견해는 종종 별다른 이의 없이 상식처럼
통용된다.「비순수 영화를 위하여」같은 글에서 표명된 바쟁의 논의
가 독특한 정도를 넘어 기묘하게까지 비치는 이유는 그런 통념을 그
가 완전히 뒤틀고 있기 때문이다. 그의 번역론의 근간에는 영화는 그
것만의 영구불변하고 고유한 특성을 지니는 것이 아니라 그것이 결
합하는 바에 따라 의의를 지니는 '기능적인 예술(art fonctionnel)'이
라고 보는 '비평적 실용주의'가 있다.[43] 또한, 그에게 있어서 'adapta-
tion'은 하나의 매체를 다른 매체로 창조적으로 변용하는 '각색'이기
이전에 무엇보다 '적응/순응'으로 이해된다. 바쟁의 안티휴머니즘적
자동주의—다른 예술은 인간 존재의 개입 없이 성립되지 않는 반면
에 사진과 이에 근거한 영화의 경우에는 우리로 하여금 인간의 부재
를 향유할 수 있게 한다는 점을 강조한—를 고려하면 그의 이런 입
장은 전혀 뜻밖의 것이 아니다.[44]

가령 회화와 영화의 관계에 대한 그의 논의를 살펴보면, 그는 특
정한 그림이나 화가의 화풍을 조명술과 촬영술의 힘을 빌려 빼어나
게 영화로 옮긴 사례 같은 것에 전혀 관심이 없다. 그보다는 회화, 폭
넓게는 미술의 개념이 오늘날 어떻게 변화되고 있으며 영화는 어째
서 그처럼 변화된 회화 또는 미술 개념을 포착하기에 최적의 도구일
수 있는지를 논증하려 한다. 이때,「베르그송적 영화」에서 다루고 있
는 프랑스 감독 앙리조르주 클루조의《피카소의 미스터리》는 그에
게 매우 의미심장한 사례가 된다. 이 영화의 대부분은 피카소와 클루

조가 촬영과 관련해 대화를 나누는 모습을 담은 몇몇 흑백 장면들을 제외하고는 피카소가 일련의 그림을 그리는 과정을 충실히 보여주는 장면들에 오롯이 할애되어 있다. 즉, 여기서 보게 되는 피카소의 그림들은 카메라가 돌아가는 동안 실시간으로 그려진 것들이다. 클루조는 피카소가 그림을 그리는 반투명막 뒤에 카메라를 설치하고, 그림의 바탕이 되는 하얀 표면과 그 위에 나타나는 선과 색을 제외하고는 일체의 화구도, 작업 중인 화가의 손도 프레임에 담지 않았다. 바쟁은 회화(peinture)는 그림(tableau)보다 훨씬 포괄적인 개념으로 그림은 전체 과정으로서의 회화에 비추어 볼 때 하나의 순간에 지나지 않는다고 본다.[45] 달리 말하자면, 그는 회화란 완성된 결과물로서의 그림이 아니라 지속의 과정 자체를 가리키는 개념이라 본다.[46] 피카소의 그림이 그려지는 표면을 기록한 것 이외에 별다른 영화적 노력이라고는 없어 보이는 클루조의 영화를 바쟁은 "회화적 사건과의 미적 공생"[47]을 통해 지속으로서의 회화 자체를 포착한 진정한 영화적 사건으로 자리매김한다.

영화의 역사를 돌이켜보면, 영화의 제 요소를 연극이나 문학과는 차별화되는 양식으로 정립하고자 하는 노력이 끊이지 않았음을 알 수 있다. 어떤 영화를 두고 '연극적'이라거나 '문학적'이라 규정하는 말에는 종종 비난의 뜻이 담겨 있다. 연극과 영화, 문학과 영화의 관계에 대한 바쟁의 견해는 회화와 영화의 관계에 대한 것보다 훨씬 기이하고 또 과격하기까지 하다. 그의 주장에 따르면, 연극적 텍스트는 무대라는 공간과 거기서 펼쳐지는 연기의 양식에 호응하는 것인 만큼, 연극을 영화로 옮길 때 무엇보다 고려해야 하는 리얼리티는 이러한 텍스트·공간·연기 양식의 결합 자체다. 연극을 영화로 옮길 때 자연스러운 구어체와 과장이 덜한 연기를 구사하거나 무대 공간이 아닌 자연적 배경을 활용하는 것은 흔한 일이다. 그런데 바쟁에 따르면 이는 연극의 영화적 각색이기는커녕 연극이라는 리얼리티 자체를 파괴하는 셈이 된다. 그는 "몰리에르의 텍스트는 배경막에 그림으로 그려진 숲속에서만 그 의미를 지니며 배우들의 연기 또한 마찬가지"[48]이고 "무대 조명을 남프랑스의 태양으로 대체하는 것은 [연극적인] 텍스트를 햇볕에 태워 죽이는 가장 확실한 수단"[49]이라고 단언한다. 반면에 장 콕토가 자신의 희곡을 원작으로 만든 영화인 《무서운 부모들》은 다름 아닌 "연극성의 증강(surcroît de théâtralité)"[50]을 통해 영화가 연극에 특별하게 공헌하고 있다는 점에서 상찬된다. (콕토의 이 영화가 연극과 영화의 관계에 대한 바쟁의 논변에 실제로 부합하는지의 여부에 관해서는 이론의 여지가 있다)

　문학과 영화의 관계에 대한 바쟁의 견해 또한 동일한 문맥에 놓여 있다. 이때 특권적인 자리를 차지하는 영화는 로베르 브레송의 《시골 사제의 일기》다. 바쟁에 따르면 브레송이 이 영화에서 대상으로 삼고 있는 리얼리티는 원작자 조르주 베르나노스의 스타일(문체) 자체다. 복제와 리얼리즘의 차이에 대해 살펴보며 앞에서 이미 논의한 대로, 우리가 《시골 사제의 일기》의 리얼리즘이라는 문제를 고려할 수 있는 것은 문학적 텍스트와 영화적 이미지 사이에는 도저히 극복할 수 없는 간극이 있기 때문이다. 하얀 화면 위로 뜬 검은 십자가만 보이는 가운데 편지를 낭독하는 목소리가 들려오며 마무리되는 이 영화의 결말부에서, 바쟁은 "이미지를 기화시키고 소설의 텍스트만이 그 자리를 차지하도록 내주는"[51] 세심한 리얼리즘을 본다. 그리고 "이미지가 승천하면서 스크린의 하얀 천 위에 남겨놓은 눈에 보이는 유일한 흔적인 (…) 검은 십사가는 그것의 리얼리티란 그저 하나의 기호일 뿐이었던 무언가를 증언하고 있다"[52]고 쓴다.

　「완전영화의 신화」를 쓴 1940년대 중반 무렵의 바쟁과 『영화란 무엇인가?』 제2권에 수록된 일련의 글들을 쓰던 1950년대 초·중반 무렵의 바쟁 사이에는 단절까지는 아니어도 분명한 거리가 있다. 물론, ○를 통해 □를 재구성(아카이빙)하고자 할 때 □와 ○의 극복 불가능한 차이로 인해 리얼리즘의 문제가 대두된다는 논의의 구조 자체는 바뀌지 않는다. 하지만 세계의 총체적 재현으로서의 완전영화, 플라톤적 이데아를 닮은 관념론적 현상으로서의 시네마라는 생각은 1950년대에 들어서면서 이미 희미해졌다. 완전영화에 대한 논의에서는 □와 ○가 서로 수직적(위계적) 관계에 놓인다. 이 경우, 시네마라는 대상은 ○를 통해 □를 재구성하는 운동과 관련될 뿐 그 반대 방향의 운동, 즉 □를 통해 ○를 재구성하는 운동은 아예 상상하기 힘들다. 왜냐하면, □의 자리에 놓인 세계 및 이와 관련된 완전영화의 이념에 비하면 ○의 자리에 놓인 이미지와 사운드의 구성물은 항상 '불완전'할 수밖에 없기 때문이다.

그런데 □의 자리에 문학·연극·회화 같은 것들이 놓이게 되면 의미심장한 변화가 일어난다. 물론 바쟁은 문학·연극·회화 등의 다른 예술들을 영화로 각색하는 문제에 대해서만 논하고 있다. 하지만 영화는 이런 예술들에 비해 딱히 더 불완전한 것은 아니다. 다시 말하자면, 영화가 ○의 자리에 놓여 있는 것은 그저 임의적일 뿐이라는 뜻이다. 바쟁이 직접 논하고 있는 것은 아니지만 우리는 영화를 □의 자리에 두고 문학·연극·회화 등을 ○의 자리에 둔 뒤 각색의 문제를 논할 수도 있다. 이제 □와 ○의 관계는 수직적이 아닌 수평적인 것이 된다. 그리고 시네마는 이미지와 사운드가 세계 자체와 맺는 수직적 관계 속에서가 아니라 다른 예술들과 맺는 수평적 관계들의 체계 속에서 파악되는 무엇이 된다. (우리는 3장에서 '영화하기'라는 개념을 통해 이 문제로 되돌아가게 될 것이다)

내가 보기에 바쟁의 사유에서 이는 매우 중대한 변화다. 여러 예술이 어울려 형성하는 수평적 관계의 체계를 통해 시네마를 감지한다는 것은, 바쟁이 그의 완전영화 논의를 특징짓는 관념론적 역량주의로부터 슬며시 빠져나와 에이젠슈테인적인 유령주의와 조우하고 있다는 뜻이기 때문이다. 1950년대에 접어들면 바쟁의 사유에서 존재가 본질에 선행하는 '기능적인 예술'로서의 비순수 영화 개념이 완전영화 개념을 대체한다. 로베르트 무질 소설의 주인공처럼 '특성 없는 존재'라고 할 수 있는 영화는 다른 예술이 증식하게 하는 기호이며 소멸 또는 승천을 통해 다른 예술에 온전히 자리를 내주는 데서 자신의 몫을 찾을 뿐이다. 비인격적이고 안티휴머니즘적인 자동주의로부터 출발해 마침내 이러한 입장에 도달한 바쟁은 '무에 대한 헌신'을 영화의 미학과 윤리학으로 수용한 선구자 가운데 한 명이 된다.

그의 주장에 대한 동의 여부를 떠나, 바쟁이 오늘날의 우리에게 무척이나 동시대적으로 느껴지는 질문들을 일찌감치 던진 인물이라는 점은 분명하다. 어느덧 '움직이는 이미지(moving image)'라는 포괄적인 개념에 포섭된 오늘날의 영화는 부단히 다른 예술들과 교차하고 있는가 하면, 현실의 완전한 재현을 겨냥하는 가상 현실 같은 기술이 모든 매체를 감싸 안는 메타적 매체의 이념을 향해 다가가고 있다. 이런 상황에서, 영화란 다른 매체들과의 공생을 그 존립 근거로 삼고 있다고 역설하며 그 "미학적 생물학(biologie esthétique)"[53]에 주목하고자 했던 바쟁의 예언적 글들은 지적으로만이 아니라 실천적으로도 우리를 자극하는 시한폭탄과 같다.

오늘날의 시네필리아

영화에 대한 사랑, 즉 시네필리아란 본질적으로 역량주의적 사고에 의존한다. 물론 이러한 역량주의의 판본은 다양할 수 있다. 나는 바쟁의 글에 나타나는 완전영화의 신화를 예로 들어 시네마라는 대상을 역량으로 사고하는 일이 어떤 의미를 지니는지 생각해보았을 뿐이다. 바쟁의 완전영화는 가능한 여러 역량주의적 가설들 가운데 하나에 지나지 않는다. 시네마라는 대상을 하나의 역량으로 전제하고 나면, 사진·축음기·시네마토그래프·텔레비전·비디오·컴퓨터·VR 등은 모두 이 역량으로부터 산출되는 변용이나 화신, 즉 현실화된 장치로 이해된다. 기술에 대한 바쟁의 포용력 또한 여기서 비롯된다.

　다만, 역량 자체를 직접적으로 감지하는 일은 불가능하기 때문에, 우리는 현실화된 장치를 운용하는 방식을 통해 간접적으로만 그것을 가늠해볼 수 있다. 이런 방법론은 지각의 운동과 지표면의 여러 형성물을 관찰함으로써 지각 아래 깊숙한 곳의 구조를 유추하는 지질학자의 그것과 매우 가깝다고 할 수 있다. 역량이란 지각 아래 깊숙한 곳에서 일어나는 운동이고, 암석과 모래를 비롯해 산과 강과 바다, 평원과 협곡 같은 형성물이나 지진과 같은 현상은 그 불가시적 운동의 귀결이면서 그 운동을 가늠해보기 위한 단서도 될 수 있다. 영화에 있어서라면 여러 개별적 작품들과 그러한 작품들을 구성하는 영화적 요소들(이미지·사운드·목소리·텍스트)은 모두 어떤 역량의 산물이라고 할 수 있다. 물론 이 역량과 아주 희미한 관계밖에는 맺지 않는 사례도 있겠지만 말이다. ('질이 낮은 작품'이나 '무기력한 이미지'는 이런 사례를 가리키는 표현이다) 시네필리아는 이런 역량을 감지하는 특별한 능력에 대한 믿음과 관련된 정념이다.

지천에 널린 암석 가운데 특별히 어떤 암석이 과학적으로 왜 중요한지 지질학자에게 묻는다면 그는 그 암석이야말로 이런저런 지질 현상에 대한 가설의 증거가 되기 때문이라고 답변할 것이다. 말하자면 개별 암석에 대한 판단 기준 일체를 제공해주는 것은 지각 아래 깊숙한 곳에서 일어나는, 보이지 않는 운동에 대한 가설이다. 물론, 암석을 그 자체로 관찰하는 데는 가설이 필요 없다. 하지만 판단은 다른 문제다. 가설 없는 판단은 억지에 지나지 않는다. 당연한 말이지만, 누구나 영화를 볼 수 있으며 영화를 좋아하고 싫어하고는 보는 사람 마음이다. 다만, 영화에 대해 판단을 내리는 일, 무엇보다 판단을 공적으로 발화하는 일이 그래서는 곤란하다. 바쟁의 경우에는 미적 판단의 일종인 역량주의적 시네필리아를 근거 짓는 가설로 완전영화(나중에는 비순수 영화)를 제안한 것이고, 이때 개별 영화 작품과 작품의 특정한 부분에 대한 판단은 모두 이러한 가설에 입각해 내려지게 된다. 이런 점에서, 바쟁적 시네필리아는 취향이라는 면에서는 꽤 단조로울지 모르나 굉장히 일관성이 높고 논지 자체만 따라가자면 설득력도 있다.

반면, 오늘날 상당수의 시네필들은 역량주의적 논법에 기대면서도 정작 자신이 가설로 삼고 있는 역량이 무엇인지에 대해 아예 고려하지 않거나 심지어 그럴 필요가 없다고 보는 것 같다. '영화는 이론이 아니라 체험'이라는 주장은 종종 이런 무책임을 위장하는 방편으로 쓰이곤 한다. 나는 이를 역량 없는 역량주의의 시네필리아라고 부르고 싶다. 이처럼 기만적인 시네필리아는 지질학자보다는 풍수지리를 보는 지관(地官)이 태도 비슷한 것을 낳는다. 지관이 보는 산천의 형세는 얼핏 생각하기엔 지질학자가 보는 풍경과 유사해 보인다. 그런데 지질학자는 이 풍경이 바로 그러한 상태로 있게끔 하는, 혹은 어떠어떠한 상태로 변화되게끔 하는 불가시적 운동에 대한 가

설을 반드시 요청하는 반면에 지관에게는 그러한 가설이 전혀 필요
하지 않다. 그는 산천의 형세가 어떤 심상과 느낌을 불러일으키며 이
것이 어떤 운과 관련된다는 식의 정성적 통계를 '체험'으로 습득하면
그만이기 때문이다. 지질학자와 지관이 아니라 천문학자와 점성술
사의 차이를 떠올려봐도 좋다. 하지만 지질학이나 천문학은 이론적
이고 풍수지리와 점성술은 직관적이라는 식으로 생각해서는 곤란하
다. 훌륭한 지질학자와 천문학자라면 풍경과 천체를 보는 직관 또한
분명 갖추고 있기 마련이다. 더불어, 그들은 직관적으로 다가오는 대
상이 그 모습으로 보이는 이유를 찾고자 한다.

　　시네마라는 대상을 고유의 본질이나 속성을 지니지 않는 유령으
로 간주하는 사고에서 시네필리아가 성립되기는 불가능하다. 그런
데 역량 없는 역량주의의 시네필리아는 역량주의의 탈을 쓰고 있기
는 하지만 실은 종교화된 유령주의라고 해도 무방하다. 역량 없는 역
량주의의 시네필리아도 짐짓 역량 비슷한 것을 가정하기는 한다. 가
장 떠올리기 쉬운 일상적인 예는 어떤 영화 작품, 어떤 시퀀스나 장
면, 어떤 숏을 보고 (이따금 과시적으로 무릎을 치기도 하면서) '이건
정말 영화적(cinematic)이야!'라고 외치는 식의 행태다. 시네필끼리
의 회합에서 심심찮게 나오곤 하는 이런 단언은 '당신들은 이게 영화
적인 줄 몰랐지?'라는 유치한 속마음의 발로일 뿐이다. 물론, 이런 발
언에는 그 자체로 문제 삼을 구석은 없다. 하지만 '영화적'이란 표현
은 '얘는 철수야!' 하면서 가리키는 것만으로 대상을 규정하는 이름
또는 명명과는 다르다. 게다가 '영화적'이란 표현은 '자유'나 '공정'이
나 '평등'처럼 논쟁적인 개념들과 비교해봐도 그 의미의 모호성과 불
안정성이 훨씬 크다. 따라서, '이건 정말 영화적이야!'라는 발언이 '이
건 정말 이거야!' 이상의 의미를 지니려면 '영화적'이라고 부른 것의
정체가 무엇인가라는 질문으로 나아가지 않으면 안 된다.

이 질문은 필연적으로 가설을 요구하는 것인데 가설을 제시하는 대신 질문을 우회해버리는 것이 역량 없는 역량주의의 시네필리아다. 우회의 방법은 다양하다. 하지만 통속적인 의미의 시네필리아에 가장 가까운 것은 아마 다음과 같은 방법이리라. 영화의 역량이 무엇인지는 가정하지 않은 채로, 한 편의 영화 작품의 이곳저곳을 뒤지면서, 혹은 (주로 한 명의 영화 작가에게로 귀속되는) 여러 영화 작품을 넘나들면서, 차이와 반복을 이루는 사물·대사·몸짓·상황 등을 부지런히 찾아 '작가적 시스템'의 구조를 유추해내는 것이다. 사실 이는 시네마라는 역량을 현실의 영화 작품들 사이에서 움직이는 '작가적 역량'이라는 것으로 슬며시 대체해버리는 종교화된 유령주의다. 물론 이처럼 구조를 파악하는 작업은 비평적으로 대단히 중요하다. 다만 이것으로는 충분하지 않을 뿐이다. 현실의 영화들을 움직이는 불가시적 역량에 대한 가정이 없으면, 역량주의의 시네필리아는 숨은그림찾기나 퀴즈풀이와 근본적으로 다를 바 없다. 단적으로 말하자면, 역량주의란 구조와 힘 모두를 파악하고자 하는 의지 없이 성립되지 않는다.

이론적으로나 비평적으로나 역량주의적 입장은 오늘날 그다지 힘이 없다. 역량주의는 아직 20세기가 우리의 꼬리에 매달려 있음을 증언하는 희미한 흔적처럼 여겨지기도 한다. 역량주의는 사이비-시네필리아의 통속적 작가주의와 이에 기대어 부지런히 영화 산업을 홍보하는 저널리즘의 수사('거장 ○○○ 감독의 역량이 유감없이 발휘된 최고의 걸작') 정도로만 남아 있을 뿐이다. 사실 이미 바쟁의 시대에도 상황은 크게 나쁘지 않았다. 1955년에 《예술(Arts)》지에 발표한 「일본영화 스타일의 교훈」[54]에서, 그는 당대의 영화를 살펴볼 때 개인들 각각의 스타일은 있을지 몰라도 문명 자체의 스타일이라 할 만한 것은 더이상 없는 것처럼 보인다고 진단했다. 특히 유럽

의 경우, 개별적으로 좋고 나쁜 영화 작품은 있을지언정 시네마는 더
이상 존재하지 않는다고 보았다. 개별 영화 작품들이 관계하는 것은
작가이지만, 시네마는 문명 자체와 연관되어 있다. 우리가 서로 다른
문명들의 차이 또는 변동을 감지하는 것은 '문명의 스타일'을 통해서
이며 이는 동일한 문명에 속한 모든 개별 작품을 가로지른다. 그런
데 더이상 이러한 보편적 스타일로서의 역량을 상상할 수 없다면 시
네마라는 것 또한 존재할 수 없다는 것이 바쟁의 생각이다. 예외라면
할리우드영화와 어쩌면 일본영화 정도라면서 말이다.

오늘날 훨씬 설득력 있게 들리는 것은, 시네마란 사진·축음기·
시네마토그래프·텔레비전·비디오·컴퓨터·VR 등의 장치들을 통해
역사적으로 차츰차츰 모습을 드러내는가 하면 이와 더불어 계속해
서 모습을 바꾸고 또 새로운 장치를 산출하기도 하는 변증법적 대상
이라고 보는 유령주의적 입장이다. 우리는 앞서 에이젠슈테인의 몇
몇 글을 통해 이에 대해 살펴보았다. (3장에서 우리는 에이젠슈테인
에게로 되돌아갈 예정이다) 사회의 새로운 발전 단계가 새로운 미학
체계를 낳고, 이러한 미학 체계를 통해 구상된 것을 기술이 현실화하
고, 이로써 사회가 새로운 단계에 진입하는 과정이 변증법적으로 전
개된다는 유물론적 사고 말이다. 이러한 입장에서는 시네마라는 대
상을 완전영화와 같은 하나의 이념으로 파악한다는 것은 불가능할뿐
더러 바람직하지도 않은 일이 된다. 시네마는 당대의 미학 체계와 기
술의 변증법을 통해 장치들 사이에서만 유추할 수 있는 가변적이고
잠정적인 역사적 대상으로서 존재하기 때문이다. 그러나 특정한 시
기가 끝나기 전에는 그러한 대상의 가변성과 잠정성이 여간해선 지
각되지 않으며 따라서 사람들은 이 대상이 불변하는 실체인 양 느끼
게 된다.

시네마에 대한 고찰이 유령주의적 입장으로 경도되는 현상은 확

실히 컴퓨터의 발전과 더불어 가속화된 측면이 있다. 한편으로 오늘
날 매체연구 분야에서는 시네마라는 용어 자체를 거북스럽게 여기는
듯한 분위기도 감지된다. 사정이 이렇다 보니 디지털 환경에서는 '무
빙 이미지'라는 용어를 사용하는 일이 어느덧 익숙하게 다가오기도
한다. 그런데 '무빙 이미지'라는 용어는 영화를 가리키는 용어 가운
데 하나인 '모션 픽처'라는 용어와 중복되는 것을 애써 피하려다 궁
여지책으로 고안된 것처럼 느껴지는 것도 사실이다. '동(영)상(動(映)
像)'인가 '동화(動畫)'인가. 엄밀히 따져보자면, 디지털적 무빙 이미지
는 픽처(그림 혹은 사진)도 아니고 이미지도 아니며 0과 1의 조합으
로 구성된 이진코드라는 비물질적 체계를 인간 친화적인 시각적 디
스플레이로 변환해 보여줄 뿐이다. 우리가 데스크톱, 노트북, 스마트
폰, 태블릿PC 등을 익숙하게 사용하고 있고 이런 것들이 물리적으로
다룰 수 있는 장치인 것은 사실이지만, 이런 디지털 기기들은 기본적
으로는 범용 컴퓨터에 가깝고 범용 컴퓨터는 앨런 튜링이 고안한 추
상적 범용 기계(universal machine)로서의 튜링 머신이 현실화된 것
이라고 할 수 있다. 그리고 모니터와 디스플레이는 인간들로 하여금
이 추상적 기계의 작업을 전적으로는 아니더라도 얼마간 파악하고
있다는 인상을 주게끔 물질적으로 설계된 기기들일 뿐이다.

　그렇다면 과거와 현재의 모든 영화는 물론이고 앞으로 만들어
질 모든 영화도 원리상으로는 추상적 데이터를 처리하는 알고리즘
에 이미 포획되어 있다고 할 수 있는 것은 아닐까? 시네마는 역량이
나 유령이 아니라 딥러닝 기반 인공지능 알고리즘에 더 가까운 무엇
으로 파악될 터이니 말이다. 이처럼 디지털적인 것의 원리에 기초해
영화의 존재론을 따지다 보면, '인간 또한 우주의 작은 먼지일 뿐'과
같은 말이 그러하듯, 짐짓 그럴싸하게 들리지만 실은 냉소적인 통념
에 불과한 결론밖에 나오지 않는다. 하지만 일단은 더 밀고 나가보자.

프리드리히 키틀러의 말대로라면, 영화만이 아니라 이미지·사운드·목소리·텍스트 등에 입각한 장치를 통해 만들어진 것은 무엇이든 결국 디지털화되어 "모든 데이터 흐름이 튜링의 범용 기계의 단계로 흘러들어가고"[55] 있는 것 같다. 이제 장치들 상호 간의 거리·사이·차이는 폐지되고 알고리즘이라는 추상이 유령을 몰아낸다, 등등…

말하자면, 오늘날 학술적 매체연구의 조건이라 할 유령주의는 변증법적이지 않다. 일종의 메타적 매체로서의 범용 기계가 여타의 매체들을 통합하는 일방적 과정만을 고려하기 때문이다. 범용 기계의 범용성(universality)은 모든 사물을 상품화하는 동시대 자본주의의 보편성(universality)에 상응한다. 물론 그것은 추상적 일반화에 입각한 거짓 보편성일 뿐이다. 본디 역량주의에 근거를 둔 시네필리아가 오늘날 종교화된 유령주의가 되었다면, 유령주의에 근거를 둔 매체연구는 오늘날 추상적이고 논리적인 프로그램의 역량주의로 전환되었다. 하지만 추상은 유령이 아닌 만큼이나 역량 또한 아니다. 알고리즘은 산출/출력(output) 할 뿐 생산/제작(production) 하지 않기 때문이다.

그렇다면 분명 인간에 의해 기획되고 제작된 것임에도 불구하고 흡사 인공지능이 출력한 것처럼 보이는 영화들이 오늘날 넘쳐나는 현상은 어떻게 받아들여야 할까? 픽사 애니메이션 스튜디오, 루카스 필름, 마블 스튜디오에 이어 2019년 초에 20세기 폭스까지 인수한 디즈니나, 온라인 스트리밍 OTT 서비스의 강자 넷플릭스 등은 전통적 의미의 제작사(production)라기보다는 현실 세계에 구현된 범용 알고리즘이라고 봐야 하지 않을까? 이런 상황에서 영화를 보는 일은 어떤 의미를 지니는가? 이 모든 상황에도 불구하고 영화를 보아야 한다면 어떻게 보아야 하는가? 마지막으로, 시네마를 가능케 하는 문명이라 할 만한 것이 우리의 세기에 (여전히) 존재하는가?

이 책은 이러한 물음들로 독자들을 인도하기 위해 쓴 것이다. 물론 간단히 답하기 쉽지 않은 까다로운 물음들이며 자칫 우리를 비관의 회로로 끌고 들어갈 수도 있는 위험한 물음들이다. 하지만 이 장의 서두에서 주장했듯이, 이럴 때일수록 우리에게 필요한 것은 전망이 아니라 희망이다. 결코 에이젠슈테인에 뒤지지 않는 어느 희망의 대가가 또 다른 희망의 대가가 남긴 교훈을 떠올리며 새삼 결의를 다졌던 순간을 되새기는 것으로 이 장을 마무리하기로 하자. 2018년 칸영화제에서 첫선을 보인 영화《이미지의 책》종반부에서, 고다르는 페터 바이스를 인용해 다음과 같이 말한다. "아무것도 우리가 희망하는 대로 되지 않는다 해도, 그것이 우리의 희망을 바꿔놓지는 못하리라."

제2장. 영화를 어떻게 볼 것인가?

침묵과 웅변

어떤 마음을 품고 있는지 얼굴에서 알아내는 기술이란
없다네.(*There's no art to find the mind's
construction in the face.*)
— 윌리엄 셰익스피어, 『맥베스』

파트리샤: 윌리엄 포크너 알아?

미셸: 몰라, 누군데? 그 사람이랑 잤어?

파트리샤: 아냐, 자기야.

미셸: 그럼 상관없어. 옷 벗어.

파트리샤: 내가 정말 좋아하는 소설가야. 『야생 종려』
읽어 봤어?

미셸: 모른다고 했잖아. 이거 벗어.

파트리샤: 마지막 문장이 정말 아름다워. "*Between
grief and nothing, I'll take grief.*" 이건 "슬픔과 무
가운데서 나는 슬픔을 택할 것이다"라는 뜻이야.
넌 어떤 걸 고를래?

미셸: 네 발가락을 보여줘. 웃지 마. 여자한테
발가락은 아주 중요하다구.

파트리샤: 넌 뭘 고를 거냐니까?

미셸: 슬픔은 어리석어. 난 무를 택할 거야.

— 장뤽 고다르, 《네 멋대로 해라》

영화가 여행과 유사한 무엇이라면, 길을 잃을지도 모른다는 불안감 없이 익히 알려진 경로를 따라 성큼성큼 목적지를 향해 나아가는 이는 결코 영화적인 인간은 될 수 없을 것이다. 오늘날 일상화된 내비게이션은 여행의 가능성을 폐지할 뿐 아니라 영화의 가능성을 폐지하는 것이기도 하다. 내비게이션은 일찍이 버스터 키튼이 《항해자(The Navigator)》에서 탁월하게 형상화한 바 있는, 언제라도 경로를 이탈할 수 있는 표류자로서의 내비게이터와는 아무런 관련도 없다. 영화-여행은 도면이나 지도 없이 어떤 건물이나 장소를 익히는 일과 유사하다. 영화-여행을 위해서는 이런저런 작품들에 무작위적으로 접근하는 일이 무엇보다 중요하다. 그런데 오늘날의 영화문화는 무작위적 접근의 여지 및 가능성을 점점 축소하는 방향으로 변모해가고 있는 것처럼 보인다. 이는 대규모 자본이 투입된 영화들로 획일화된 멀티플렉스에만 국한된 현상이 아니며, 정전(正典) 및 브랜드화된 작가영화 위주로 프로그램이 꾸려지는 시네마테크나 영화제에도 폭넓게 적용된다. 따라서, 영화에 대한 무작위적 접근이 매우 어려워진 상황에서 그것의 중요성을 강조하는 것만으로는 문제에 대한 어떤 해결의 실마리도 찾을 수 없다.

지극히 영화적인 인간이었던 발터 벤야민의 『모스크바 일기』(1926년 12월 15일)에는 다음과 같은 근사한 단상이 담겨 있다. 이 단상은 그 자체로는 영화와 무관한 것처럼 보이지만, 건축물과 유사하게 영화 또한 집중적 응시보다는 습관을 통한 촉각적 수용을 보다 강하게 요구한다고 본 「기술복제시대의 예술작품」(1936)에서의 주장과 연관지어 보면 매우 흥미롭게 읽힌다.

> 가능한 한 여러 차원의 경험을 해보고 나서야 비로소 우리는 한 장소에 대해 알게 된다. 한 장소를 파악하기 위해선 우린

사방에서 그 장소를 향해, 또한 그 장소로부터 동서남북 사
방으로 다시 가보아야 한다. 그러지 않으면 그 장소는 우리
가 파악하기도 전에 전혀 예상치 못한 길을 통해 서너 번은
우리에게 달려든다. 한 단계 더 나아가면 우리는 그 장소를
방향을 찾는 기준으로 활용한다. 그건 집들도 마찬가지다.
집들의 특징을 샅샅이 헤매며 찾아본 이후에야 비로소 우리
는 그 집들에 무엇이 숨어 있는지를 알 수 있게 된다. 다양한
크기의 검고 파랗고 노랗고 붉은 철자들로, 화살표로, 혹은
장화나 금방 다린 빨래 그림으로, 닳아 버린 계단이나 견고
한 층계참의 모습으로 저 말없이 끈질기게 각축하고 있는 삶
이 현관의 아치나 대문 틀로부터 엄습해 온다. 이 싸움이 어
떻게 층계를 타고 올라가 마침내 지붕 위에서 그 결정적 단
계에 들어서는지를 파악하기 위해선 전차를 타고 거리를 한
번 돌아보아야만 한다.[1]

　　내게 서울은 그리 익숙한 도시가 아니다. 서울과 그 주변에서 30
년을 살았지만, 앞으로도 영 익숙해질 것 같지 않다. 나는 1990년대
초반에 대학에 입학해 고향인 전주를 떠나 서울로 오게 되었다. 당시
충무로의 대한극장―지금과는 달리 70mm 프린트 영사도 가능한
단관 대형 극장이었다―근처에 이모님 댁이 있었는데, 큰길가에 있
는 두 개의 빌딩 사이로 난 작은 골목길을 따라 들어가면 왼편에 보
이는 2층짜리 적산가옥이었다. 골목 안에 작은 구멍가게가 하나 있
어 가게 앞 탁자에 둘러앉아 낮술을 마시는 사람들을 종종 볼 수 있
었다. 개중에는 더러 얼굴이 익은 감독이나 배우가 있기도 했다. 주
중에도 낮술을 마실 수 있는 직업에 종사하는 이들 말이다.
　　2층의 작은 방 하나를 외종형 둘이 쓰고 있어서 주말에는 학교

를 벗어나 거기서 지내곤 했다. 오전에 도착해 점심을 먹고 나서 목조 계단을 올라 2층 창가에 기대어 앉아 골목을 오가는 사람들을 바라보기도 했다. 그러다 슬슬 무료해지면 형들이 모아둔 음악 잡지나 영화잡지 따위를 틈틈이 꺼내 보기도 했다. 작은 텔레비전 한 대와 비디오 기기가 있어서 주말에 방영되는 영화들을 보고 또 녹화해두기도 했다. 대학에 입학하고 나서 한 달 남짓 지났을 무렵 인도 감독 사트야지트 레이가 타계했다는 소식을 들었다. 추모 특집으로 편성되어 어느 토요일 오후에 더빙판으로 방영된 레이의《먼 천둥》을 보면서 녹화해둔 것도 이모님 댁에서였다. 그건 내가 처음으로 본 레이의 영화였다.✦

　주말 낮에는 대체로 충무로3가에서 종로3가에 이르는 구역 곳곳에 자리한 영화관들을 찾아다니며 개봉작을 보곤 했다. 내 또래의 서울 토박이들은 중·고교 시절에 드나들었던 '비장의' 동네 영화관들에 대한 기억을 이따금 한두 개씩 풀어놓곤 하지만 그건 나와는 거리가 먼 추억들이다. (물론, 전주라면 영화 3편을 동시상영하던 태평극장 같은 곳을 나도 떠올리긴 한다) 충무로에서 명동으로 가는 길을 찾는 데도 한참 헤매던 시절이라, 나는 주로 충무로에서 종로까지 이어지는 길을 따라 산재해 있던 잘 알려진 영화관들을 주로 찾았다. 이모님 댁으로부터 출발해 대한극장, 스카라극장, 명보극장, 국도극장을 거쳐 종로3가에 자리한 단성사, 서울극장, 피카디리극장, 그리고 피카소 극장까지 가서도 더 이상 볼 영화를 찾지 못하면, 종로2가

✦　당시 일간지의 텔레비전 프로그램 시간표를 확인해보고 내 기억에 오류가 있음을 알게 되었다. (달리 말하자면, 좀 더 그럴싸해 보이는 추억담을 민들기 위해 무의식적으로 기억의 몽타주를 행킨 흔직이 있다) 사트야지트 레이는 1992년 4월 23일에 타계했고,《먼 천둥》이 텔레비전에서 방영(KBS2 채널)된 것은 그로부터 일 년 반이 지나서인 1993년 9월 26일이다. 방영 당시 제목은 '대지의 눈물'이었고 방영 시간은 내 기억과는 달리 일요일 오전 10시 50분이었다. 따라서, 이 글을 읽는 독자들은 내가 기억나는 대로 쓴 것을 곧이곧대로 믿지 않도록 각별히 유의해야 한다.

의 코아아트홀이나 허리우드극장으로 가거나 거기서 북서쪽으로 20
여 분을 더 걸어서 경복궁의 동문인 건춘문 인근에 있는 프랑스문화
원—1970~80년대의 전성기를 지나 당시 쇠퇴기에 있던—을 찾을
수도 있었다.

고교 시절에 말로만 듣던 프랑스문화원에서 처음으로 본 영화
는 르네 클레르의 《세상의 모든 황금》이었고 마지막으로 본 영화는
로베르 브레송의 《죄악의 천사들》이었다. 1999년 12월 18일 브레송
이 타계한 직후 문화원이 마련한 비디오 상영회에서 그의 장편 데뷔
작을 보고 나오던 어느 겨울날 오후, 문화원 인근의 한 갤러리 앞에
서 홍상수 감독이 영화를 찍고 있는 모습을 보았다. 스무 명 남짓한
스태프들이 감독 주위로 모여 있었고 카메라 앞에는 정보석, 이은주,
문성근이 서 있었다. 이때 촬영하던 영화가 《오! 수정》이었다는 건
나중에야 알았다. 일요일 저녁이면 대략 광화문 인근에서 산책을 멈
추고 51번 좌석버스를 타고 학교로 돌아가곤 했다. (그때나 지금이나
나는 지하철 타는 일을 싫어한다. 게다가 지하철역 입구의 풍경도 무
척이나 싫어해서 역세권이란 내겐 혐오 시설 밀집 지역과 동의어다)

주중에는 학교 인근의 신림극장이나 미림극장 같은 재개봉관을
찾고는 했다. 1990년대에 전성기를 누렸던 비디오 대여점들의 소장
영화 목록을 구해 검토하고 '희귀작'을 찾아 돌아다니는 한편 황학동
의 중고비디오 판매점들을 뒤지기도 했고, 국내에 정식으로 개봉되지
않은 외국영화를 한글 자막이 입혀진 비디오로 보여주곤 하던 (당시
상영 프로그램을 본격적으로 운영하기 시작했던) 문화학교서울에도
이따금 들르곤 했다. 총신대입구역 쪽에 있던 이곳 근처에는 간혹 다
소 수상쩍은 영화들도 상영하곤 하던 동시상영관 이수극장이 있었다.

이처럼, 낯선 도시의 지리를 익히는 일과 미지의 영화들 사이를
배회하는 일은 내게 하나가 되었다. 멀티플렉스라는 것이 존재하지

않았던 당시만 해도 같은 구역의 영화관들은 각기 다른 상영작들을 내걸고 있었기 때문에, 나는 개봉작은 가능한 한 모두 본다는 정도를 제외하고는 별다른 기준 없이 이런저런 영화들을 보고는 했다. 그러다 보면, 기껏해야 부분적으로만 활용되었지만, 입체영화임을 내세운《최후의 나이트메어: 프레디의 죽음》이나 이제는 제목과 출연진 이외에는 거의 기억에 남아 있지 않은《엄마는 해결사》나《화이트 샌드》처럼 한심한 영화들과 마주치는 일도 피할 수는 없었다. 문득 영화평론가 세르주 다네의 다음과 같은 말이 떠오른다.

> 우연히 기차를 잡아타고 제시간에 떠나는 것을 확인하기. 체조나 춤에서처럼 하나, 둘, 셋의 연속적 움직임을 머릿속에서 성공적으로 그려보기. 머물러 있지 않는 풍경에 한결같이 머물러 있으면서 약간의 사건들, 지속들, 추적들 그리고 자신들의 성(性)으로 행복하게 환원된 육체들과 함께 하는 것. [여행이란] 이런 것이다. 물론 그 대가는 만만치 않다. 강박적 실패, 잘못된 일의 잇따름, 이득 없는 손실, 그야말로 별것 아닌 사안에 걸려 처하게 된 비참한데다 쓰라리기까지 한 궁지.²

　나는 알고 있다. 과거의 경험을 꺼내놓는 일은 무척이나 조심스럽게 이루어져야 한다는 것을. 현재를 부정하고 미래에 눈을 감으면서 추억을 특권화하는 것만큼이나 한심한 일도 없기 때문이다. 자신은 후대의 에피고넨들이 도저히 모방하거나 반복할 수 없을 만큼 귀중한 경험을 누린 세대에 속함을 과시하는 진술의 경우 더욱 그러하다. 만일 그런 경험이 존재한다면 경험의 담지자가 취해야 하는 예의는 침묵이다. 고백이란 죽음을 앞둔 이와 비천한 이만이 누릴 수 있는 권리다. 사실, 앞에서 다소 길게 서술한 20대 시절 나의 경험은 영화의 고전기를 통과해 온 이들에게는 지극히 초라하게 비칠 것—흔히 정전으로 꼽히는 영화의 대부분을 조악한 화질의 비디오테이프로 접할 수밖에 없던 사정을 고려하면 더더욱—이 분명하다. 여기서 잠시나마 나의 20대 시절을 떠올려 본 것은 기억하기 위해서가 아니라 망각하기 위해서다. 우리 세대의 영화인들은 이미 지나치다 싶을 만큼 1990년대의 추억을 팔아가며 살아왔고 또 적지 않은 이들이 여전히 그러고 있다. 비천한 자로서의 고백도 지나치면 더러워진다.

충무로에 있던 이모님 댁 적산가옥은 내가 대학을 졸업하기 직전 이웃집에서 일어난 화재가 옮겨붙어 전소되었다. 신림동에서 광화문까지 오가던 51번 좌석버스는 내가 대학을 졸업한 이듬해에 폐선되었다. 추억을 떠올리며 충무로에서 종로까지 난 길을 따라 걷는 일은 하지 않았고 앞으로도 하지 않을 것이다. 그런 추억을 붙들고 있으면 있을수록 영화는 점점 시시해진다. 추억의 명화 같은 것은 없다.

그저 하나의 이미지

내비게이션이 일상화되고 지구촌 구석구석이 보편적인 관광지가 되어버린 시대에 여행은 더이상 가능하지 않은 것처럼 보인다. 그렇다고 해서 굳이 스마트폰의 전원을 끄고 다닐 필요도 없고 온갖 명소들을 촘촘히 잇는 관광 안내서의 코스를 애써 벗어나려 할 필요도 없다. 관광객에겐 실망감은 있을지언정 쓰라림은 없겠지만 우리는 실망감을 안은 채로 다시 시작해볼 수 있다. 그저 왜 실망하게 되었는지를 자문해보는 것으로 충분하다. 명소라 알려진 곳이 실제론 형편없어서─그렇다면 재빨리 잊고 다음 장소로 떠나버리면 된다─가 아니라 어쩐지 기대와는 다른 탓에 실망한 것이었다면, 우리는 이를 상상적 지도를 새롭게 그리기 위한 지침으로 삼을 수 있다. 여행의 기대란 우리의 마음에서 상상적으로 작동하는 장소들의 지리학 없이는 성립되지 않기 때문에, 어긋난 기대는 지도의 타당성에 의문을 던지고 새로운 지도를 그려보게 하는 유용한 계기도 될 수 있다.

CGV 아트하우스나 독립영화전용관 등에서 주로 예술영화와 독립영화 개봉작을 챙겨보고 시네마테크와 영화제, 그리고 각종 스트리밍 서비스는 물론이고 온라인 구석구석에 뻗은 '어둠의 경로'를 통해 미개봉 화제작과 고전영화를 '과잉 보충'하는 식으로 영화에 접근하는 오늘날의 시네필을 떠올려보자. 어쩐지 명소라 알려진 곳이나 숨은 맛집만 골라서 순회하는 가이드 투어 같기는 해도, 이것이 오늘날의 시네필에게 가능한 유일한 여행의 방식임을 인정하지 않을 수 없다.[3] 물론 이런 경로를 벗어나 무작위적으로 영화에 접근하는 일이 아예 불가능하다고 할 수는 없다. 이를테면 예술영화나 독립영화에 국한하지 않고 한 해에 개봉되는 모든 영화를 다 본다거나,[4] 넷플릭스나 왓챠플레이에 새로 업데이트되는 모든 영화를 다 보는 일을 시도해볼 수는 있겠다. 결코 권장하고 싶지는 않지만 말이다. 그런 시도를 통해 얻는 경험이란 어리석게도 시간과 비용을 들여 무용한 노동을 자청해 떠맡은 자신에 대한 분노밖엔 없을 것이다.

긍정적이건 부정적이건, 일단 우리는 수입업자와 배급업자, 프로그래머 등의 '게이트키퍼'들이 선별한 동시대 영화들과 이미 정전의 자리에 오른 과거의 영화들을 따라가는 것으로 출발할 수밖에 없다. 다만, 한때 상상적인 것에 닿아 있었던 이미지는 오늘날엔 그러한 연관에서 떨어져 나와 비주얼(교환 가능한 코드화된 기호)이나 그래픽(정보를 전달하는 기능적인 신호)에 가까운 것이 되어가고 있음을 명심하면서 말이다. *이미지는 언제나 보이는 것을 초과한다.* 그리고 영화적 경험이란 보이는 것에 우리가 상상적으로 자꾸 무언가를 더함으로써 유발하는 기호의 범람과 신호의 들뜸 없이는 불가능하다. 오늘날의 이미지가 상상적인 것과의 연관을 잃고 비주얼이나 그래픽에 가까워지고 있다는 것은, 보이는 것에 무언가를 더하는 능력이 우리에게서 사라져가고 있음을 뜻한다.

이는 오늘날의 영화가 과거보다 더 단순해졌다는 뜻이 아니다. (마블 유니버스의 어떤 영화도 루이 푀이야드의 시리즈물보다 복잡하다) 시네필 공동체에서 신화적인 위치에 오른 과거의 영화들마저도 우리의 무능력 앞에서 점점 기호나 신호에 불과한 것으로 축소되어가고 있음을 가리킬 뿐이다. 이에 대한 반응 가운데 두 가지 반동적 유형은 다음과 같다. 과거 또는 전통과 결부된 기호나 신호를 특권화하고 이에 대한 감식안을 과시하거나, 반대로 어떤 기호나 신호도 특권화하지 않으면서 이들의 배치를 조망하는 데만 신경을 쓰는 것이다. 1장에서 논의했던 개념을 다시 떠올려 보면, 전자는 종교화된 시네필리아에 그리고 후자는 추상화된 매체연구에 해당한다.

앞에서 내가 선구적 '영화인'이라고 불렀던 네르발이 체험한 강렬한 환각은 오늘날의 관객과는 무관한 것이 되었다. '나는 보았다!'[5]는 외침을 충동질하는 그러한 체험이 19세기에는 낭만주의적 광기로 치부되었다면 우리 시대에는 기껏해야 스노비즘적 허세로 여겨질 뿐이다. 1839년에 발표한 「어셔가의 몰락」[6]의 클라이맥스에서 에드거 앨런 포는 읽기라는 행위가 불러일으키는 환시와 환청이 극도로 실재적인 지각을 낳는 상황을 매혹적으로 그려냈다. 어셔가의 마지막 후손인 로더릭은 화자에게 밑도 끝도 없이 무언가를 보지 못했느냐고 물으면서 그것을 못 보았다면 곧 보게 될 것이라고 확언한다. 화자는 로더릭의 불안을 가라앉힐 요량으로 랜슬롯 캐닝이 쓴 조야한 책을 읽어주기 시작한다. 그런데 화자는 책을 읽는 동안 이야기에 묘사된 소리가 실제로 들려오는 듯한 느낌을 받고 공포에 사로잡힌다. 이 환청의 공포는 죽어서 관에 들어간 로더릭의 여동생이 이들의 눈앞에 출현하는 소름 끼치는 상황으로 이어진다. 놀라 도망치는 화자의 뒤에서 무너져내리는 어셔가 저택의 모습에는 읽기라는 행위가 곧 세계의 출현일 수 있었던 시기의 종말에 대한 예감이 깃들어 있다.

미셸 푸코는 19세기가 이전 시대에는 상상할 수 없었던 상상력의 공간을 발견했다고 지적하면서 이러한 "근대 특유의 어떤 환상을 체험"[7]한 인물 가운데 하나로 『성 앙투안의 유혹』[8]의 귀스타브 플로베르를 꼽은 바 있다. 마음을 다잡기 위해 펼친 하나의 두꺼운 책(성서)으로부터 촉발된 환상적 세계를 웅장하게 그려낸 이 희곡소설에서 실로 "상상은 책과 램프 사이에 거주한다."[9] 앙투안의 환상 속에 나타난 인물 가운데 하나인 시바의 여왕은 자신이 단지 한 명의 여자가 아니라 '하나의 세계'라 분명하게 그리고 대담하게 선언한다. 영화적 환상의 선구자인 멜리에스는 영화 사업을 시작한 초기인 1898년에 《성 앙투안의 유혹》을 자신의 레퍼토리 안에 집어넣는다. 『축음기, 영화, 타자기』의 프리드리히 키틀러가 멜리에스의 이 작품을 보았는지는 모르겠지만 만일 보았다면 분명 득의양양한 미소를 지었으리라.

키틀러는 "제대로 읽는다면, 단어들은 진짜 같은 가시적인 세계를 우리 내부에 펼쳐 보일 것"이라고 했던 노발리스나 "단지 읽기만 해도, 사람들은 들었다고 믿는다"고 한 슐레겔 같은 18세기 후반 지식인들의 말을 인용하면서, 오늘날과는 달리 1800년 무렵에는 매체 기술적 현실에서가 아니라 독자들의 영혼이 품은 상상적인 것 속에서 "책은 영화가 되고, 또 동시에 레코드판이 되었다"고 주장한다.[10] 이

처럼 한때는 상상적인 것과 실재적인 것을 모두 산출할 수 있었던 상
징적인 것, 즉 언어는 축음기와 영화의 발명으로 인해 급속히 그 역량
을 상실하게 된다. 이렇게 말해도 좋겠다. 축음기와 영화가 도래하면
서 언어는 비로소 아무런 꿈도 공포도 낳지 못하는 기호가 되었다고.

　20세기 영화의 자부심과 고집을 대변하는 영화인인 고다르는,
그럼에도 불구하고, 영화는 한동안 우리를 다른 세계로 이끄는 몽상
의 안내자로 남아 있었다고 믿는다.《영화의 역사(들)》에서 줄리 델
피가 보들레르의 시「여행」의 한 부분―“아! 등불 아래 비치는 세계
는 얼마나 큰가!”―을 낭독하는 모습을 보고 있노라면, 플로베르의
책에서 “상상은 책과 램프 사이에 거주한다”고 했던 푸코의 말을 다
시 떠올리지 않을 도리가 없다. 그렇다면 오늘날 이른바 ‘무빙 이미
지’의 상황은 어떠한가? 그것은 더 이상 언어를 대신해 표상과 실재
로 우리를 이끌지 못한다. 그것 또한 이제 아무런 꿈도 공포도 낳지
못하는 기호이자 신호가 되어버린 것이다.

　영화적 이미지의 지위가 위태로워졌다는 진단이 곧바로 시네마
의 불가능성이라는 결론으로 향한다고 생각하면 곤란하다. 이미지
가 시네마의 충분조건이 아님은 자명하다. 그런데 심지어 그것이 필
요조건조차도 아닐 수 있다면? 나는 이미 1장에서 이미지란《현기
증》의 꽃다발 같은 것일 수도 있다고 지적했다. 이미지는 그 자체가
시네마를 구성하는 필수적인 ‘성분’이기라도 한 것처럼 우리를 홀려
왔고 홀리고 있는 맥거핀일 수도 있다고 말이다. 이미지를 보는 것이
곧 시네마를 보는 것을 뜻하지는 않으며 그 역 또한 마찬가지다. 그렇
다고 해서 굳이 이미지의 중요성을 폄하할 필요도 없다. 그것이 시네
마라는 모호한 대상과 단단히 엉기게 된 역사적·심리적 원인이 무엇
인지를 탐구해보는 것도 흥미로울 터다. 끊임없이 변모하는 시네마
의 자화상은 무엇보다 거기서 이미지가 차지하는 지위의 변화를 통

해 가장 분명하게 드러나곤 했던 것이 사실이니 말이다. 시네마가 역량과 유령 사이에서 진동할 때, 이미지는 그 떨림을 가장 예민하게 감지해내는 진동판이었다.

이런 가정을 해 보자. 시네마는 줄곧 자신의 자화상을 그려왔고 여전히 그리고 있는 중이라면? 이때 예술가로서의 영화감독, 즉 작가란 언제나 스스로 움직이는 *시네마*를 위한 매개자일 뿐이다. (레오스 카락스의《홀리 모터스》는 숱한 영화에서 특별한 애착의 대상이 되어 온 자동차(automobile)를 스스로 움직이는(auto-mobile) 시네마의 형상으로 다시 자리매김하고 있다) 일단 스스로 움직이는 시네마라는 가정을 받아들인다면, 오늘날 우리가 한 편의 고전영화를 감상할 때 거기서 보고 들어야 할 것은 무엇일까? 클로즈업(드레이어), 교차편집(그리피스), 외화면영역을 환기시키는 사운드(브레송), 딥포커스(웰스), 플랑세캉스(르누아르), 점프컷(고다르) 등의 발명과 진화를 확인하는 작업은 종종 기술의 미학적 정당화나 혁신적 개인에 대한 찬양 이상으로 나아가지 못한다. 이러한 정당화와 찬양의 역사를 확인하기 위해 고전영화를 접해야 한다고 주장하는 것은 아무래도 설득력이 없다. 영화가 일종의 교양이 될 때 영화의 *삶은* 종언을 고한다.

더욱 기만적인 것은 훌륭한 고전영화에는 오늘날에도 지침으로 삼을 수 있는 세상에 대한 태도가 담겨 있다는 식의 주장이다. 여행에서 돌아온 이가 한동안 일상을 낯설게 느끼게 되는 것과 마찬가지로, 영화는 그것을 보고 듣는 이를 언제나 세상과 불화하게 만든다. 이는 영화 특유의 시대착오, 뒤처짐 혹은 늦음 때문이다. 자크 랑시에르는 영화의 이러한 특성을 간파하고 다음과 같이 썼다. "조이스, 버지니아 울프, 말레비치나 쇤베르크의 시대에, 영화는 낡은 표상적 체제에 대한 그것의 복종을 통해 예술의 미학적 자율성에 맞섬으로써 예술적 모더니티의 단순한 목적론을 저지하고자 도래한 듯하다."[11]

여전히 우리는 이미지를 매개로 삼아, 그리고 이미지의 지위 변화에 민감하게 반응하는 존재로서의 작가를 매개자로 삼아 시네마의 자화상을 더듬어볼 수 있다. 다만, 결코 이미지 자체를 특권화하지 않으면서, 이미지의 가치란 무엇보다 교환가치라고 한 브레송의 말[12]을 명심하면서 말이다. 역사적으로 보면, 이미지 자체가 가치를 지닐 수 있다는 가정은 두 개의 이질적인 양식을 낳았다. 장식적인 미장센과 조명으로 이미지를 미학화하는 것이 그 하나이고, 인간적 개입을 최소화하는 방식으로 카메라를 운용해 이미지를 객관화하는 것이 다른 하나다. 각각의 양식에는 나름의 이론적·비평적 옹호자들이 있다.[13] 브레송의 이미지는 둘 가운데 어느 쪽에도 속하지 않는다. 물론, 브레송만이 아니라 뤼미에르 형제, 찰리 채플린, 하워드 혹스, 알프레드 히치콕, 오즈 야스지로, 칼 드레이어, 새뮤얼 풀러, 장뤽 고다르, 리트윅 가탁, 압바스 키아로스타미, 구로사와 기요시, 그리고 홍상수의 영화적 이미지 또한 마찬가지다. 절대적 가치가 없이 교환가치만을 부여받을 수 있는 이미지에 대한 홍상수식 표현은 '중립적 표면'이다. 고다르는 그 자체로 고유한 힘을 지닌 이미지라는 관념에 저항하면서 종종 "이것은 하나의 정확한 이미지가 아니라 그저 하나의 이미지(Ce n'est pas une image juste, c'est juste une image)"라고 말하곤 했다.

이러한 작가들이 영화적 이미지를 가치 중립적으로 운용하는 방식 자체를 일종의 개인적 스타일처럼 규정함으로써 그것을 다시 미적 대상으로 환원시키는 도착적 시네필리아를 우리는 경계해야 한다. 누군가가 '나는 오즈의 단정한 화면이 좋다'거나 '나는 키아로스타미의 자연스러운 화면이 좋다'고 이야기할 때, 그는 자신도 모르게 이러한 도착적 환원에 일조하고 있는 셈이다. 한편으로는, 통념을 뒤집는 방식으로 이미지의 가치를 역설하는 더 교묘한 입장도 존재한다. 그다지 매력적이지 않고 추하며, 독창적이지 않고, 무언가 결핍된 듯한 이미지, 이른바 '빈곤한 이미지(poor image)'을 옹호하는 히토 슈타이얼의 경우가 그렇다.

> 우리는 이미지의 가치를 재정의하거나, 더욱 엄밀히 얘기하자면 이에 대한 새로운 관점을 창조해야 할지도 모른다. 해상도와 교환가치와는 별도로 우리는 속도, 강도, 확산으로 정의되는 또 다른 가치 형식을 상상할 수 있을지도 모른다. 빈곤한 이미지는 과하게 압축되고 빠르게 이동하기 때문에 빈곤하다. 물질을 잃고 속도를 얻은 것이다.[14]

물론 슈타이얼은 빈곤한 이미지가 "자본의 기호적 전환"(펠릭스 가타리)과 더불어 진행된 예술적 대상의 탈물질화와 궤를 같이하며 이로 인해 정보 자본주의에 완전히 통합될 수도 있음을 분명히 인지하고 있다. 그러나 슈타이얼은 "역설적인 반전"이 일어나 "빈곤한 이미지의 순환은 전투적이고 (간혹) 에세이적이며 실험적인 영화의 야망을 이룰 회로를 만들어낸다."[15]고 주장한다. 나는 가치전도에 입각한 저항은 결국 위장된 냉소주의일 뿐이라고 생각한다. 《자유낙하》 같은 작업에서 엿보이는 지나치게 흥청거리는 듯한 태도는 어쩌면 여기서 기인한 것인지도 모른다. 이런 태도는 인스타그램의 일시성이 일상이 되어버린 시대 그리고 세대를 향한 환상적인 아부에 지나지 않는다.

반면, 고다르에게 있어서 가치전도를 통해 빈곤한 이미지를 승격하는 일 같은 것은 전혀 그의 관심사가 아니다. 그를 사로잡고 있는 것은 그저 하나의 이미지를 그저 하나의 이미지로 보는 법을 배우는 일로부터 다시 시작해야 한다는 무상(無上)의 정언 명령이다. 이런 관점에서 보면, 이미지가 지닐 수 있는 최고의 역량은 다름 아닌 무의 역량이다. 고다르가 《영화의 역사(들)》과 《아워 뮤직》 등에서 모리스 블랑쇼를 인용해 말하고 있는 것처럼, "이미지 가까이에는 무 (le néant)가 머무르고 있고 이미지의 모든 역량(puissance)은 그것에 호소함으로써만 표현될 수 있다."[16] 그저 하나의 이미지, 무의 역량으로서의 이미지를 회복하지 않는 한 몽타주의 가능성은 물론이고 영화의 가능성도 열리지 않는다.[17] 이에 대해서는 뒤에서 좀 더 자세히 다루도록 하겠다.

한때 이미지는 고유한 역량을 지녔었지만 디지털 이미지의 시대가 도래한 이후 그러한 역량은 사라지고 말았거나 사라져가고 있다고 보는, 오늘날의 우리에게 익숙한 매체학적 진단은 고다르의 입장과는 통약불가능하다. 이런 식의 진단에 입각한 비평과 이론과 실천은 일시적이고 덧없는 것들과 함께 살아가는 법을 배워야 한다는 식으로 짐짓 위안을 주는 힙한 냉소주의에 빠져드는 경향이 있다. 반면, 고다르에게는 이런 냉소주의가 들어설 틈이 없다. 왜냐하면, 고유한 역량이 없는 이미지는 우리에게 상실감을 불러일으키는 것이기는 커녕 오히려 우리가 힘을 다해 획득해야 하는 것이거나 심지어 도래하지 않은 것이기 때문이다. 《언어와의 작별》이나 《이미지의 책》 같은 근작들에서 고다르가 슈타이얼이라면 빈곤한 이미지라 (잘못) 부를 법한 이미지들과 씨름하고 있는 이유는 무엇일까? 그의 데뷔작 《네 멋대로 해라》의 유명한 점프컷이 어떤 의미를 지니는지 생각해보자. 기회만 닿으면 언제라도 그 고유성을 주장하며 자족적으로 닫히려 드는 것이 이미지다. 그는 그러한 이미지 한복판에 중단과 간극과 실패를 기입함으로써 그것을 다시 여러 가능한 관계들을 향해 열어두곤 했다. 데뷔한 이후 60여 년 동안 지치지도 않고 줄기차게 말이다.

네 멋대로 해라, 게임의 규칙 속에서

히치콕의 《현기증》이 개봉되고 나서 2년이 지난 1960년 3월 16일, 영화평론가 출신의 한 신인 감독이 연출한 장편 데뷔작이 프랑스에서 개봉된다. 원제가 '숨가쁘게(à bout de souffle)'인 이 영화는 한국과 일본에서는 어쩐지 원제보다 더 그럴듯한 느낌이 드는 '네 멋대로 해라(勝手にしやがれ)'라는 제목으로 알려져 있다. 그보다 일 년 전에 발표되어 칸영화제 감독상을 수상한 프랑수아 트뤼포의 《400번의 구타》와 더불어, 장뤽 고다르의 《네 멋대로 해라》는 영화잡지 《카이에 뒤 시네마》를 중심으로 활동해 왔던 젊은 영화인들이 내놓은 새로운 경향의 영화를 대표하는 작품으로 꼽히곤 한다. 스튜디오 촬영의 구속에 얽매이지 않는 자유분방한 작업 방식으로 도회적 리듬을 영화에 흡수했다든지, 이로써 한동안 경화되어 있던 프랑스 영화, 나아가 세계 영화를 갱신했다는 평가는 《네 멋대로 해라》와 '누벨바그'에 관한 이야기에서 빠지지 않고 언급되곤 한다. 특히, 숏의 부드러운 연결에 아랑곳하지 않고 노골적으로 눈에 띄는 시공간적 비약을 편집 양식으로 적극 수용한 점프컷의 활용은 유명하다.

  1장에서 우리는 텔레비전이 등장한 이후 시네마가 겪은 위기와 불안 자체가 응축된 징후적 작품의 사례로 《현기증》을 살펴보았다. 1899년에 태어난 히치콕과 대략 한 세대 차이가 나는 고다르와 그의 동료들에 의해 촉발된 누벨바그는 어떤 면에서는 "분명히 포스트-텔레비전적인 최초의 영화 운동"[18]이었다. 마이클 위트는 누벨바그 감독들이 보여준 참신함의 상당 부분은 그들이 텔레비전 생방송에 친숙한 이들이었기에 나온 산물일 수도 있다는 견해를 피력한다.[19] 노엘 버치가 지적한 대로, 텔레비전은 영화가 그 탄생 이후 반세기 동안 되도록 멀리 몰아내려 전력을 다했던 우발성과 우연의 세계를 이미지에 다시 도입했다.[20] 텔레비전의 이러한 특성은 경력 초기의 고다르에게도 주요 관심사 가운데 하나였다. 시네마틱한 것은 이미지 자체에 직접 각인된다(미장센 중심주의)고 보거나 또는 이미지들의 배치를 통해 드러난다(몽타주 중심주의)고 보는 대립적 시각에서 고다르가 과감히 벗어날 수 있었던 것은 텔레비전으로부터 얻은 교훈 덕택이 아니었을까? 전자는 역량주의적 입장이 이미지의 수준으로 치환된 것이며, 후자는 유령주의적 입장이 이미지들의 배치라는 문제로 환원된 것이다. 앞서 지적했듯, 이미지는 그 자체로는 역량도 유령도 아니며 심지어 영화에 필수적인 것이 아닐 수도 있지만, 시네마가 역량과 유령 사이에서 진동할 때 그것을 가장 예민하게 감지해내는 진동판일 수는 있다.

《네 멋대로 해라》로 데뷔하기 전 평론가 시절의 고다르는 「몽타주, 나의 아름다운 근심」이라는 글[21]에서 몽타주와 미장센이 서로 불가분의 관계에 있음을 이미 다음과 같이 강조한 바 있다.

> (…) 세르게이 에이젠슈테인의 《10월》(과 특히 《멕시코 만세!》) 같은 영화에서 몽타주는 무엇보다 미장센의 궁극이다. 우리는 위험을 감수하지 않고서는 하나를 다른 하나로부터 분리해낼 수 없다. 이는 선율에서 리듬을 분리해내려 하는 일과 다를 바 없다. 오슨 웰스의 《아카딘 씨》와 마찬가지로 장 르누아르의 《엘레나와 남자들》은 몽타주의 모델이 되는데 왜냐하면 이들 영화는 각각의 방식으로 미장센의 모델이기도 하기 때문이다.

고다르의 주장은 애매한 절충주의와는 무관하다. 오히려 그는 미장센과 몽타주라는 개념 각각은 어느 쪽이건 둘 중 한쪽을 배제하면서 순수한 형태로 고려할 수 없다는 점을 강조하고 있다. 미장센이 몽타주를 통해 해소되는 순간은 결코 도래하지 않을 것이며, 역으로 몽타주가 미장센을 통해 해소되는 순간 또한 결코 도래하지 않을 것이다. 영화감독으로 데뷔한 이후의 고다르는 이런 입장에서 더 나아가 미장센과 몽타주 개념 양자의 임의성을 노골적으로 강조하고 부각하기에 이른다.

우리는 《네 멋대로 해라》에서 폭넓게 활용된 점프컷과 롱테이크의 기능을 다시 생각해볼 필요가 있다. 여기서 점프컷과 롱테이크는 서로 별다른 연관 없이 그때그때 끌어들인 스타일적 요소들이 아니라 일관된 영화적 입장에서 나온 동질이상(dimorphism)의 기법들이다. 각각의 기법이 지니는 의의는 반드시 양자를 함께 고려해야만 파악할 수 있다. 점프컷은 기술적으로는 편집 기법의 일종이지만 장면 안에서 벌어지는 상황에 대한 분석적 접근이 없기 때문에 데쿠파주도 아니고 숏들의 결합을 통해 부가적 의미가 생성되는 것도 아니어서 몽타주라고 할 수도 없다. 점프컷은 프레임 내 요소들의 배치와 그들 사이의 관계는 유지하면서 일시적인 단절이나 비약의 감각을 부여하는 기법이라는 점에서 오히려 시간적 미장센에 가깝다고 할 수 있다. 《네 멋대로 해라》에서 고다르와 촬영감독 라울 쿠타르가 구사하고 있는 롱테이크는 웰스의 《위대한 앰버슨가》나 히치콕의 《로프》의 그것처럼 공간을 가로질러 카메라가 지속적으로 움직이는 식이다. 파스칼 보니체가 적절하게 지적한 것처럼, 이러한 롱테이크는 숏과 숏을 이어 붙여 편집하는 대신에 "단 한 번의 촬영으로 (…) 일련의 숏들을 유일하고 동일한 연속적 움직임 속에서 실행하면서 (…) 몽타주를 하는"[22] 것이나 마찬가지다.

고다르에 관한 글은 숱하게 많지만 정작 그의 작품을 보는 데 도움이 되는 비평적인 텍스트는 드물다. 그 이유는 단순하다. 대부분의 경우 고다르에 관한 근본적 오해를 전제로 삼아 그의 작품을 해석하는 방식을 취하기 때문이다. 여러 오해들 가운데 오늘날까지 가장 끈질기게 살아남은 것은 그가 독창적 혁신가라는 평가인데, 한때는 여기에 마오주의자이자 좌파 지식인이라는 이미지가 더해지기도 했었다. 그런데 이처럼 오해에 불과한 선입견이라도 일단 그것을 전제로 삼아 그의 작품을 바라보면, 신기하게도 그의 영화는 그러한 전제의 논거가 될 법한 온갖 요소들의 보고(寶庫)로 비치기 시작한다. 사정이 이러하니 동일한 오해로부터 출발한 몇몇 텍스트들을 참고문헌으로 덧붙이면 한 편의 글을 간단히 완성할 수 있을 정도다.

문제는 오해에 불과한 주장의 논거로 삼을 수 있는 요소들과 더불어 전적으로 그에 대립하는 요소들이 고다르의 영화에는 언제나 공존한다는 데 있다. 뒤늦게나마 이러한 모순을 깨달은 평자들은 으레 당혹감에 휩싸이기 마련이지만 이를 드러내기보다는 간단히 후자에 대해 침묵해버리는 편을 택하곤 한다. 그래서일까? 오늘날에도 여전히《네 멋대로 해라》는 기존의 영화 형식에 도전한 우상 파괴적인 작품으로 평가되고, 대부분의 영화 교과서에서도 그런 식으로 기술되어 있다. 이처럼 터무니없는 평가로 인해 많은 이들이 이 흥미진진한 영화를 오해하게 된 것은 정말이지 안타까운 일이다.

고다르는 마르셀 뒤샹이나 존 케이지 같은 전복적인 예술가들과 전혀 성격을 달리하는 인물이다. 고다르의 전기를 쓴 콜린 맥케이브는《네 멋대로 해라》가 전체적으로는 지극히 고전적인 규약들에 따라 편집된 영화라는 점을 고려하면서 고다르의 실험을 바라봐야 한다고 올바르게 지적한 바 있다.[23] 현대미술이나 현대음악에 익숙하지 않은 사람을 뒤샹의 작품이 전시된 미술관이나 케이지의 작품이 실연되는 공연장으로 데리고 간다고 가정해보자. 십중팔구 그는 얼굴에 당혹감을 나타내며 이런 작품을 어떻게 받아들여야 하는지 조심스레 물어 올 것이다. 이는 현대적 예술이란 작품의 형식이나 내용 자체보다는 그 작품이 전통적 제도와 취하는 메타적 거리를 통해 이해되어야 한다는 암묵적 약속을 알지 못하는 수용자에게 일어나는 무척이나 자연스러운 반응이다.[24]

이런 점에서 볼 때, 역사적으로 흔히 '현대영화(modern cinema)'라 불리는 영화들 대부분―고다르를 비롯한 누벨바그 감독들의 영화들, 미켈란젤로 안토니오니, 잉마르 베리만, 루이스 부뉴엘, 존 카사베테스의 영화들 등등―은 전혀 현대적이지 않으며, 전성기의 할리우드로 대표되는 '고전영화'들과 뚜렷한 스타일상의 차이를 지닐 뿐이다. 아무리 현대영화에 익숙하지 않은 관객이라도 어렵고 지루하다고 느낄지언정 어떻게 받아들여야 할지 몰라 당황하는 일은 없을 것이다. 게다가 《네 멋대로 해라》는 현대영화 작품들 중에서도 가장 고전적인 축에 속하는 영화다. 《네 멋대로 해라》의 고다르는 안토니오니만큼 미적이지도 않고, 베리만만큼 심오하지도 않고, 부뉴엘만큼 도발적이지도 않고, 카사베테스만큼 자유분방하지도 않다. 그의 영화에는 혁신적이라 할 요소들이 적지 않은 것이 사실이지만 영화 자체가 혁신적인 외양을 띠고 있지는 않다. 그런데 고다르의 영화를 전위적인 실험영화이기라도 한 것처럼 대하다 보면 정작 그가 행한 실험의 동시대적 의의들은 고사하고 그 실험 자체가 아예 보이지 않게 된다.

이상의 내용은 고다르가 20대 초반에 발표한 글 「고전적 데쿠파주의 옹호와 현양」[25]에서 제시한 "새로운 생각을 통해, 오래된 시구를 짓자"는 표어로 요약될 수 있다. 이 글에서 그는 "그토록 관습적인 것을 통해 우리의 마음을 뒤흔드는" 고전적 편집의 양식들을 옹호한다. 직접 이름을 언급하고 있지는 않지만 앙드레 바쟁의 리얼리즘 논의에 대한 비판 또는 수정의 성격을 띤 이 글에서, 고다르는 심리적이고 감정적인 리얼리티에 대한 고려 없이 심도 깊은 화면이나 롱테이크 기법을 통해 물리적 리얼리티에만 천착하는 일은 정당화될 수 없다고 지적한다. 생기 없는 숏을 그저 하염없이 지속하는 일은 무의미하다. "영화적 변증법의 조건 (…) [그저] 연명하기(durer)보다는 [제대로] 살아야(vivre) 한다. 조금 더 살기 위해서 감정을 죽여버리는 일은 무의미하다." 이를테면, 시공간적 연속성을 보장하는 롱테이크가 아닌 관습적인 숏/역숏을 활용하고, 환경을 전체적으로 보여주는 롱숏보다 얼마간 부분적으로 보여주는 미디엄숏을 선호하는 오토 프레민저의 영화는, 이러한 고전적 데쿠파주를 통해 드라마를 "가장 아름다운 볼거리"인 "얼굴의 부동성으로까지 환원시키고자 하는 갈망을 표출"하고 있다는 것이다.

> '10분 동안 이어지는 숏'에 열광하는 이들이라면 얼굴을 붉혀 마땅할 공간적 불연속성이 숏의 변화로 인해 초래되었음에도, 나는 그러한 양식의 표현에 대부분 확실히 근거가 있음을 발견할 것이다.《무대 공포증》에서 제인 와이먼과 마이클 와일딩이 택시를 타고 이동하는 장면만큼이나 연인들의 대화로부터 그토록 충실한 이미지를 끌어내어 우리에게 제공할 수 있는 다른 어떤 표현이 가능하겠는가?[26]

앞서 던진 질문을 다시 떠올려 보자. 오늘날 우리가 한 편의 고전영화를 감상할 때 거기서 보고 들어야 할 것은 무엇인가? 특히 고다르의《네 멋대로 해라》처럼 정전 중의 정전으로 꼽히는 작품에서 보고 들어야 할 것은 무엇인가? 꼭 이 영화가 아니더라도 이는 오슨 웰스의《시민 케인》처럼 익숙한 정전이나 그리피스의《밀 사재기(A

Corner in Wheat)》처럼 대안적인 정전에도 마찬가지로 적용될 수 있는 물음이다. 나는 여기서 어떤 보편적인 답변을 제시하려 하지는 않을 것이다. 그저 이 영화들을 제대로 보고 듣기 위해서는 어디서부터 출발해야 하는지만 짚어보려 한다. 무엇보다 우리는 이 영화들을 현재의 영화들과 동일한 평면 위에 두고 생각해봐야 한다. 영화사가나 영화학교 수험생이 아닌 다음에야 이 영화들과 관련해 흔히 언급되는 기법들(점프컷, 딥포커스, 몽타주)의 역사적 의의를 가늠해보려고 애써 노력할 필요는 없다. 그저 《네 멋대로 해라》의 파트리샤를 《우리 선희》의 선희와, 《시민 케인》의 재너두를 《매드 맥스: 분노의 도로》의 시타델과, 《밀 사재기》의 독점자본주의를 《시크릿 세탁소》의 금융자본주의와 비교해 보는 것으로 충분하다.

　1장에서 이미 살펴보았듯 영화감독에게는 개인적 다짐('나는 ~한 영화를 하려 한다')을 존재론적 명제의 형식('영화란 ~이다')으로 말할 수 있는 특권이 주어진다. 그렇다면 영화를 감상하는 이들에게만 주어지는 특권은 무엇인가? 그것은 영화를 만든 이들의 의도나 바람과 무관하게 자신만의 상상적 영화관 속에서 온갖 영화들을 마음껏 비교하고 재배치할 수 있는 권리다. 이는 니콜 브레네즈가 파운드 푸티지 영화 실천의 분류학을 시도하면서 이미지의 자율화(autonomisation)라고 부른 것과도 관련되어 있다.[27] 창작자들은 저마다 고유의 세계를 구축하려 하는 반면, 강력한 감상자는 그 모든 세계를 다시 쪼개고 잇대어 평등하게 아카이브화한다. 무차별적인 평등의 감각이 없는 감상자는 그저 작가들의 나라를 옮겨 다니는 백성(이나 최악의 경우 노예)에 지나지 않으며 기껏해야 다중국적자가 될 수 있을 뿐이다. 무국적자의 불손함과 경박함이야말로 영화와 대면하는 관객이 갖추어야 할 제일의 덕목이다. 이런 점에서 《영화의 역사(들)》의 고다르는 단지 영화감독이 아니라 이상적인 영화 관객의 모델이 되는 인물이라 할 수 있다.

고다르의 불손함과 경박함은 안하무인의 태도와는 다르다. 일찌 감치 파솔리니가 간파한 대로 "그의 활력에는 절제나 겸양 혹은 거리낌이 없다"[28]고 할 수 있지만, 고다르는 그 무엇도 자신을 옭아맬 수 없다고 자처하며 허세를 부리는 유형은 아니다. 세르주 다네의 말마따나 오히려 "규칙(règle)의 부재야말로 그를 불안하게 하는 것"이다. 다네는 주장하기를, 종종 '무서운 아이', '아방가르드 영화감독', '우상 파괴자' 혹은 '혁명가' 등으로 편리하게 묘사해 왔던 탓에 우리는 고다르가 "애초부터 (프랑수아 트뤼포와는 달리) 게임의 규칙[29]을 존중했다는 점을 알아차리지 못했다"[30]는 것이다. 독일의 영화감독 하룬 파로키 또한 영화학자 카자 실버만과의 대담에서 다네와 비슷한 의견을 내놓은 적이 있다. 그가 문제 삼고 있는 것은 고다르가 1982년에 발표한 《열정》에 나오는 유명한 대사다. 바로 "영화에는 법칙(loi)이 없어서 우리는 아직 그것을 좋아하지"라는 말이다. 이는 영화의 주인공인 영화감독 예르지가 내뱉는 말인데 그는 고다르의 얼터 에고라 해도 무방할 인물이다. 그래서인지 그의 말은 고다르를 그 무엇에도 개의치 않는 자유분방한 예술가로 간주하는 이들에 의해 종종 인용되곤 했다. 그런데 파로키의 생각은 좀 다르다.

> **카자 실버만** (…) 그녀[예르지의 조수인 소피]가 생각하기에 영화감독은 어떤 규칙을 따라야 하고 마음 내키는 대로 이것을 어길 수는 없죠. 예르지는 영화에는 규칙이 없다[+]고 응수

[+] 'Il n'y a pas de loi, au cinéma'라는 예르지의 말은 영어권에서는 'There are no rules in cinema'로 번역되어 소개되곤 했다. 'loi'라는 프랑스어 단어에는 규칙이란 뜻도 있지만 법(률) 혹은 법칙의 의미가 좀 더 강하다고 할 수 있다. 즉 프랑스어로 'loi'는 영어의 'law'에, 'règle'는 'rule'에 보다 가깝다고 할 수 있다. 인용한 부분에서 실버만과 파로키는 'loi'를 'rule'로 옮긴 영어 자막을 기준으로 삼아 이야기하고 있다.

하고요.

하룬 파로키 예르지는 정말 그 말을 믿는 것일까요, 아니면 그저 주제넘은 조수에게서 규칙에 관해 듣고 싶지 않은 것일까요? 고다르 자신은 규칙을 넘어서는 것 같지 않거든요. 그가 이미지를 프레이밍하는 방식은 조화와 긴장에 대한 고전적 규칙에 부합해요. 규칙이 없다면 '그저' 이미지이거나 사운드인 것도 있을 수 없다는 점을 그는 알고 있죠.[31]

《네 멋대로 해라》에서 폭넓게 활용된 점프컷은 영화의 준비 단계는 물론이고 촬영 단계에서도 고다르가 전혀 염두에 두고 있지 않았던 기법이었다. 첫 편집본의 길이는 2시간 15분 정도였는데, 계약에 따르면 이 영화의 상영시간은 반드시 90분 이내가 되어야 했다. 이에 고다르는 장면을 구성하는 숏들을 잘라내는 방식으로 해결책을 찾는다. 가장 잘 알려진 사례는 파트리샤와 미셸이 차를 타고 가며 대화하는 동안 숏이 바뀌어도 계속해서 파트리샤의 얼굴만 보이는 장면이다. 원래 이 부분은 둘의 대화가 이어지는 동안 쌍방을 번갈아 보여주는 전통적인 방식으로 편집되었던 것이지만, 고다르는 개개의 숏을 조금씩 줄이는 대신 아예 미셸을 포착한 숏들을 없애고 파트리샤를 포착한 시각적으로 유사한 구성의 숏들만을 이어 붙여 버렸다.[32]

이와 더불어, 어떤 숏의 앞부분이나 뒷부분을 잘라내어 길이를 줄이는 통상적인 방식이 아니라 숏 내부에서 움직임이 진행되는 가운데 중간중간 끊어내는 방식도 활용되었다. 이를테면 《네 멋대로 해라》의 한 대화 장면(그림 5)을 보자. 각각의 숏이 통상보다 약간 부감(high-angle)으로 촬영된 것을 제외하면 전체적으로 이 대화 장면의 데쿠파주 자체에는 특별한 구석이 전혀 없다. 대화를 나누는 두

그림 5.《네 멋대로 해라》

사람을 일단 함께 보여주고 난 다음, 각각을 번갈아 단독 숏으로 보여주는 방식은 오늘날까지도 널리 쓰이는 고전적 관습 가운데 하나다. 콜린 맥케이브가 지적한 대로, 고다르의 실험은 확고하게 고전적이라 할 형식적 조건 위에서 수행되고 있다. 다음과 같은 식이다. 선글라스를 낀 남자만 따로 보이는 세 번째 숏은 원래 하나의 단일한 숏으로 촬영된 것이지만, 고다르는 남자가 말하는 도중에 몇 프레임씩을 조금씩 잘라내고 점프컷으로 처리해 사실상 세 개의 숏으로 만들어버렸다.

《네 멋대로 해라》를 감상하기 위해 위에서 언급한 점프컷 기법 창안의 비화(祕話)를 꼭 알아야 할 필요는 없다. (오히려, 모른다면 더 좋겠지만 기왕 알아버린 이상 어쩔 수 없다) 중요한 것은 지금의 우리에게《네 멋대로 해라》의 점프컷이 어떻게 다가오는지 솔직하게 가늠해보고, 그런 다음 이것이 오늘날 시네마의 상태와 관련해 시사하는 바는 무엇인지 숙고해보는 일이다. 이제 영화는 물론이고 광고와 뮤직비디오에 이르는 온갖 영상물에서 널리 쓰이고 있는 점프컷이 60여 년 전의 작품인《네 멋대로 해라》에서 유독 생동감 있게 느껴진다고 말한다면 이는 십중팔구 과장일 수밖에 없다. 관객이 영화에 무반성적으로 몰입하는 것

을 차단하기 위한 모더니스트적 기법이라는 식으로 점프컷의 효과를
서술하는 것도, 배우가 카메라 쪽을 바라보고 관객에게 말을 거는 행
위를 두고 '브레히트적'이라고 서술하는 것만큼이나 터무니없이 여
겨진다. 《네 멋대로 해라》의 점프컷은 지금의 우리에게 충격을 주는
것도 아니고 신선하게 느껴지는 것도 아니다. 그것은 도회적 리듬을
강조하는 시청각적 스타카토로 기능하거나 이미지에 약간의 생기를
더하기는 하지만 충격적이거나 신선하지는 않다. 오히려 꽤 자연스
럽게 느껴진다.

　　이러한 자연스러움, 즉 시간적 거리를 두고 보면 딱히 파격으로 느
껴지지 않는 점이야말로 고다르의 영화가 당대의 다른 혁신가들의 영
화와 다른 부분이다. 이 점에서 그는 《지난해 마리앙바드에서》의 알랭
레네나 《인디아 송》의 마르그리트 뒤라스 등과는 전연 다른 감독이다.
점프컷을 비롯해 이른바 고다르적 기법을 활용한 당대의 영화들이 지
금에 와선 구제불능이라 해도 좋을 정도로 촌스럽게 보이는 반면, 《네
멋대로 해라》는 어쩔 수 없이 드러나는 기술적 지표들을 제외하면 전
혀 낡아 보이지 않는다. 왜일까? 파격 자체를 스스럼없이 스타일화하
는 여느 작업에서와는 달리 고다르의 파격은 부단히 규칙을 의식하는
정신의 소산이기 때문이다.

　　규칙을 의식하는 작업은 충실하게 규칙을 준수하는 작업과는 다
르다. 규칙을 의식하는 작업은 무람없이 규칙을 무시하는 작업과는
다르다. 그것은 규칙을 이루는 구성요소를 나누는 범주는 타당한지,
각각의 구성요소는 규칙이 겨냥하는 효과와 실제로 상관관계가 있는
지 등의 문제에 관심을 둔다. 따라서 규칙을 의식하는 비판적 정신이
몰두하는 작업은 구성요소들과 관련된 범주(미장센과 몽타주)를 다
시 설정하는 한편 그러한 재설정의 효과를 가늠해 보게 한다. 규칙은
게임을 가능하게 하는 조건 자체다. 그러니 영화에 규칙이 부재한다

는 각성은 고다르에게 매우 곤혹스러운 일이 될 수밖에 없다. 파트리샤와 미셸의 자동차 대화 장면이 파트리샤의 얼굴을 옆에서 포착한 일련의 숏들만으로도 성립되어버린 것은 분명 영화사적 '사건'이다. 하지만 고다르의 입장에서 이는 평생토록 숏/역숏 체제의 지위를 거듭해서 되묻게 만든 '사고'였을 뿐이다. 그는 고전적 데쿠파주를 거부하기보다는 오히려 그것의 가능성을 따져 보고 싶어 한다. 숏/역숏 체제에 제기된 여러 미학적이고 이데올로기적인 혐의에도 불구하고 이를 쉽게 폐기하기 힘든 이유는 그것이 영화에서 소통이나 맞섬의 상황을 구성하는 기초적 수단이기 때문이다.

고다르만큼이나, 혹은 그 이상으로 종종 오해되곤 하는 장마리 스트로브와 다니엘 위예의《화해 불가, 혹은 폭력이 지배하는 곳에서는 폭력만이 통한다》의 대화 장면 하나(그림 6)를 보자. 앞에서 살펴보았던《네 멋대로 해라》의 대화 장면(그림 5)과 마찬가지로, 여기서 스트로브와 위예의 데쿠파주 자체는 지극히 관습적인 방식을 따르고 있으며 이들이 수행하는 파격 또한 어디까지나 이러한 관습의 맥락 속에서 이루어진다. 첫 번째 숏에서는 기차역 구내 카페테리아에서 대화를 나누고 있는 페멜 부자(父子)의 모습이 보인다. 로베르트만을 보여주는 두 번째 숏은 첫 번째 숏과 동일한 축 상에서 앞으로 보다 가까이 다가가 있다. 세 번째 숏에서 우리는 앞선 두 개의 숏과는 시각적으로 뚜렷이 구분되게 부감으로 촬영된 하인리히의 모습을 본다. 인물은 왼쪽으로 치우쳐 있고 화면 오른쪽으로는 포석들이 보이는 구성이 기묘한 느낌을 더한다. 고다르처럼 하나의 숏을 점프 컷으로 쪼개어 세 개의 숏으로 나누는 파격을 감행하는 것이나, 스트로브와 위예처럼 숏 자체의 시각적 구성에 파격을 도입하는 것이나, 어느 쪽이건 그 파격의 효과는 고전적 데쿠파주의 바탕 없이는 지각될 수 없다.

역사적으로, 숏/역숏 체제에 의존하지 않으면서 두 인물을 한 화면에 포착하는 방식을 모색해본 이들은 숱하게 많다. 하지만, 종종 그 결과는 소외와 거리감을 증폭하게 되거나 나란히 자리한 이들의 유대를 지나치게 감정적으로 강조하는 것이 되곤 했다. 단절 아니면 이심전심. 이는 이질적인 두 정신끼리의 대면·대화·대결을 여하튼 시뮬레이션할 수 있었던 숏/역숏 체제를 대체하기엔 어쩐지 좀 부족하게 느껴진다. 숏/역숏 체제에 의존하지 않으면서 두 인물을 한 화면에 담아내는 여러 방식을 시도해본 고다르의 《미치광이 피에로》는 작가의 의도와는 별개로 그것이 얼마나 어

그림 6.《화해 불가, 혹은 폭력이 지배하는 곳에서는 폭력만이 통한다》

려운 일인지 여실히 보여주는 모험적인 사례로 남았다. 이 영화의 첫 번째 자동차 장면(그림 7)은 대화를 나누는 마리안느와 페르디낭을 숏/역숏 데쿠파주로 보여주며 시작하는데, 페르디낭이 "그게 인생이지!"라고 말하는 순간 둘을 정면에서 함께 포착한 숏으로 전환된다. 이 장면 이후, 영화 전제에 걸쳐 고다르는 숏/역숏 체제를 피하는 방식으로 자동차 대화 장면을 이리저리 구성해보다가, 결국 종반부에는 멈춰 있는 자동차에서 둘이 대화를 나누는 모습을 숏/역숏 데쿠파주로 보여주는 방식으로 돌아간다.

그림 7.《미치광이 피에로》

그림 8.《사랑을 카피하다》

압바스 키아로스타미처럼 신중한 영화 작가가 21세기 들어 디지털카메라를 통해 영화를 원점에서부터 다시 사고하면서 오로지 숏/역숏으로만 구성된 자동차 대화 장면의 작품인《텐》을 내놓은 이유는 무엇이겠는가?[33] 《텐》을 그 정점으로 하는 키아로스타미의 '자동차 영화'는 현대영화의 문을 연 로베르토 로셀리니의《이탈리아 여행》과도 만나고(《사랑을 카피하다》), 한편으론 오늘날의 할리우드 영화작가인 마이클 만의《콜래트럴》과도 조우(《사랑에 빠진 것처럼》)하게 된다. 고다르와 키아로스타미 모두 주행 중인 자동차 안에서의 대화 상황에 이끌렸다는 점, 서로 마주보고 있는 대화자들이 아니라 나란히 같은 방향을 보고 있는 대화자들을 매개로 숏/역숏 체제의 힘을 다시 가늠해 보았다는 사실은 흥미롭다. (평론가 시절 고다르가 숏/역숏 체제와 같은 고전적 데쿠파주를 옹호하면서 언급한 사례가《무대 공포증》의 택시 대화 장면임을 상기하라)《사랑을 카피하다》의 자동차 장면은 두 주인공을 정면에서 함께 포착한 롱테이크 숏으로 시작해 4분 동안 이어지다가(그림 8), "이제 어디로 갈까요?"라고 묻는 줄리엣 비노쉬의 얼굴이 단독으로 보이면서 이내 숏/역숏 데쿠파주로 전환된다.

이번에는 숏/역 숏 체제와 더불어 고전적 데쿠파주의 바탕을 이룬다고 해도 좋을 연속편집 혹은 비가시적 편집이 과감한 파격을 위한 토대로 기능하고 있는 예를 살펴보자. 노엘 버치가 "동일 축 상의 연결에 의한 생략을 체계적으로 사용한 최초의 감독"이라고 단언한 마르셀 아농의 1959년 작품《단순한 이야기(Une simple histoire)》의 카페 장면(그림 9)이 그것이나.[34]

예시한 여섯 개의 숏 모두 동일 축 상에서 촬영되었고 숏이 바뀔 때마다 크기 변화도 한 단계 이상(롱숏→미디엄숏→클로즈업→롱숏→미디엄숏→롱숏) 이루어져 연속편집의 요건을 충분히 만족시키

그림 9.《단순한 이야기》

고 있는 데쿠파주처럼 보인다. 아눙은 고다르처럼 점프컷에 의존하지도 않고 스트로브와 위예처럼 시각적 구성의 변화에 의존하지도 않는다. 그런데 《단순한 이야기》의 이 장면을 실제로 보고 있으면 연속적이라는 인상을 받기는커녕 오히려 숏과 숏 사이의 틈과 간격이 고스란히 느껴진다. 왜일까? 첫째, 이 장면이 진행되는 동안 들려오는 내레이션의 특성 때문이다. 여기서 주인공은 정작 화면에는 보이지 않고 따라서 확인할 수도 없는 근과거의 일이나 외화면영역에서 벌어진 일을 주로 언급하고 있다. 둘째, 예시한 여섯 개의 발췌 사진만 놓고 보면 흡사 연속편집의 원칙을 따른 데쿠파주처럼 보이지만 사실 각각의 숏 사이에는 시간적인 생략[+]이 있기 때문이다. 주인공이 카페에 들어오고, 차를 주문하고, 차를 마시고, 딸과 함께 자리를 뜨기까지 실제로 스크린상에서 진행되는 시간은 불과 40초가 채 되지 않는다. 즉 여기서 예시한 여섯 개의 숏으로 이루어진 데쿠파주는 상당한 수준의 시·공간적 압축 과정을 가리고 있는 셈이다. 고전적 데쿠파주의 바탕 위에서 아눙이 감행한 이러한 파격에 대해 노엘 버치는 다음과 같이 말한다. "외화면일 수도 있고 [시간적으로] '생략'된 것일 수도 있는, 우리가 어떤 것인지 모르는 일종의 '무인지대'에서 일어나는 것을 내레이션이 환기시킬 수도 있다. 이 영화에는 이런 유형의 복잡한 구조들이 풍부하게 나타나는데, 우리가 아는 한, 지금까지 어떤 감독도 상상하지 못한 것이다."

[간주곡] 파편들 사이에서 말하기

오늘날의 영화나 영상 작품에서는 고전적인 논리나 관습이 아예 무시되는 경우도 많다. 이는 무작위적으로 어떤 작품을 골라 거기서 한두 장면만 살펴보아도 금방 확인할 수 있을 정도다. 이제는 파격 자체가 기본값이라 해도 좋을 만큼 널리 스타일화되어 있기 때문에 파격은 더이상 파격으로 인지되지 않는다. 이런 상황에 대한 반응은 크게 두 가지다. 하나는 왜곡된 남성적 시네필 문화에 경도된 이들에게

[+] 　특히 (2)번과 (3)번 숏 사이에서. 각각의 숏은 주인공이 차를 주문하고 마시는 모습을 담고 있는데 그녀가 차를 마시는 사이 어디론가 사라졌던 딸이 종업원의 손에 이끌려 돌아온다.

특징적인 것으로 숏의 의미와 중요성을 과도하게 강조하면서 이에 부합하지 않는 작업들은 철저히 경멸하는 태도를 취하는 것이다. 문제는 숏의 가치를 예민하게 알아볼 수 있는 특정 개인―그들 자신, 그리고 그들이 선호하는 일군의 감독들―의 안목을 상정하는 데 별다른 근거가 없다는 데 있다.[35] 대개는 그냥 '척 보면 안다'는 식이지만 순문학적으로 치장된 글쓰기로 심오한 척하거나 때로는 쓸데없이 영화의 특정 부분을 길고 장황하게 묘사하는 식으로 짐짓 전문가적 솜씨를 과시하며 현혹할 때도 있다. 다른 하나는 주로 미술계의 영상 작품에 익숙한 평자나 관객에게 특징적인 것으로 규칙과 관습에서 해방(?)된 파편적인 이미지의 자율성을 상찬하는 식이다. 하지만 어떤 작품이 '파편적'임을 지적하는 진술은 그 자체로는 별다른 비평적 판단과 결부되어 있지 않다. 달리 말하자면, 어떤 작품이 파편적 형태를 띠고 있다는 사실은 그 자체로 작품이 지니는 가치에 대한 증거가 될 수 없고 그렇다고 해서 작품을 비판할 구실도 되지 않는다. 관습적인 개념의 영화에만 집착하면서 '이런 것은 영화가 아니다'라고 단언해버리는 것이나, 비관습적인 영상 작품만을 찾아다니면서 '이제 영화를 가지고 운운할 시대는 지났다'라고 단언해버리는 것이나 경박하기는 마찬가지다. 그보다 우리는 이러한 대립을 낳을 정도로 차이가 존재하는 이유를 설명할 역학의 윤곽을 그려보아야 한다.

언뜻 보기에 오늘날 영화계와 미술계에서 만들어지는 작품들은 무척이나 닮아 보일 때가 많다. 물론 예전이라면 아방가르드적 실천으로 간주되었을 형식을 띠고 있는 작품들에 국한된 것이기는 하다. 하지만 어디까지나 양자는 서로 상동(homology) 관계가 아니라 상사(analogy) 관계에 있다는 점을 간과해서는 안 된다. 겉보기에 유사한 형식을 취하고 있는 것처럼 보일지라도 실은 계통발생적으로 다른 것들이 외양상 서로 닮은꼴을 하고 있는 것에 지나지 않는 경우도 많기 때문이다. '에세이적'이라는 표현은 이 차이를 뭉뚱그리거나 아예 감춰버린다는 점에서 지극히 문제적일 뿐 아니라 위험하기까지 하다.

주로 유럽의 경우에 초점을 맞춘 것이기는 하지만, 1970년대 중반에 이미 피터 월렌은 영화사(史)에 서로 구분되는 두 개의 아방가르드가 있다고 지적한 바 있다. 한편에는 미술계에서 유래한 아방가르드 개념의 영향하에 작업하는 작가들⁺이 있다. 다른 한편에는 내러티브 영화의 범위를 벗어나지 않는 아방가르드적 실천에 천착하는 작가들⁺⁺이 있다.³⁶

두 개의 아방가르드라는 월렌의 가정은 그보다 한 세대 전에 앙드레 바쟁이 제시한 것과 얼마간 닮은 구석이 있다. 바쟁에 따르면, 아방가르드란 그 정의상 무언가를 미리 앞서는 것이므로, 우리는 어떤 작품의 미학적 선언에 주목하기보다는 앞으로 나올 미래의 영화들 속에서 보편화될 무엇을 그 작품이 실제로 예시했는지에 주목해야 한다. 이런 점에서 최초의 아방가르드 영화감독으로 꼽힐 수 있는 이들은 노골적으로 미학적 실험을 내세운 페르낭 레제, 한스 리히터, 만 레이, (《안달루시아의 개》의) 루이스 부뉴엘, 장 콕토 등이 아니라, 근사한 상업영화를 만드는 일 외에 별다른 생각을 품지 않았던 조르주 멜리에스, D. W. 그리피스, 루이 푀이야드, 아벨 강스, 에리히 폰 슈트로하임 등이라는 것이 바쟁의 주장이다. 바쟁이 생각하는 혁신적인 영화란 대중적 관심을 무시하는 영화가 아니라 언젠가는 관객 대부분이 저도 모르게 익숙해지게 될 기법을 선취한 영화다. 이는 "르네상스 이래 모든 전통적인 예술은 재산이나 문화를 향유할 수 있

⁺ 구체적으로는, 무성영화 시기의 만 레이, 한스 리히터, 비킹 에겔링, 라슬로 모호이너지 등에서부터 피터 기달, 맬컴 르그라이스, 클라우스 비보르니, 쿠르트 크렌 등
⁺⁺ 구체적으로는, 세르게이 에이젠슈테인을 위시한 1920년대 소비에트 감독들에서부터 고다르, 스트로브와 위예, 마르셀 아눙, 미클로슈 얀초 등

는 극소수의 특권층을 위한 형식으로 진화해 온 반면, 태생적으로 영화는 전 세계 모든 계급의 민중을 위한 것"이라 보는 바쟁의 인민주의적 시각―그는 "만인을 위한 예술"을 기치로 내세운 공산당 계열의 단체인 '노동과 문화(Travail et Culture)'를 위해 일하면서 상영프로그램을 짜고 강연을 진행하기도 했다[37]―에 부합하지만, 두 개의 아방가르드 가운데 하나만을 특권화하는 그의 방식은 여전히 썩 만족스럽지 않다.[38]

월렌의 제안은 바쟁과는 조금 다르다. 그는 두 개의 아방가르드가 "고르지 않게 발전해 왔다는 사실은 두 개의 아방가르드를 단순히 수렴시키고자 하는 희망이 이상적임을 뜻한다"고 지적하면서, "단순한 수렴이란 거의 가능할 법하지 않기는 하지만, 그럼에도 불구하고 두 개의 아방가르드를 서로 대면시키고 나란히 놓아야 한다는 것은 필수적"이라고 역설한다.[39] 주지하다시피, 1990년대부터는 미술관 기반의 영상 설치 작품들이 각종 전시와 비엔날레 등을 통해 점점 보편화되기 시작했는데, 종종 이러한 작품들은 월렌의 분류대로라면 미술적 전통과 보다 친연관계에 있는 '비(非)내러티브적' 아방가르드의 계보를 잇는 것으로 간주되곤 했다. 폴커 판텐부르크는 이런 식의 계보에 의문을 제기한다. 특히 '영화적 설치(cinematographic installation)', '아티스트 시네마(artists' cinema)', '전시의 영화(cinéma d'exposition)' 등의 용어로 지칭되는 오늘날 영상 설치 작업과 관련해, 그는 '확장영화(expanded cinema)'라 불리는 1960~1970년 대의 아방가르드 영화 실천을 그러한 작업의 선구로 간주하는 해석, 이제는 거의 정전화되었다 해도 무방할 해석이 사실상 각각의 역사적 차이와 특수성을 무시하고 있음을 지적한다. 그에 따르면 "동시대 미술 공간과 실험영화의 역사 사이에 공통의 연관을 설정하는 일은 매체사(史)의 상당 부분을 무시하거나 배제함으로써만 가능하다."[40]

과거에 보아왔던 것과는 분명 성격을 달리하는 오늘날의 영화와 영상 작품이 창작자나 관람자에게 어떤 의의를 지니는지 헤아려보기 위해서는 이들을 가로지르는 이중의 힘에 대한 고찰이 필수적이다. 이러한 이중의 힘은 구심력과 원심력이라는 익숙한 개념에 비유적으로 견주어 고찰해봐도 크게 무리가 없을 듯싶다. 전통적으로 영화는, 그리고 영화적이라 할 수 있는 영상 작품은 구심적인 특성을 띠고 있다.[+] 작품을 둘러싼 정치·사회·경제·문화·역사·제도적 맥락, 작품의 형식이나 양식을 자리매김하는 미학적 규준에 대한 지식, 작가의 의도를 가늠케 하는 담론들 같은 작품 외적 요인들을 고려한다 해도, 어디까지나 이것들은 관람자의 눈과 귀를 작품의 시청각적 물성으로 향하게 하는 구심력의 벡터를 통해 작품 내부로 수렴한다. 영화관이나 블랙박스의 어둠은 바로 이러한 벡터를 활성화하기 위해 마련된 장치다. 극영화이건 다큐멘터리이건, 제임스 베닝의 《11×14》처럼 희미하나마 서사적인 플롯을 지닌 작품이건 피터 쿠벨카의 《아르눌프 라이너》처럼 극도로 추상적인 작품이건 간에, 영화적 작품에서는 구심적이라 할 수 있는 특성이 뚜렷이 감지되곤 한다. 반면에 미술적이라 간주되는 영상 작품은 심히 원심적이다. 이제는 현대미술 실천에서 익숙해진 발견된 오브제(objet trouvé)의 경우가 그렇듯, 작품의 시청각적 물성을 지각할 수는 있지만 그 지각 자체가 작품이 궁극적으로 겨냥하는 바는 아니다. 이러한 작품은 일종의 뜸씨와도 같아서 어떠한 정치·사회·경제·문화·역사·제도적 좌표계에서 고찰하느냐에 따라 작품을 둘러싼 환경이 다양한 방식으로 담론적으로 재

[+] 앙드레 바쟁은 연극 무대나 회화가 구심적인 반면 영화의 스크린 공간은 원심적이라고 주장한 적이 있다. 이는 영화(적인 작품)는 구심적이라고 한 나의 주장과 배치되는 것처럼 보일 수 있다. 하지만 바쟁은 어디까지나 이미지의 구심성/원심성에 대해 말하고 있을 뿐임을 간과해서는 안 된다. 반면 나는 이미지가 아니라 작품 자체와 관련된 구심성/원심성에 대해 고찰해 보려는 것이다. 바쟁의 논의와 관련해서는 그의 「연극과 영화」와 「회화와 영화」를 참고.

그림 10. 〈노래 I〉

구성되게끔 할 수 있다. 이를테면 11대의 HD 프로젝터를 사용해 허쉬혼 미술관 외벽을 360도로 감싸는 방식으로 설치된 더그 에이트킨의 7채널 영상 작품 〈노래 I〉(그림 10)처럼 말이다. 구심적 작품이 자신을 둘러싼 것들을 흡수해 물드는 것이라면, 원심적 작품은 흘러나가 자신을 둘러싼 것들을 물들인다.

당연한 말이지만, 전적으로 구심적으로만 작동하거나 그 반대로 원심적으로만 작동하는 작품은 없다. 영화나 영상 작품 앞에서 우리는 여하간 무언가를 보고 듣거나 여하간 무언가를 떠올린다. 그러나 백남준이 1964년에 발표한 《영화를 위한 선(禪)》이나 이와 같은 해에 나온 앤디 워홀의 《엠파이어》 같은 작품들이 정도의 차이는 있을지언정 통상적인 영화보다 분명하게 원심적인 특성을 띠고 있다는 점을 부인하기는 힘들다. 주의해야 할 점은 어떤 작품이 영화적인지 미술적인지는 그 작품이 영사되거나 디스플레이되는 공간의 성격과는 무관하다는 것이다. 영화관과 전시실이라는 공간은 하나의 작품을 더 영화적으로 보이게 하거나 더 미술적으로 보이게 만드는 요인이 될 수 없다. 이를테면 빛의 조형성을 극대화한 제임스 터렐이나 올라퍼 엘리아슨의 설치 작품들은, 그 공간의 미술적 성격에도 불구하고 관람객의 주의를 구심적으로 작품을 향해 이끈다는 점에서, 외견상으로만 영화적인 백남준이나 워홀의 작품보다 훨씬 영화적으로 느껴진다. 프랑스 영화감독 클레어 드니가 단편《컨택트》에서 엘리아슨의 동명 설치 작품을 카메라에 담아내고 이 영화의 클립 일부를 그녀의 첫 SF 장편영화《하이 라이프》에서 재활용할 때, 여기엔 영화관과 전시실이라는 공간의 차이와 무관하게 서로 교통 가능한 작품의 동종성에 대한 인식이 있다.

오해를 피하기 위해 이쯤에서 밝혀 두자면, 나는 어떤 작품이 영화적인지 미술적인지를 판별해낼 기준이 무엇인지를 파악하기 위해 구심력/원심력이라는 대립항을 끌어들인 것이 아니다. 그저 이중적 힘의 성격이 최근에 의미심장하게 변화했고 또 여전히 변화하는 중이라는 점을 말하고 싶을 뿐이다. 오늘날에는 구심력의 벡터와 원심력의 벡터가 분리 불가능하다고 해도 좋을 만큼 팽팽하게 얽혀 있는 작품들이 적지 않아서, 이 경우 구심력/원심력이라는 대립항을 끌어들이는 것은 서로 다른 힘의 (종종 0이 될 뿐인) 벡터합을 확인하는 작업 이상도 이하도 아니게 된다. 그럼에도 불구하고, 이 이중적 힘의 변화, 정확히는 원심력의 변화가 초래한 구심력의 변화에 주목하게 된 것은 2019년 초반 비슷한 시기에 베아트리스 깁슨의《나는 시끄럽게 죽고 싶다》와 존 토레스의《우리는 여전히 눈을 감아야만 한다》를 나란히 보게 되면서부터다.

이 작품들은 당장 그 의미를 파악하기 힘들 만큼 혼란스러운 오늘날의 풍경을 파편적으로 스케치하고 있다. 두 작품 모두 작가 자신의 아이를 보여주는 것으로 끝나고 있는데 사실 이들은 언젠가 그들의 영화를 처음으로 접하게 될 각자의 아이들을 위한 선물 혹은 타임캡슐과 같은 작품을 만들었다. 이들의 작품이 어떤 동시대적 맥락이나 환경 속에 놓여 있음은 분명하다. 하지만 그것의 형상은 작품에 내재하지 않으며 그렇다고 해서 작품에 내재하는 것들을 통해 곧바로 추론하거나 외삽할 수 있는 것도 아니다. 하지만 작품을 둘러싸고 있는 것의 영향은 작품을 통해 뚜렷이 느껴진다. 어떻게? 작품을 구성하는 시청각적 요소들 상호 간의 인력(引力)을 능가하는 힘으로, 그리하여 이 각각의 요소들이 서로 조금씩 거리를 두고 떨어져 의미가 모호한 상태로 부유하게끔 하는 파괴적이고 불가해한 힘으로 말이다.

　이처럼 파괴적이고 불가해한 힘에 대한 체험은, 영화적 작품과 미술적 작품을 상대적이나마 구분할 수 있게 했던 이중적 힘의 성격이 변화하고 있음을 깨닫게 한다. 그리고 이러한 변화는 영화와 미술을 막론하고 영상 작업에 관심을 둔 창작자들[+]에게 압력으로 작용하고 있음이 분명해 보였다. 원심력이 작품으로부터 그 바깥으로 향하는 것이긴 해도, 이 또한 구심력과 마찬가지로 작품을 하나의 오브제이게끔 하는 조형력으로 간주될 수 있는 것이었다. 또한, 구심적이든 원심적이든 작품에서 작가는 여전히 힘의 조정자로 남아 있었다. 그런데 《나는 시끄럽게 죽고 싶다》와 《우리는 여전히 눈을 감아야만 한다》와 같은 작품들은, 작품을 조형된 오브제가 아닌 일종의 '잔해'로 만들어버리는, 작가의 통제를 벗어난 파괴적 힘으로서의 원심력에 대해 숙고하게 만든다.

　이제 원심력을 조정하는 이는 더이상 작가가 아니다. 이처럼 파괴적인 힘으로서의 원심력은 백남준이나 워홀의 작품에서처럼 창작자에게서 기인하는 것이 아님은 물론이고, 한편으론 정치·사회·경제·문화·역사·제도적 맥락에서 그 동인(動因)을 파악해내기도 힘들

[+]　얼마간 양쪽을 오가며 작업하는 이들이기는 하지만, 베아트리스 깁슨이 미술계에 가까이 있는 '작가(artist)'라면 존 토레스는 영화계에 가까이 있는 '작가(auteur)'라고 할 수 있다.

만큼 비인격적이라는 점이야말로 진정 문제적이다. 취임 연설 중인 도널드 트럼프의 목소리가 삽입되거나(《나는 시끄럽게 죽고 싶다》) 로드리고 두테르테의 모습이 담긴 영상 클립이 삽입되는(《우리는 여전히 눈을 감아야만 한다》) 경우에도, 이러한 청각적·시각적 요소는 작품에 산재한 파편들에 맥락을 부여하는 정치적 지표나 단서라기보다는 무질서한 공통의 표면에 무심코 던져진 범용한 파편 가운데 하나에 지나지 않는 것처럼 비친다.

　그렇다면 미학적으로 급진적인 오늘날의 작가들은, 사태의 맥락을 가늠하기 힘들 만큼 부조리하게 펼쳐지는 동시대적 풍경의 압력에 눌린 나머지, 자신들의 작품이 부서져 잔해가 되도록 방기하는 데서 창작의 윤리를 재발견하고 있다고 말해야 할까? 학술 행사를 방불케 하는 각종 초청 강연·세미나·대담이 종종 전시 작품들을 압도하곤 하는, '(비평적) 담론의 외주화'라 해도 좋을 동시대 미술계의 관행을 떠올려 보면 그런 것 같기도 하다. 파편들 앞에서 망연자실해 있는 작가를 대신해 큐레이터와 평론가는 물론이고 여러 분야의 '선생님'들이 고견을 들려준다. 심지어 그들은 거침없이 면전에서 작가를 꾸짖는다. (때로 이들은 작가의 다음 작업을 위한 '멘토링'을 제공하기도 하는데 이 표현이 조금 꺼림직하다면 '컬래버레이션'이라는 표현으로 대체하는 것도 가능하다) 문제는 이런 담론들이 종종 파편화된 잔해의 폐허 주위를 거닐면서 메타적 위치에서 상황을 진단하는 데 머문다는 데 있다. 이때 전시와 작품은 그 자체로 '다크 투어리즘'의 대상이 된다. 그런가 하면 영화나 영상 작품에 직접적으로 관심을 둔 전문가들 또한 작품의 피부에 직접 접촉하기보다는 관전자 같은 입장에서 매체론적 진단에만 몰두하기 일쑤다.

　깁슨과 토레스의 작품은 그럼에도 불구하고 파편들 가운데서 무언가를 말하려 하고 또 말하고 있다는 인상을 준다. 치열한 싸움 끝

에 남은 잔해를 모아 봉인한 타임캡슐 같은 이들의 작품 곳곳에서,
목소리가, 분명히 어떤 목소리가 들려온다. 그런데 싸움이라면 어떤
싸움을 말하는 것인가? 물론 비인격적인 파괴력으로 화한 원심력에
대항하는 싸움이다. 그러나 이 싸움은 작품을 구성하는 시청각적 요
소들 상호간의 인력을 회복하는 구심적 방식으로 이루어지는 것이
아니다.

    이와 관련해서는 고다르의 《이미지의 책》을 살펴보는 편이 도
움이 된다. 영화를 보기 전에 제목만 놓고 보면, '이미지의 책(livre
d'image)'이라고 단수형으로 써서 굳이 '그림책(livre d'images)'과
차별화하고 있는 것도 그렇거니와, 말라르메적 의미의 '대문자 책
(Livre)'과 관련된 아카이브적 프로젝트가 아닌가 하는 생각도 든다.
그러나 정작 고다르의 기획은 다른 방향을 겨눈다. 그의 영화가 겨누
고 있는 대상은 저 파괴적 힘의 원천이 되는 데이터들의 기지, 즉 시
청각적 데이터-베이스 바로 그것이다. 그것은 오늘날 모든 사물과
사람과 사건—고다르와 그의 작품들 또한 예외가 아닌—을 무차별
적으로 포식하면서 말라르메적 책의 이상을 허위적으로 구현하는
거짓 아카이브의 형식을 띤다. 데이터-베이스는 모든 것을 수집하고,
망라하고, 저장하지만 아무것도 말하지 않는다. 혹여 무언가 말한다
해도 그것은 삽시간에 다시 데이터-베이스의 항목 가운데 하나로 배
치되어 그 특이성을 잃고 만다. 고다르의 구심력은 데이터-베이스의
질서를 교란하고 흐트러뜨리는 힘인 동시에, 그 싸움의 과정에서 나
온 파편들을 다시 작품이라는 공간으로 모아 특수성을 부여하는 힘
이기도 하다. 이런 점에서 고다르의 작업은 진정 고고학적이다. 이는
고고학이란 담론들을 아카이브의 요소 내에서 특수화된 실천들로
기술하는 것이라고 했던 푸코의 의미에서 그러하다.[41] 벤야민이라면
고다르적 힘을 "희미한 메시아적 힘"[42]이라고 불렀을 것이다. 고다

르 자신은 《영화의 역사(들)》에서 물리학적 은유를 써서 이를 "약한 상호작용의 힘"이라고 부른다. "물리학자들에 따르면 세계라는 집의 네 번째 벽인 이 약한 힘"⁺은 예술, 그리고 가장 나이 어린 예술인 영화의 힘이라면서 말이다.

《이미지의 책》의 종반부에서 고다르가 작가 페터 바이스를 인용해 말하는 부분을 다시 떠올려 보자. "아무것도 우리가 희망하는 대로 되지 않는다 해도, 그것이 우리의 희망을 바꿔 놓지는 못하리라." 《스크린 너머로》의 김웅수는 정확히 고다르와 같은 믿음을 공유하고 있다. 여기서 김웅수는 신원 미상의 한 화자를 통해 다음과 같이 고백한다. "나도 희망이 없다는 것을 알고 있지만 믿는다." 한 남자와 두 여자, 그리고 정체를 알 수 없는 화자의 독백을 담은 화면상 텍스트들이 서로 교차되는 가운데, 우리는 (남자의 말대로라면) "영화라고 말할 수 없는 영상의 어수선한 배열"을 보게 된다. 혹은, 다음과 같이 말할 수도 있겠다. 한 남자와 두 여자가 한 편의 영화를 본다. '나의 즐거운 일기'라는 제목이 붙은 이 영화는 어느 산 풀숲에 버려진 누군가의 스마트폰에 담긴, 수년에 걸쳐 모은 영상과 메모 및 음악을 편집한 것이다. 세 남녀는 각자의 방식으로 이 영화에 대해 생각하고 때로 영화 속의 공간을 거닌다. 《스크린 너머로》에서 우리는 김웅수 자신이 아이폰 내장 카메라로 수년에 걸쳐 계절이 바뀔 때마다 밤낮으로 촬영한 풍경들의 '배열'을 보게 된다. (그림 11) 이 가운데 가장 여러 차례 등장하는 것은 멀리 월악산이 보이는 산등성이에서 찍은 충주호 풍경이다. 서로 다른 시기에 촬영된 각각의 풍경은 그 자체로 아름답지만 모호하고, 서로 유사하기는 하지만 바로 그 때문에 몽타주의 논리 안에 포섭되지도 못한다.

✛   물리학에서는 우주에 존재하는 네 가지 기본 상호작용으로 중력, 전자기력, 강한 핵력, 약한 핵력이 있다고 본다.

그림 11. 《스크린 너머로》

고다르의 《이미지의 책》이 여러 개의 그림-파편들을 모은 그림
책이 아니라 파편들 사이에서 도래할 '하나의' 이미지를 위한 책이라
면, 김응수의 《스크린 너머로》는 충주호의 풍경이 담긴 '영상의 어수
선한 배열' 가운데서 다시 가능한 영화를 모색하는 비영화(non-cin-
ema)이다. 아니, 이렇게 말하는 것만으로는 충분치 않다. 고다르의
《이미지의 책》과 김응수의 《스크린 너머로》는 작가가 자신의 아이
에게 물려주는 타임캡슐의 성격을 띤 깁슨과 토레스의 작품과 분명
동시대적 강박을 공유하고 있기 때문이다. 고다르는 브레히트를 인

용해 "현실에서는 오직 파편만이 진정성의 흔적을 띤다"고 말한다. 파편을 부서진 무언가의 잔해가 아니라 그 자체로 진정한 무엇으로 보기 위해서는 아이의 눈이 필요하다. 그러니까 《이미지의 책》은 여전히 하나의 그림책이며, 김응수와 깁슨과 토레스의 작품 또한 마찬가지다. 이러한 작품들은 로베르트 무질의 근사한 표현처럼 일종의 '생전의 유품'으로서 우리에게 주어진 것이다. 이러한 작품들을 마주할 때 우리는 여행으로서의 영화, 영화로서의 여행이 다음과 같은 국면에 접어든 것은 아닐까 하는 생각을 하게 된다.

> 역사의 길에는 길을 잃게 하는 어떤 것이 분명히 있다. 현재는 마치 도시의 맨 끝에 있어서 더이상 도시에 속하지 못하는 마지막 집 같다. 모든 세대는 놀라서 묻는다. 나는 누구이며 내 조상은 도대체 누구입니까? 차라리 '나는 어디에 있습니까?'라고 묻고 조상들이 우리와 다른 족속이 아니라 그저 다른 장소에 있었다고 추정하는 것이 더 나을 것이다.[43]

등가 교환의 미스터리

니콜라스 레이의 서부극 《자니 기타》에는 고다르 애호가들에게 꽤 익숙하게 다가오는 장면 하나가 있다. 자니(스털링 헤이든)가 비엔나(조운 크로포드)에게 거짓말을 해 달라고 요청하는 장면이다. 사실, 요청이라기보다는 강요에 가깝다. 고다르가 두 번째 장편영화 《작은 병정》[44]을 만들면서 미셸 쉬보르와 안나 카리나의 전화 통화 장면을 통해 일찌감치 '리메이크'했던 이 유명한 대화 장면은,《영화의 역사(들)》에서는 사운드트랙만 발췌·인용되기도 했고《이미지의 책》에서는 숏/역숏 체제와 관련된 고다르의 오랜 강박을 다시 떠올리게 하는 방식으로 변주·인용되었다. 고다르의 영화에서 워낙 자주 마주치게 되는 장면이다 보니《이미지의 책》에서 또 접하게 되자 속으로 '이제 그만!'이라고 외쳤다는 평자도 있을 정도다.《자니 기타》에서 자니와 비엔나가 나누는 대화를 옮겨 보면 다음과 같다.

> **자니** 가지 마!
> **비엔나** 여기 있잖아.
> **자니** 뭔가 듣기 좋은 말을 해 줘.
> **비엔나** 그래, 무슨 말이 듣고 싶은데?
> **자니** 내게 거짓말을 해줘. 지금까지 내내 날 기다려 왔다고 말해줘.
> **비엔나** 지금까지 내내 널 기다려 왔어.
> **자니** 내가 돌아오지 않았다면 죽어버렸을 거라고 말해.
> **비엔나** 네가 돌아오지 않았다면 죽어버렸을 거야.
> **자니** 내가 널 사랑하는 만큼 너도 여전히 날 사랑한다고 말해.
> **비엔나** 네가 날 사랑하는 만큼 나도 여전히 널 사랑해.
> **자니** 고마워.

《자니 기타》가 프랑스에서 개봉된 것은 1955년이니 고다르는 25살 무렵에 이 영화를 보았을 것이다.[45] 고다르가 유독 이 장면에 매혹되었다는 점에 과하게 특별한 의미를 부여할 필요는 없다. 앤서니 만의《서부의 사나이》에서 악당들이 칼로 게리 쿠퍼를 위협하며 줄리 런던에게 옷을 벗으라고 강제하는 장면이나, 새뮤얼 풀러의《40

인의 총잡이》에서 진 배리가 총구를 통해 이브 브렌트의 얼굴을 바라보는 장면처럼, 실제적이거나 은유적인 폭력을 통해 성적 긴장이 한껏 충전된 장면에 20대의 고다르가 유독 (혹은 그의 동료들과 마찬가지로) 민감하게 반응했다는 것은 그가 초기에 쓴 평론이나 1960년대 초반에 만든 영화들을 보면 어렵지 않게 알 수 있다.

흥미롭게도, 그가 자신의 영화에서 이런 장면을 인용하거나 '리메이크'해 보여줄 때는 실제적·은유적 폭력과 성적인 것의 결합이 어김없이 해체되어버린다(그림 12). 이것이 고다르라는 인물의 성향에서 비롯된 것인지 고도로 세심한 연출의 결과인지 딱 잘라 말하기는 어렵다. 고다르가 그다지 세심한 인간이 아니라는 것만은 확실하다. 하지만 "영화란 여자 그리고 총"이라는, 널리 알려지긴 했지만 출처가 불분명한 그리피스의 발언을 그나마도 (매우 그답게) 부정확하게 인용한 고다르의 말[46]을 부주의하게 받아들여선 곤란하다. 이는 폭력과 섹스의 결합을 영화 제작의 방법론으로 내세우는 조언도 아니고 그러한 결합이 흔히 행해지는 관습적 영화에 대한 비판도 아니다. 이는 지나칠 정도로 귀에 쏙 들어오는 말이기는 하지만, 한편으론 고다르 특유의 방식으로 우리를 곤혹스럽게 하는 말이기도 하다. 왜냐하면 이 '공식'에는 여자와 총의 결합이 대체 무엇을 보장해 주는지에 대한 언급이 전혀 없기 때문이다. 실은 그것이야말로 고다르 자신이 가장 궁금해하는 것이다.

거칠게 정리하자면, 총을 지닌 남자가 비무장의 여자와 만나는 것(《네 멋대로 해라》,《작은 병정》,《기관총 부대》,《알파빌》)으로 출발했던 1960년대 고다르의 궤적은 점점 남자와 여자가 함께 총을 들거나 아예 집총의 주도권을 여자가 쥐는 쪽(《미치광이 피에로》,《메이드 인 USA》,《중국 여인》,《원 플러스 원》)으로 '숨가쁘게' 옮겨갔다. 하지만 이 영화들은 여자와 총의 결합이 주는 효과는 이제 대단

그림 12.《기관총 부대》

히 모호하고 불확실할 수밖에 없음을 보여주었을 뿐이다. 1983년에
발표된《미녀갱 카르멘》은 남자와 여자와 총의 관계에 있어서 언뜻
고다르 초기의 작품들을 떠올리게도 하지만, 1990년대에 진행된《영
화의 역사(들)》과 같은 작업에서 고다르는 더이상 여자와 총의 결합
가능성에 대해 묻지 않는다. 대신 그러한 결합이 모종의 감정을 환기
할 수 있었던 시대(구체적으로는 20세기 전반부)와 결부된 영화적 장
(場)의 잔해들을 몽타주한다.

　　그리피스의 경우에는 대중적 인기를 끄는 영화들이 종종 활용
하는, 그리고 스스로도 거기서 완전히 자유롭다고는 할 수 없는(그림
13) 관습을 비꼬려는 의도에서 이 말을 했던 것 같다. 대중적 욕망에
대한 냉소의 뜻이 담겨 있는 셈이다. 반면에 고다르는 그러한 욕망이
어떤 영화적 선택에 '규칙'의 지위를 부여할 수 있을 만큼 효과적이
고 강력한 것이라면 간단히 무시할 수는 없다고 본다. 브레송과 마찬
가지로 고다르에게 있어서도 이미지의 가치는 무엇보다 교환가치다.
가장 기본적인 수준에서 영화가 이러한 교환을 실현하는 방식은 프

그림 13. 그리피스의 《보이지 않는 적》

레임 내 사물들의 배치를 통해서거나 혹은 몽타주를 통해 이뤄진다. 다만 여기서의 교환이란 결코 무작위적으로 이루어지는 것이어서는 안 된다. 이때 특정한 양식의 교환을 정당화하는 것이 바로 욕망이다. 당연하게도, 여자와 총의 결합이 어떤 감정을 환기하는 것은 그것들 이외의 다른 요소들이나 결합들과의 특수한 관계 속에서만 가능하다. 고다르가 궁금해하는 것은 바로 이 특수한 관계, 그리고 이를 정당화하는 욕망의 정체다. 그를 불안하게 하는 것은 이처럼 특수한 관계의 성립이 가능했던 시기가 이제는 아예 지나가 버린 것일 수도 있다는 자각이다.

　물론 그가 처음부터 이런 자각을 갖고 있었던 것 같지는 않다. 오히려 자신의 영화 속에서 여자와 총의 결합을 다양한 방식으로 변주해 보는 가운데(그림 14) 그 불가능성을 점차 자각하게 되었을 것이다. 오토 프레민저의 1959년 작품 《살인의 해부》에 나오는 "팬티는 항상 입으시나요?" 같은 대사는 개봉 당시엔 물의를 일으키기 충분했겠지만, 그 이듬해, 벌거벗은 여자가 샤워 중에 난도질을 당하는

그림 14. 《원 플러스 원》 촬영 현장의
안느 비아젬스키

광경이 주류 영화의 스크린에 등장하고 불과 몇 년이 지나지 않아 그런 대사는 겉멋 든 청춘들의 진부한 대화 속에나 자리 잡게 되는 것처럼 말이다. 역사적으로 숱한 영화에서 이루어진 여자와 총의 결합 사례 각각을 푸코적 의미에서 언표(énoncé)와 유사한 것이라 보고, 여기서 그의 다음과 같은 분석을 떠올려 봐도 좋겠다. "'지구는 둥글다'라는 판단은, 또는 '종은 진화한다'라는 판단은 코페르니쿠스 이전과 이후, 다윈 이전과 이후에 있어 동일한 언표를 구성하지 않는다. 이는 그와 같이 단순한 언어표현들에 있어 단어들의 의미가 변화했음을 뜻하지 않는다. 변화된 것, 그것은 다른 명제들에 대한 이 판단들의 관계이며 (…) 풀어야 할 문제들의 장이다. '꿈은 욕구를 실현한다'라는 어구는 수 세기 동안 반복될 수 있었다. 그것은 플라톤과 프로이트에게 동일한 언표가 아니다."[47]

《네 멋대로 해라》가 발표된 1960년을 전후해서, 영화적 언표들을 둘러싼 장은 분명 돌이킬 수 없이 달라졌다. 이는 영화가 관객과 맺는 관계가 근본적으로 달라지기 시작했다는 뜻도 된다. 이러한 변화가 고다르의 작품을 비롯해 알랭 레네의 《히로시마 내 사랑》과 미켈란젤로 안토니오니의 《정사》 같은 유럽의 예술영화나 존 카사베테스의 《그림자들》 같은 미국의 독립영화를 통해 촉발되었다고 생각하면 커다란 오산이다. 이들 영화는 어떤 변화를 초래한 것이 아니라 이미 진행 중이었던 변화의 징후를 조금 더 예민하게 감지해냈을 뿐이다. 가장 예민한 이들은 따로 있었다고 말해야 옳다.《나, 흑인》의 (인류학자) 장 루슈나《풀 마이 데이지》의 (사진작가) 로버트 프랭크처럼 사실과 허구라는 개념 자체를 위태롭게 하는 스크린적 존재의 가능성⁴⁸을 포착하려 한 영화의 외부인들이 우선 떠오른다. 미국에서는 히치콕의《사이코》, 풀러의《진홍색 기모노》그리고 제리 루이스의《레이디스 맨》등에서 대담하게 표명된 과격한 상스러움의 전복적 함의가 당시에는 거의 포착되지 못했던 것 같다.

다시《자니 기타》로 돌아가 보자. 앞서 예시한 비엔나와 자니의 대화 장면은 단순하게 둘의 얼굴을 번갈아 보여주는 숏/역숏 구조(그림 15)로 되어 있다. 이 대화 장면을 이루는 숏들의 특징은 사실 별다른 특징이 없다는 데 있다. 그러니까 영화관에서 이 장면을 실제로 보고 있노라면 누구라도 느낄 법한 정동의 강렬함은 이미지 자체의 표현성에서 기인하는 것이 아니다. 배우들의 연기 또한 그다지 특별할 것이 없다. 흔들림 없이 상대방의 얼굴에 고정된 시선과 꽉 다문 입술이 강인한 느낌을 자아내고 있기는 하지만 표현력이 높은 연기를 구사하고 있다고 말하기는 힘들다. 사정이 이렇다 보니 크로포드와 헤이든의 모습을 담은 각각의 숏은 두 배우의 외양의 차이 정도를 제외하면 거의 같다고 할 수 있을 정도다. 그들이 주고받는 대화 또한 '나'와 '너'의 자리를 바꿔가며 같은 말이 반복되는 것에 지나지 않는다. 달리 말하자면, 역량 없는 이미지는 곧 교환 가능한 이미지다.

그런데 아무런 역량도 없는 이미지들 간에 이루어지는 등가 교환이 어떻게 의미나 가치를 산출해낼 수 있을 것인가? 이러한 교환은 아무리 거듭해서(A-B-A-B-A-B…) 수행해도, 또는 교환의 대상을 계속 바꿔가며(A-B-A-C-A-D…) 수행해도 결코 의미나 가치를 산출해내지 못할 것처럼 보인다. 마르크스는 자기 증식하는 가치에 대한 논의는 응당 등가적인 것들의 교환에서 출발해야 한다고 단언했

그림 15.《자니 기타》

다. 이는 역량 없는 이미지에 기초해 몽타주를 다시 탈구축하고자 하
는 고다르적 기획에도 무척이나 잘 어울리는 입장이다. 하지만 이것
만으로는 불충분하다. 가치의 변화나 증식을 설명하기 위해서는 반
드시 또 하나의 요인을 고려해야 한다는 마르크스의 지적을 우리는
간과해서는 안 된다.[49] 주지하다시피, 그는 자본에 있어서 그러한 요
인은 바로 노동이라고 생각했다. 그런데 영화의 경우 숏/역숏과 같
은 고전적 데쿠파주에서 의미의 산출과 관련된 또 하나의 요인이 무
엇인가라는 물음은 여전히 남는다. 이러한 물음에 마주쳤을 때, 이미
지 또한 결국 인간적 노동의 산물이라거나 이미지란 곧 자본이 전환
된 모습이라는 식으로 편리하게 피상적으로 답변해서는 안 된다. 게
다가 이런 답변은 사실과도 거리가 멀다. 기 드보르는 "스펙터클은
하나의 이미지가 될 정도로 축적된 자본"이라고 단언하면서도 "스펙
터클은 이미지들의 집합이 아니라 이미지들에 의해 매개된 사람들
간의 사회적 관계"임을 동시에 주목했다.[50] 이미지는 자본＝스펙터
클의 화신인가 싶으면 매개물로 비치고, 자본＝스펙터클의 매개물인
가 싶으면 화신으로 나타난다. 우리가 이미지 자체를 통해 자본＝스
펙터클을 붙들 수 없는 것은 바로 이 때문이다.

　더불어 우리는 "사물은 그 자체로 있는 것이 아니기 때문에 교
환될 수 있고, 따라서 비교될 수 있으며 양화될 수 있다. 또 그래서 자

신의 자기동일성 자체를 이미 잃어버리고 돈에 반영될 수 있다"고
한 에마뉘엘 레비나스의 말 또한 이미지와 관련해 곱씹어 보아야 한
다.[51] *영화적 이미지는 사건적 언표이지 사물이 아니다.* 사건적 언표
로서의 영화적 이미지는 푸코가 『지식의 고고학』에서 잠정적으로 시
도해본 언표(énoncé)와 언표행위(énonciation) 간의 구분을 교란시
킨다. 그 "물질성에도 불구하고 반복될 수 있는"[52] 언표와 마찬가지
로 영화적 이미지 또한 반복될 수 있다. (예컨대, 우리는 기존의 영화
에서 발췌한 영상 클립을 가져다 새로운 작품을 만들 때 활용할 수 있
다) 그런데 영화적 이미지는 분명 언표이면서도 "결코 반복될 수 없
는 하나의 사건"[53]으로서의 언표행위적인 특성을 띠기에 언제나 단
독적(singular)이다. (영화적 이미지의 '어휘집' 같은 것을 만들 수 없
는 것은 바로 이 때문이다) 어떤 역량도 없고 특권적이랄 것도 없는
영화적 이미지라 해도 말이다. 따라서 영화적 이미지는 교환의 회로
로 들어간다 해도 사물처럼 자기동일성 자체를 잃어버리면서 그리
될 수는 없다. 그렇다면 역량 없는 단독성의 영화적 이미지들이 교환
되는 가운데 의미나 가치가 생성되는 것을 가능케 하는 요인은 과연
무엇인가? 아무래도 우리는 다른 후보를 찾아보아야 할 것 같다.

아무것도 말하지 않는 얼굴

고려할 만한 후보들 가운데 가장 유력한 것은 다름 아닌 인간의 얼굴
이다. 역량 없는 이미지의 병치를 통해서도 의미의 생성이 가능함을
보여준 첫 역사적 사례로 꼽히곤 하는 쿨레쇼프의 실험을 떠올려 보

자. 여기서 쿨레쇼프는 하나의 얼굴 이미지를 고정점으로 삼고 있다. 잘 알려져 있다시피, 쿨레쇼프는 배우 이반 일리치 모주킨의 무표정한 얼굴 이미지를 수프 그릇, 관 속의 소녀, 소파 위의 여인의 이미지와 번갈아 보여주었다. 그런데 이 이미지들은 쿨레쇼프가 직접 촬영한 것이 아니라 러시아 혁명 이전 제정기에 만들어진 영화 필름들에서 잘라낸 것이었다. (혁명이 일어나자 모주킨은 크림반도로 몸을 피했다가 이내 프랑스로 망명했다) 즉, 혁명 직후인 1918년에 수행된 쿨레쇼프의 실험은 부정적인 과거로부터 물려받은 유산들을 깡그리 폐기하기보다는 탈맥락화·재맥락화 과정을 거쳐 갱신하고자 한 혁명적 노선에 상응하는 것이었다.

달리 말하자면, 쿨레쇼프의 실험은 사물, 사물화된 몸으로서의 시체, 그리고 살아있는 몸의 이미지를 하나의 얼굴 이미지와 차례로 교차시키는 방식으로 진행됐다. 우리는 이 실험에 다음과 같이 의문을 제기할 수 있다. 여기서는 '얼굴 그리고 X' 형식으로 이미지를 결합하면 '얼굴의 주인이 X를 본다'고 하는 의미가 자연스레 산출되리라는 가정이 미리 전제되어 있지 않은가? '전설'에 따르면, 쿨레쇼프의 실험에 참여한 관객들은 모주킨의 얼굴과 병치되는 이미지가 무엇이냐에 따라 허기, 슬픔, 욕망을 느꼈다고 한다.[54] 쿨레쇼프의 실험은 얼굴을 고정점으로 특권화함으로써 '보기'를 특권화하고, '보기'의 대상을 특정한 감정과 단순하게 일대일 대응(음식을 보니 배고프다, 시체를 보니 슬프다, 여자를 보니 끌린다)시키는 과정에 입각해 있다. 이처럼 '보기를 통해 느끼는' 관객으로 상정된 이들이 서구의 성인 백인 남성이라는 점은 굳이 강조할 필요도 없겠다. '보기'를 작동시키는 쿨레쇼프의 몽타주는 사실상 그리피스의 총에 상응한다. 고전영화가 이처럼 보기를 특권화·정당화하는 욕망을 자명한 것으로 받아들임으로써 지탱되는 체제라면, 현대영화는 이러한 욕망의 자명성이 해체되어가는 데 대한 반응이라고 생각해 볼 수도 있다. 현대영화는 대략 1950년대 무렵부터 본격화되었다고 할 수 있는데, 이 시기에 구로사와 아키라의 《라쇼몽》이나 사트야지트 레이의 《길의 노래》 등을 통해 새삼 아시아 영화가 '발견'되는가 하면 영화산업에서 배우로 자리잡은 여성들에게 드물게나마 감독으로서 연출할 기회가 주어진 것(아이다 루피노와 다나카 기누요)도 우연이 아니다.

이쯤에서 쿨레쇼프의 교훈이란 어떤 것이었는지 되짚어 보기로 하자. 이 교훈이 곧바로 오늘날의 우리를 위한 교훈은 될 수 없다는 점을 명심하면서 말이다. 쿨레쇼프의 실험이 당대와 후대의 영화인들에게 준 교훈이 있다면 이런 것이리라. 만일 몽타주를 통해 감정을 유발하는 일이 가능하다면, 무표정한 이반 모주킨의 그것처럼 아무것도 말하지 않는 얼굴이야말로 사실 무엇이든 말할 수 있는 얼굴이다. 다시 말해서, 얼굴 이미지의 경우에는 역량 없음이야말로 최고의 역량이다. 좀처럼 내면을 드러내지 않는 얼굴, 보다 바람직하게는 아예 내면이란 것이 없는 얼굴이야말로 영화에 가장 어울리는 얼굴이다. 쿨레쇼프가 자못 실증적인 실험을 통해 입증하려 했던 역량 없는 얼굴의 역량은 무성영화 시기의 위대한 배우들에게 있어서는 경험칙이나 다름없는 것이기도 했다. 이러한 경험칙이 영화 전편에 걸쳐 관철되는 경우는 정작 매우 드물었지만, 그 효능에 대한 믿음은 적어도 할리우드에서는 1950년대 중반 무렵까지 꽤 확고한 채로 남아 있었다. 그래서 히치콕은 《자니 기타》와 같은 해에 개봉된 영화인 《이창》이 쿨레쇼프의 교훈을 따른 "영화적 아이디어의 가장 순수한 표현"이라고 주장할 수 있었다.✦

✦   여기에는 배우 제임스 스튜어트의 얼굴이 그 자체로 중립적이라는 가정이 암암리에 전제되어 있다. 앞서 지적한 대로, 제임스 스튜어트 같은 백인 남성의 얼굴 이미지가 중립적이라는 가정은 그 자체로 문제적이다.

[쿨레쇼프의 실험에서 배우의] 얼굴은 완전히 동일한 것이
었습니다. 같은 방식으로 [《이창》에서] 창을 통해 밧줄에
매달린 바구니에 강아지가 담겨 내려오는 것을 스튜어트가
바라보는 장면을 생각해봅시다. 스튜어트의 얼굴에는 잔잔
한 미소가 떠오릅니다. 그러나 강아지 대신 열린 창 앞에서
반라의 소녀가 체조하는 것을 보면서 역시 스튜어트가 미소
짓는 것을 보게 됩니다. 이때 그는 추한 늙은이라고 해야겠
지요.[55]

　　1950년대 무렵부터 할리우드는 아무런 역량도 없는 얼굴의 역량
을 가능케 했던 내면의 부재로부터 본격적으로 거리를 두기 시작한
다. 이러한 경향을 대표하는 것이 이른바 메소드 연기의 산실로 잘 알
려진 액터스 스튜디오(Actors Studio)다. 이곳에서 배우들이 훈련받
은 연기 양식은 한국에서는 흔히 '내면 연기'라 부르는 유형에 속한다.
질 들뢰즈는 액터스 스튜디오와 더불어 "배우는 결코 중립적이지 않
고 결코 정적이지도 않다"는 것이 명백해졌으며 이곳에서 개발한 연
기의 규칙들은 비단 연기의 영역만이 아니라 "영화의 구상과 전개, 프
레이밍, 데쿠파주 그리고 몽타주에도 적용되는" 것이 되었음을 지적
한다. 관객은 이제 배우들이 특별히 격렬한 연기를 행하고 있지 않을
때조차 그들 속에 "내면화된 상황의 긴장"을 보게 된다.[56] 들뢰즈에
따르면 "액터스 스튜디오의 규칙은 이런 것이다. 오직 내면만이 중요
하다."[57] 《이유 없는 반항》에서 제임스 딘이 보여준 액터스 스튜디오
풍의 연기를, 그보다 일 년 전에 《자니 기타》에서 크로포드―그녀는
무성영화 시기에 데뷔해 1970년대 초반까지 활동했다―와 헤이든이
보여준 고전적 연기와 비교해 보면 차이가 현저히 보일 것이다.
　　장편영화 감독으로 데뷔할 무렵, 고다르는 영화에서 얼굴의 기

능이 변화하고 있다는 점을 누구보다 민감하게 의식하고 있었다. 고다르가 액터스 스튜디오 풍의 연기에 반감을 품고 있었으리라 추정해볼 수도 있다. 그는 이것이 단지 연기 '메소드'만의 문제가 아니라 들뢰즈가 지적한 대로 영화 '시스템'과 결부된 문제[58]라는 것을 직감했던 것 같다.[59] 영화의 얼굴들이 지나치게 많은 것을 말하기 시작하면서 얼굴 이미지가 다른 이미지와 관계함으로써 생성할 수 있는 의미의 폭이 현저히 좁아진다. 더불어, 내면적인 것의 지표가 되지 못하는 비(非)표현적인 얼굴이나 반(反)표현적인 얼굴은 불길한 대상으로 취급되기 시작한다.

1959년에 발표된 새뮤얼 풀러의 《진홍색 기모노(The Crimson Kimono)》는 이 무렵에 본격적으로 심화된 영화적 얼굴의 표현성에 대한 의문을 강렬하게 서사화하고 있는 작품이다. 이것은 같은 해에 발표된 카사베테스의 《그림자들》만큼이나 중요한 미국영화이며, 얼굴에 대한 탐구라는 점에서는 카사베테스의 또 다른 대표작인 《얼굴들》을 능가한다. 절친한 동료인 두 형사는 한 명의 여자로 인해 관계가 틀어지게 된다. 아시아계인 조는 백인 형사 찰리에게 그가 사귀고 있는 크리스틴이라는 여자와 자신이 사랑에 빠졌음을 고백한다. 이에 찰리는 무표정하게 "그 여자와 결혼하고 싶다는 뜻이야?"라고 묻는다. 그러자 조는 돌연 "내가 백인이었다면 그렇게 말하지 않았겠지!"라고 말하며 화를 내는데, 어이없어하는 찰리에게 "네 얼굴에 다 드러나!"라고 쏘아붙인다. "그 여자와 결혼하고 싶다는 뜻이야?"라고 말할 때 클로즈업으로 포착된 찰리의 얼굴(그림 16)을 보라. 사실 이 얼굴은 아무것도 말하지 않고 있는 것처럼 보인다. (적어도 내게는 그렇게 보인다) 정작 찰리의 말과 얼굴에 해석을 부여하는 것은 "그녀를 내게 빼앗겼다는 것 때문에 화가 난 거잖아!"라고 단정하는 조의 말과 얼굴이다.

그림 16. 《진홍색 기모노》

흥미롭게도 《진홍색 기모노》의 개봉용 포스터(그림 17)는 일방적이고 독단적인 조의 해석과 공명하는 홍보 문구를 통해 백인 남성 관객의 자학적인 성적 판타지에 호소하고 있는데, 이런 도착적 판타지는 기실 풀러의 영화 자체와는 한참이나 동떨어져 있다. 이 영화에서 풀러는 스스럼없이 자기를 드러내는 백인과 속을 알 수 없는 신비한 표정의 아시아인이라는 할리우드적 스테레오 타입—졸렬한 사례들은 차치하고, 이러한 스테레오 타입이 무척 흥미롭게 활용된 예로는 프랭크 카프라의 덜 알려진 걸작 《옌 장군의 쓰디쓴 차》가 있다—을 간단히 교란하고 있다. 《진홍색 기모노》에서 표현적이지 않은 얼굴에 대한 미국적 불안을 대변하는 인물은 백인인 찰리가 아니라 아시아계인 조다. 아무것도 말하지 않는 얼굴이 가능할 리 없다, 그것은 무언가를 감추고 있는 음험한 얼굴이다, 무표정은 바로 그 음험함의 지표다 등등… 1950년대 할리우드에서는 얼굴의 의미와 관련해 일대 전도가 일어나게 된다. *가시적인 표현을 통해 내면을 고백하는 것이야말로 얼굴의 기능이자 규범이 된다.* 인간들이 감정 없는 외계 생명체들에게 차례로 신체를 빼앗기게 되는 과정을 그린 돈 시

그림 17. 《진홍색 기모노》의 포스터

겔의 《신체 강탈자들의 침입》은 이러한 전도가 대대적으로 진행되던 1950년대에 무표정을 직접적으로 공포와 결부시킨 흥미로운 사례들 가운데 하나다.[60] 이 영화는 냉전기 미국 사회의 분위기가 반영된 전형적인 SF 가운데 하나로 간주되기도 하지만, 그런 측면은 오히려 부수적인 사안에 지나지 않는다.

《진홍색 기모노》의 결말부에서 조는 찰리에게 자신의 오해에 대해 사과한다. 이때 풀러는 찰리의 무표정한 얼굴과 쩔쩔매고 있음이 완연히 드러나는 조의 표현적 얼굴을 노골적으로 대비시킨다(그림 18). 찰리와 대면하기 직전에 조는 오해로 인해 살인을 저지른 여인으로부터 고백을 듣고 온 참이다. 그녀의 살인 또한 얼굴과 표정에 대한 오독 및 과잉 독해와 관련되어 있다. 이 여인은 다음과 같이 고백한다. "(…) 그녀의 몸매를 보니 죽을 것 같았어요. 그래서 죽였어요. 하지만 내가 틀린 거였어요. 완전히 틀렸어요. 그는 그녀를 쳐다본 적도 없었어요. 심지어 그는 그녀와 스친 적도 없었다고요. 다 내 생각일 뿐이었어요. 내가 그를 불쾌하게 한다고 생각했죠." 풀러가 이 고백 장면을 연출한 방식은 진정 소름 끼친다. 그녀의 고백을 듣는 동안 우리는 그녀의 얼굴은 물론이고 그녀 주위에 모여든 군중들의 무표정한 얼굴들과 가면들(그림 19)을 계속해서 보게 된다. (《네 멋대로 해라》의 결말은 풀러가 창조해 낸 이 강력한 장면과 기묘하게 공명하고 있다)

그림 18.《진홍색 기모노》

그림 19.《진홍색 기모노》

　　아무것도 말하지 않는 무표정한 얼굴은 이제 순전히 공포의 대
상이 된다. 조는 찰리에게 "그녀는 그의 얼굴에서 자기가 보고 싶은
것을 보았을 뿐이야"라고 말한다. 하지만 그 또한 찰리의 얼굴에서
자신이 보고 싶은 것만을 보고 비난을 가하지 않았던가? 저 말을 하
는 순간 이를 깨닫게 된 조는 자신이 지금 느끼는 기분을 어떻게 말
해야 할지 모르겠다고 토로한다. 그러자 찰리는 "그럴 필요 없어, 네
얼굴에 다 드러나"라고 건조하게 말하며 이전에 조에게 들었던 말을
고스란히 되돌려주는 것으로 앙갚음한다. 여기서 찰리의 얼굴은 조
에게 비난을 받던 당시(그림 16)와 마찬가지로, 또는 그보다 더 무표
정하지만, 표현적이기 이를 데 없는 조의 얼굴은 당혹스러움을 여실
히 내비치고 있다. 찰리의 얼굴이 여타 영화적 요소들과의 관계 속에
서만 의미화되는 이미지라면, 조의 얼굴은 그 자체로 의미를 표명하
(려 드)는 이미지다. "네 얼굴에 다 드러나"라는 말은 전자의 얼굴에
대해서는 거짓이지만 후자의 얼굴에 대해서는 진실이다. 아무것도
말하지 않는 얼굴과 모든 것을 말하는 얼굴. 1950년대의 할리우드는
한때 진정 영화적인 얼굴로 승인되었던 전자의 얼굴을 견디기 힘들
고 소름 끼치는 무엇으로 전도시켰다. 《진홍색 기모노》는 이처럼 성
격을 달리하는 두 종류의 얼굴 이미지들이 펼쳐 보이는 치열한 경합
의 광경을 강렬하게 서사화한 작품이다.[61]

　　그런데 우리는 이 영화를 전혀 다른 방식으로 볼 수도 있다. 지금
까지 나는 조라는 인물이 모종의 부정성을 대표하는 인물이기라도
한 것처럼 말해 왔다. 이는 분명 잘못이다. 욕망이 없는 주체에게 얼
굴은 의미화되지 않는다는 것을 우리에게 가르쳐 주는 인물은 다름
아닌 조다. 크리스틴을 향한 조의 욕망은 그로 하여금 자신이 대면하
는 얼굴들을 적극적으로 의미화하게끔 하는 가장 강력한 동인이다.
그에게 살인을 고백한 여인의 경우도 마찬가지다. 찰리의 얼굴이 지

닌 역량이란 그것과 연관되는 것이 무엇이냐에 따라 여러 의미를 생성할 수 있는 역량 없음의 역량임은 앞서 지적한 바와 같다. 하지만 의미의 생성은 욕망 없이 이루어지지 않는다. 이런 점에서 조는 이미지가 특정한 방식으로 교환되는 것을 정당화하거나 이미지에 의미를 부여할 수도 있었던 '욕망하는 관객'을 대변하는 인물이다. 변화를 꼭 부정적으로만 볼 필요는 없다. 욕망의 동질성으로 하나가 되는 대중적 관객성(고전영화의 관객성)을 포기한 대가로, 각자가 나름의 방식으로 이미지를 대하는 다중적 관객성(현대영화의 관객성)에 대한 상상이 가능해진 것 또한 사실이기 때문이다.✦

평론가로 활동하던 무렵부터 이미 고다르는 영화와 고전적인 방식으로 연결된 욕망의 관객성이 사라져가고 있다고 느꼈을 뿐 아니라 그 소멸의 징후가 영화적 인물들과 그들의 얼굴마저도 변형시키고 있음을 감지했던 것 같다. 하지만 고다르는 결코 퇴행적으로 사고하지 않는다. 우리가 그에게서 배워야 하는 점은 바로 이것이다. 그는 단순히 고전적 관객성을 회복하려 들기보다는 영화적 몽타주를 가능케 하는 새로운 종류의 얼굴을 찾아 나선다. 쿨레쇼프적으로 편집에만 의거해 의미와 가치를 산출해내는 무표정한 얼굴도 아니고, 그 자체만으로 내면의 긴장을 표현해내는 메소드 연기의 얼굴도 아닌 그런 얼굴을 말이다. 무성영화 시기 익살광대극(burlesque)의 계보를 이은 거의 유일한 현대영화 작가라고 해도 좋을 제리 루이스에 대한 그의 열광과 존경 — 건물 내부를 인형의 집처럼 속속들이 보여주는 《레이디스 맨》(그림 20)의 세트를 참조한 《만사형통》은 물론이고, 고다르 자신이 직접 루이스풍의 얼굴과 몸짓을 시연해 보이는

✦   역사적인 관점에서 냉정히 말하자면, 이런 관객성에 대한 상상이 가능해지기는 했지만 1970년대부터 블록버스터 중심으로 재편된 영화산업은 이를 재빠르게 소비자-관객성으로 대체하였다.

그림 20. 《레이디스 맨》

《리어왕》과 《오른쪽에 주의하라》[62]까지 ― 은 어쩌면 이와 관련된 것인지도 모른다. 왜냐하면 제리 루이스의 얼굴은 내면을 드러내고 표현하는 것이 아니라 《레이디스 맨》의 집처럼 언제나 외부화되어 있는 내면 자체이기 때문이다.

여러 사례를 꼽을 수 있겠지만, 루이스가 연출과 주연을 겸한 작품들 가운데 1964년에 개봉된 《놀림감(The Patsy)》에는 욕망과 얼굴 이미지의 관계를 간결하고도 날카롭게 보여주는 우스꽝스러운 장면이 있다. 유명한 코미디언이 사고로 갑작스레 세상을 뜨자 그의 활동을 관리하던 이들은 호텔의 어리숙한 사환인 스탠리(제리 루이스)에게 그의 자리를 대신할 것을 제안한다. 그들 가운데 하나가 "스탠리, 우리가 부정직한 이들로 보이나?"라고 묻자 그는 먼저 자기 앞에 모인 남자들의 얼굴을 하나씩 살펴본다(그림 21). 이내 그는 가까이에서 한 여자가 자기를 보고 있음을 알게 된다(그림 22). 각각의 경우 루이스의 얼굴이 어떻게 달라지는지 우리는 금방 알아차릴 수 있다. 흡사 수기(手旗)와도 같은 그의 얼굴은 감정의 표현이 아니라 감정의 신호다. 이 얼굴은 결코 무표정한 것은 아니지만 메소드 연기의 그것

그림 21.《놀림감》

그림 22. 《놀림감》

그림 23. 제리 루이스와 이나 발린의 얼굴을 실제 영화에서와는 다른 방식으로 병치한 예

처럼 그 자체로 의미를 함축하고 있는 얼굴은 아니다. 즉, 그 자체로
만은 결코 의미화되지 않는다. 이러한 얼굴의 의미는 그것과 병치된
다른 얼굴 이미지들과의 관계 속에서만 온전히 파악될 수 있다. 이는
간단한 실험(그림 23)을 통해 확인해볼 수 있다.

　앞서 우리는 고다르에게 특징적인 역량과 유령의 변증법이 영
화적 이미지와 관련해서는 미장센과 몽타주의 변증법이라는 형태를
띠고 나타남을 살펴보았다. 고다르가 얼굴에 접근하는 방식 또한 이
와 유사하다. 1960년대 초·중반의 고다르 영화에서 주요 역할을 맡
은 안나 카리나의 얼굴은 지극히 수기적인 루이스의 얼굴과 마찬가
지로 내면을 드러내고 표현하는 것이 아니라 언제나 외부화되어 있
는 내면 자체다. 고다르 자신이 이를 분명히 의식하고 있었음은 미셸
쉬보르가 카리나의 얼굴 사진을 촬영하는 장면 하나에만 상영시간
의 1/9 정도를 할애해 버린《작은 병정》+에서 이미 잘 드러난다. 쉬
보르가 그녀의 사진을 찍으면서 던지는 "얼굴을 찍을 때는 (…) 그 뒤
의 영혼을 찍는 거죠"라는 대사를 상투적인 방식으로 오해해서는 곤
란하다. 고다르에 있어서라면 이는 얼굴이 영혼의 창이나 거울이라
는 뜻이 결코 아니다. 이는 얼굴이 곧 영혼이라는 단언이다. 그런데
얼굴이 곧 영혼이라는 말은 얼굴 이면에는 그저 아무것도 없다는 뜻
이다. 바로 그렇기 때문에 얼굴을 찍는 일이 곧 영혼을 찍는 일이 될
수 있다. 카메라 앞에 선 존재에게는 도리언 그레이의 경우처럼 영혼
의 초상화가 따로 숨겨진 밀실 같은 것이 허락되지 않는다.

　그 이면에 아무것도 없는 얼굴, 언제나 외부화되어 있는 내면으
로서의 얼굴, 그럼으로써 영혼 자체가 되는 얼굴, 이러한 얼굴이 현

✦　대부분 이 장면에서 발췌한 얼굴 사진들로만 구성한 포스터(그림 24)도 있다. 이것은
누드 장면을 이유로《네 멋대로 해라》에 출연하길 거절했던 카리나가 처음으로 등장한 고다
르 영화다.

그림 24.《작은 병정》포스터

대영화의 도래와 더불어 갑자기 발명되었다고 한다면 터무니없는 과장일 터다. 고다르 또한 '얼굴을 찍음으로써 영혼을 찍은' 한 편의 무성영화에서 그 모델을 발견한다. 이미 짐작했겠지만, 그것은 드레이어의《잔다르크의 수난》의 얼굴들, 특히 팔코네티의 얼굴이다. 드레이어와 마찬가지로 덴마크 출신인 카리나는《작은 병정》에서 베로니카 드레이어라는 이름으로 등장

한 데 이어,《비브르 사 비》에서는 아예 팔코네티와 면-대-면 몽타주의 관계에 놓이기에 이른다. 카리나가 연기한 매춘부 나나가 영화관을 찾아《잔다르크의 수난》을 보며 눈물을 흘리는 유명한 장면에서 말이다. 어떤 면에서 이 장면은《영화의 역사(들)》로 대표되는 고다르의 후기 경력에서 전면화될 작업 방식, 즉 무성영화 시기의 러시아인들이라면 '페레몽타주(перемонтаж)'[63]라고 불렀을 영화적 실천의 예다. 이 장면에서 고다르는 드레이어의 영화를 보는 나나를 묘사하고 있는 것이 아니라 카리나의 얼굴을 찍은 숏을 삽입해 드레이어의 영화를 재편집하는 중이라고 생각해보면 어떨까? 이러한 재편집의 이유가 카리나의 얼굴과 팔코네티의 얼굴의 등가성, 즉 교환 가능성을 가늠해 보기 위한 것이었다면? 과연 고다르다운 대담함이 엿보이는 실험이 아닐 수 없다.

《자니 기타》를 위한 변주:
첫 번째 변주와 두 번째 변주

이쯤에서 다시 돌아가 보자. 《자니 기타》의 '내게 거짓말을 해줘' 장면은 고다르를 사로잡은 동시에 그가 평생 붙들고 씨름하게 될 문제를 던져준 셈이다. 하나의 이미지일 뿐인 이미지들과 하나의 얼굴일 뿐인 얼굴들을 통해 어떻게 현대영화가 몽타주를 재정립할 수 있는가, 혹은 이것이 과연 가능한가라는 문제 말이다. 그는 이 문제와 씨름하기 위해 단지 무표정한 얼굴이 아니라 (제리 루이스의 그것처럼) 일종의 수기와 같은 얼굴을 영화에 재도입하지만 사실 이와 관련해서는 배우로서의 안나 카리나의 공이 훨씬 크다고 해야 옳겠다. 그녀 이전과 이후의 그 누구도 고다르 영화에 이러한 얼굴의 힘을 기입하지 못했다. 《네 멋대로 해라》의 마지막을 장식하는 진 세버그의 얼굴은 아무것도 숨기고 있지 않으면서 그 자체로는 아무것도 말하지 않는 얼굴이며 그럼으로써 몽타주의 가능성을 열어 놓는 얼굴이지만 결코 수기와 같은 얼굴은 아니다. 흔히 알려진 바와는 달리 이 마지막 숏에는 모호한 구석이라고는 전혀 없다. 우리가 여기서 보게 되는 것은 의미화되지 않은 채로 남은 하나의 얼굴일 뿐이다. 이 영화 전체가 바로 이 얼굴 하나를 회복하기 위해 만들어진 것이라고 해도 좋을 정도다. 하지만 이 영화는 현대영화가 실제로 이러한 얼굴을 통해 무엇을 할 수 있는가라는 물음에는 아무런 답변도 주지 못한다.

고다르는 오늘날에도 어선히 얼굴의 문제에 사로잡혀 있는 것 같다. 《카이에 뒤 시네마》 2019년 10월호에 실린 장문의 인터뷰에는 그가 브뤼노 뒤몽의 《잔다르크》 2부작[+]에 출연한 리즈 르플라 프 뤼돔의 얼굴에 대해 언급하는 부분이 있다.[64] 그는 그녀의 얼굴이 담 긴 두 장의 사진(그림 25)을 제시하면서 두 사진에 담긴 프뤼돔의 얼 굴과 시선에 분명한 차이가 있음을 지적한다. 첫 번째 사진에서 그녀 는 허공을 바라보라는 지시에 따른 듯한 10살짜리 아이답게 우리로 선 알 수 없는 무언가를 그저 바라보고 있을 따름이지만, 두 번째 사 진에서는 이미 한 명의 배우로서 연기(표현)하고 있는 중임을 알 수 있다는 것이다. 이쯤 되면 영화적 이미지가 잔다르크의 얼굴과 맺는 관계에 대한 고다르의 집착은 유별나다고 해도 될 정도다. 드레이어 의 영화에 대해서 재차 언급할 필요는 없겠지만, 문득 《네 멋대로 해 라》의 진 세버그가 오토 프레민저의 《성녀 잔다르크》의 오디션을 통해 발탁된 배우라는 사실이 예사롭지 않게 느껴지기도 한다. 그녀 는 《성녀 잔다르크》에 이어 프레민저의 후속작 《슬픔이여 안녕》에 서도 주연을 맡았다. 고다르가 세버그의 얼굴에서 감지한 특성과 첫 번째 사진 속 프뤼돔의 얼굴에서 감지한 특성은 어쩌면 동질적인 것 은 아닐까?

　이제 고다르가 서로 다른 시기를 가로지르며 수행한 《자니 기 타》의 '내게 거짓말을 해줘' 장면에 대한 세 개의 변주 또는 '리메이 크'에 주목해 보려 한다. 《작은 병정》(1960)에서의 변주, 《영화의 역 사(들)》(1988~1998)에서의 변주, 그리고 마지막으로 《이미지의 책》 (2018)에서의 변주가 그것이다. 여기서는 앞의 두 변주만을 살펴보 고 마지막 변주는 이 책의 코다 부분에서 살펴보려 한다.

　《작은 병정》의 사례(그림 26)부터 보기로 하자. 브뤼노와 베로 니카가 전화로 이야기를 나누고 있다. 통화 도중 그는 그녀가 감시받

✦　2017년에 발표된 《잔다르크의 어린 시절(Jeannette, l'enfance de Jeanne d'Arc)》과 2019년에 발표된 《잔다르크(Jeanne)》

그림 25. 《잔다르크》

고 있음을 눈치챈다. 이에 그는 "내게 거짓말을 해줘. 내가 떠나도 상
관없다고 말해줘"라고 말한다. 그러자 베로니카는 "네가 떠나도 상
관없어. 난 너를 사랑하지 않아. 널 보러 브라질에 가지 않을 거야. 네
게 부드러운 입맞춤을 하지 않을 거야"라고 말한다. 《자니 기타》의
자니가 비엔나에게 그랬던 것과 마찬가지로 《작은 병정》의 브뤼노
는 베로니카에게 거짓말을 요구한다. 두 여자는 모두 남자들의 요구
를 따라 진술한다. 그런데 비엔나는 자니가 긍정문의 형식으로 요구
한 거짓말을 통해 참을 말하고 있다. 비엔나가 자신에 대한 사랑을
잃었다고 생각하는 자니에게는 그녀의 말이 억지로 내뱉는 거짓말
처럼 들리겠지만 말이다. 고다르가 흥미롭게 여기는 것은 바로 이 부
분이다. 대체 이 단순한 숏/역숏 편집을 따른 대화 장면의 무엇이 우
리로 하여금 두 인물의 속내와 감정을 추정하고 심지어 믿게 만드는

그림 26.《작은 병정》

것일까? 《작은 병정》에서 그가 이 장면을 '리메이크'하고 있는 중이라면 이는 모종의 감정과 믿음을 불러일으키는 고전적 데쿠파주 체제 전체의 지속 가능성을 타진해보기 위함이지 단지 '오마주'를 표하려는 것이 아니라고 봐야 한다. 이 장면을 시네필적 취향의 발로라고 보는 식의 독해는 우리 세기의 영화 경험에 아무것도 기여하지 못하는 속물근성이거나 과거를 향한 노스탤지어에 불과하다.

《작은 병정》을 통해 고다르가 우리에게 거는 내기는 다음과 같은 물음의 형식을 띤다. 비엔나는 자니가 긍정문의 형식으로 요구한 거짓말을 통해 참을 말하는 중이라면, 베로니카는 브뤼노가 부정문의 형식으로 요구한 거짓말을 통해 참을 말하고 있을까 아니면 거짓을 말하고 있을까? 달리 말하자면, 베로니카는 정말로 브뤼노를 사랑하지 않는 것일까 아니면 그녀 옆에 있는 감시자들을 속이기 위해 말로만 그런 것일까?

단순한 '리메이크'나 흔해 빠진 '오마주'라고 보기는 어려울 만큼 고다르는 《자니 기타》의 몇몇 요소들을 체계적으로 뒤틀고 있다. 비엔나와 자니가 서로의 얼굴을 보며 대화하고 있는 것과 달리 베로니카와 브뤼노는 전화로 이야기를 나누고 있다. 니콜라스 레이의 '고전적' 편집은 비엔나와 자니의 시선을 분명하게 일치시키고 있을 뿐아니라, 각각의 숏은 한 인물의 어깨 너머로 다른 인물을 포착하는 방식(over-the-shoulder)으로 촬영되어 분명하게 둘이 마주 보며 대화(혹은 대결)하고 있다는 인상을 준다. 반면에 고다르의 경우는 그렇지 않다. 고다르 또한 형식적으로는 분명히 숏/역숏 체제를 따르고 있다. 하지만 둘의 시선이 어긋나 있어 베로니카와 브뤼노는 어쩐지 서로에게 등을 돌리고 있는 듯한 인상을 준다. 숏/역숏이 아니라 역숏/숏 체제라고나 할까? 고다르는 비관습적이라기보다는 관습의 유효성을 부지런히 검증/반증하는 작가다. 이처럼 몇몇 관습적 요소들을 변형해보면 관람자에게 모종의 감정과 믿음을 불러일으키는데 (불)필요한 것이 과연 무엇인지를 시험할 수 있게 된다.

그렇다면 《작은 병정》의 고다르는 이러한 시험을 통해 숏/역숏 체제가 감정과 믿음의 형식으로서 현대영화에서도 운용 가능한지를 확인/부인하는 데 성공했던 것일까? 이에 대한 답변이 무엇이건 이처럼 숏/역숏 체제를 의문에 부치는 활동이 여하간 스파이 영화라는 장르적 테두리 안에서 벌어지고 있다는 사실이 주는 쾌감만은 여전하다. 이로써 숏/역숏 체제가 조금이라도 교란되면 얼마나 생경한 느낌으로 다가오는지를 오히려 더 잘 알 수 있게 된다. 고다르는 가치를 전복하는 사람이라기보다는 가치의 동요를 폭로하는 사람이다. (《네 멋대로 해라》에 카메오로 출연했을 때 그가 맡은 역할은 범죄자 미셸의 얼굴을 알아보고 경찰에게 고발하는 행인이었다)

이쯤에서, 이미지는 교환가치만을 지닌다고 보는 입장과 숏/역숏 체제의 가능성이라는 문제가 깊이 연관되어 있음을 통찰한 브레송의 단상 하나ㅡ이 단상은 고다르의 《영화의 역사(들)》에서 배우 줄리 델피를 통해 낭독된다ㅡ를 살펴보기로 하자.

> 그것만을 따로 떼어놓고 보았을 때 어떤 이미지가 [그 자체만으로도] 무언가를 명확하게 표현한다면, 그리고 그 이미

지가 [그 자체로] 해석을 포함하고 있다면, 그것은 다른 이
미지와 접촉하여 변형되지 못할 것이다. 다른 이미지는 이
이미지에 힘을 행사하지 못하고 이 이미지 또한 다른 이미지
에 힘을 행사하지 못할 것이다. [이렇게 되면] 숏도 역숏도
있을 수 없다.✝ 이런 이미지는 [그 자체로] 결정적이어서 시
네마토그래프 체제에서 활용할 수가 없다.⁶⁵

일견 시네필적인 인용이나 오마주로 가득한 작품처럼 보이는
《영화의 역사(들)》은 사실 20세기에 만들어진 온갖 영화적 이미지
를 어떻게든 중립적인 이미지로, 비결정적인 이미지로 바꿔보고자
하는 시도다. 여기서 고다르는 주로 역사적 정전들을 샘플링의 대상
으로 삼고 있다. 정전이란 그것이 역사화되는 과정에서 어느덧 그 자
체로 결정적인 것이 되어버린 작품이다. 간단한 예로 확인해보자. 만
일 레스터 제임스 페리에스의 1956년 작품《레카바》나 프라사나 비
타나게의 2003년 작품《팔월의 태양》같은 스리랑카 영화에서 일부
클립을 발췌해 제시한다면, 시네필이라 해도 대부분은 거기 담긴 인
물이나 사물이나 풍경을 무심히 바라보는 정도에 그칠 것이다. 각각
은 분명 스리랑카 영화의 중요한 국면을 대표하는 작품들이지만 말
이다. 혹은 미코 니스카넨이 1972년에 발표한《여덟 발의 총성(Eight
Deadly Shots)》은 어떨까? 오늘날 국제적으로 널리 알려진 핀란드
감독 아키 카우리스마키가 자국 영화 가운데 최고의 작품으로 꼽기
도 한 영화지만 사정은 페리에스나 비타나게의 경우와 그리 다르지

✝ 　원문은 'ni action ni réaction'이다. 사실 숏/역숏 체제를 나타내는 프랑스어 표현은
'champ/contre-champ'이다. 원문을 직역하면 '작용도 반작용도 없다'이지만 'reverse shot'
과 더불어 역숏을 뜻하는 영어 표현인 'reaction shot'에 대한 암시도 담겨 있다고 생각해 '숏
도 역숏도 있을 수 없다'로 옮겨 보았다.

않을 것이다. 반면 에이젠슈테인이나 히치콕의 영화에서 일부 클립을 발췌해 제시한다면 너도나도 서둘러 부지런히 기억의 창고를 뒤지기 시작할 것이다. 이런 감독들의 영화에서 발췌한 하나의 이미지는 그저 하나의 이미지가 아니라 그들의 영화를 떠올리게 하는 지표이자 시네필의 기본 소양을 인증하는 표식과도 같다. 그런데 다름 아닌 이런 이미지들이야말로 고다르가 어떻게든 다시 중립화해서 "다른 이미지와 접촉하여 변형"될 수 있는 비결정적인 이미지들로 바꿔놓으려 하는 것들이다. 이러한 회복의 노력 없이도 그 자체로 중립적이고 비결정적이라 할 수 있는 이미지들을 고다르가 대거 활용하기 시작한 것은《이미지의 책》에 이르러서다. '중앙 지역(la région centrale)'이라는 부제가 붙은 이 영화의 후반부는 여러 아랍 영화에서 발췌한 이미지들로 가득한데 이런 이미지들은 앞서 예로 든 페리에스나 비타나게, 니스카넨의 영화처럼 시네필들의 기억 속에 보편적으로 자리 잡지 못한 이미지들이라 할 수 있다. 그렇다면《이미지의 책》에서 아랍영화의 이미지들을 폭넓게 활용한 것은 서구적 시네필의 정전들과 단단히 묶여 있는 이미지들의 '갱생(revivre)'이란 역시 어렵다고 판단했기 때문일까?

끊임없이 계속해서 이미지를 비결정적이고 중립적으로 만드는 일이 중요한 이유는 그래야만 그것이 다른 이미지들과 교통 가능해지기 때문이다. 이것이야말로 고다르가 몇몇 영화들에서 발췌한 동일한 클립들을 거듭해서 작업에 다시 끌어들이는 이유다. 그걸 그의 게으름이나 안이함 때문이라고 생각해서는 곤란하다. 그렇다면 이미지의 비결정화와 중립화는 과연 어떻게 가능한가? 물론 망각을 통해서다. 제목만 듣고 쉬이 떠올리게 되는 것과는 달리《영화의 역사(들)》은 망각의 힘과 유용성을 타진하는 작업과 깊이 관련되어 있다. 영화의 한 부분에서 고다르는 "영화는 도피의 산업일 뿐인데 왜냐하

면 무엇보다 거기가 기억이 노예로 있는 유일한 장소이기 때문"이라
고 말한다. 그가 《자니 기타》의 "내게 거짓말을 해줘" 장면을 불러들
이는 것은 이 내레이션이 나오고 얼마 지나지 않아서다. 그런데 여기
서의 인용 방식은 《작은 병정》의 그것과는 사뭇 다르다.

이번에는 조운 크로포드와 스털링 헤이든의 목소리가 들릴 뿐
그들의 모습은 보이지 않는다. 즉, 여기서 고다르는 《자니 기타》 '내
게 거짓말을 해줘' 대화 장면의 어떤 이미지도 사용하지 않고 있다.
대신 이 대화 장면의 사운드트랙만을 발췌하고 히치콕의 《나는 고백
한다》, 브레송의 《소매치기》, 그리고 드레이어의 《글룸달의 신부》
등에서 발췌한 영상 클립들, 그리고 그 위로 떠오르는 텍스트들—
'침묵의 계율'+, '지옥은 그의 것'++, '행복의 추구', '돌아오지 않는 여
행'+++, '도망쳐!', '삶'++++—을 함께 결합하여 대단히 복잡한 몽타주를
구사하고 있다(그림 27). 《영화의 역사(들)》을 보는 동안 즉각적으
로 떠오르는 것은 아니라 할지라도 이렇게 살펴보면 각각의 재료들
이 어떻게 연계되는지 파악할 수 있다. 온스크린 텍스트들이 어울려
환기시키는 것이 오르페우스와 에우리디케의 신화임은 어렵지 않게
알아차릴 수 있다. 이와 함께 제시되는 이미지들은 사랑하는 연인들,
그들의 힘겨운 여정, 스틱스 강 등을 연상시킨다. 이러한 연상 작용은
관객이 그 이미지들의 출처를 알고 있느냐의 여부와는 무관하다. 오

+ la loi du silence. 알프레드 히치콕의 《나는 고백한다》의 프랑스어 제목.
++ l'enfer est à lui. 라울 월쉬의 《화이트 히트》의 프랑스어 제목.
+++ voyage sans retour. 테이 가넷의 1932년 작품인 《일방통행로(One Way Passage)》
와 존 패로우의 1950년 작품인 《위험한 여인(Where Danger Lives)》의 프랑스어 제목.
++++ sauve qui peut (la vie). 고다르 자신이 1980년에 내놓은 작품으로 국내에선 '할 수
있는 자가 구하라 (인생)'이라는 제목으로 알려져 있다. 지가 베르토프 집단 활동으로 대표되
는 정치적 시기를 거쳐 텔레비전용 비디오 작업 등에 전념하던 고다르가 영화계로 복귀해 만
든 극영화다. 《영화의 역사(들)》의 해당 부분에서 고다르는 '도망쳐!' 혹은 '재주껏 살아남아
라!'라는 뜻을 지닌 표현인 'sauve qui peut'와 삶을 뜻하는 'la vie'를 분리해 온스크린 텍스
트로 활용하고 있다.

그림 27. 《영화의 역사(들)》

히려 이미지들의 출처를 알고 있는 시네필 관객들은 '도망치는 것처럼 보이는 남녀'를 보는 대신 《나는 고백한다》의 플래시백'을 떠올리거나, '얼굴을 맞대고 싶어 하는 연인들'을 보는 대신 '《소매치기》의 결말'을 떠올려 버리기 십상인데 이로써 고다르의 작품이 제시하는 연상의 노선에서 이탈해버리게 된다. 온스크린 텍스트들 역시 마찬가지다. (물론 프랑스 관객에게 해당하는 것이겠지만) 해당 텍스트들을 보고 고전영화들의 제목임을 알아차리는 이들은 정작 이 제목들을 문자 그대로 받아들이면 쉽게 파악할 수 있는 의미를 놓칠 가능성이 오히려 크다.[+] 《영화의 역사(들)》과 같은 고다르의 작업은 때로 우리의 망각을, 그것도 아주 적극적이고 집요한 망각을 요청한다. 이 장의 앞부분에서 나는 고다르가 단지 영화감독이 아니라 이상적인 영화 관객의 모델이 되는 인물이라고 주장했다. 영화를 어떻게 볼 것인가? 이에 대한 고다르식의 답변은 다음과 같은 것이 아닐까? 스틱스 강을 건너 죽음으로까지 갔다가 돌아온 연인들만이 서로를 바라볼 수 있는 것처럼, 망각을 통해 이미지들의 비결정성과 중립성을 되찾은 이들만이 이미지들을 새로운 관계 속에서 바라볼 수 있다. 《영화의 역사(들)》에서 《자니 기타》의 대화 장면은 정확히 이러한 맥락에서, 그것도 오직 소리로만 인용되고 있는 것이다. 지금 이 순간, 적어도 지금 이 순간만큼은, 우리는 그들이 얼굴을 마주한 상태에서 대화하고 있다는 사실을 잊어야 한다. 이미 알고 있다 해도 반드시 잊어야 한다. 그래야만 그들이, 그리고 이미지들이 다시 교통할 수 있다.

[+] 《영화의 역사(들)》이 한국에서 영화제 등을 통해 상영될 때 해당 온스크린 텍스트들은 문자 그대로가 아니라 한국에서 익히 알려진 제목을 따라 번역되곤 했다. 즉 한국 관객들은 '나는 고백한다', '화이트 히트', '행복의 추구', '위험한 여인', '할 수 있는 자가 구하라(인생)' 라는 자막을 차례로 보게 되었던 것이다. 두말할 것 없이, 이런 식으로는 오르페우스와 에우리디케의 신화로 향하는 연상 작용이 일어날 리 만무하다.

제3장. 어떻게 영화하는가?

독신과 불신

저는 여전히 무신론자인데, 신 덕분이죠.
— 루이스 부뉴엘[1]

비평가가 예술을 그것의 부정으로 인도하는 것이
    사실이라면, 반대로 오로지 이 그림자 속에서만,
    이 죽음 속에서만 예술은 (예술에 대한 우리의
    미적 사유는) 스스로를 지탱하며 사실성을
    획득한다. 따라서 비평가는 결국 이반
    카라마조프의 대심문관과 닮았다고 할 수 있다.
    그는 기독교 세계의 실현을 위해, 그리스도가
    눈앞에 나타났을 때, 그를 부정해야 하는 인물이다.
— 조르조 아감벤,『내용 없는 인간』[2]

오늘날의 모든 예술은 영화의 조건을 열망한다.
— 톰 앤더슨[3]

에이젠슈테인, 강스의 위대한 선언들은 오늘날 얼마나
    낯설게 울리는가. 대중의 예술이자 새로운 사유인
    영화 속에 놓인 모든 희망을 우리는 박물관에
    모셔놓은 선언들처럼 간직하고 있다.
— 질 들뢰즈,『시네마 II: 시간-이미지』[4]

비평 없이 도래하는 예술은 없다. 하지만 사람들에게 비평가란 대개 증오의 대상이다. 배우이자 감독으로 활동한 에리히 폰 슈트로하임에게 붙여졌던 별명 ─ '기꺼이 미워해도 좋은 사람(the man you love to hate)' ─ 은 사실 비평가에게 걸맞은 것이다. 하지만 아무리 미워한다 해도 비평 없이 도래하는 예술은 없다. 모종의 미적 감흥을 불러일으키는 인간적 작위의 산물을 예술작품이라고들 부른다지만, 비평적 판단의 개입을 통한 선별 과정이 없다면 그것은 그저 자연물에 대비되는 범주로서의 인공물에 지나지 않는다. 그뿐인가? 일찍이 오스카 와일드가 지적했듯이, 비평적 정신(critical spirit)의 도움이 없으면 예술적 창조 자체가 불가능하다.[5] 비평적 정신은 비평가에게만 고유하게 속한 유별난 기능이 아니라 인공물 가운데서 예술적인 것을 감지하는 인간 누구에게나 있는 것이다. 와일드는 이러한 기능은 고대 그리스인들이 창안해 우리에게 물려준 것이라고 보았다. 그런데 누군가가 이러한 기능을 예민하게 발휘하려 들면 어김없이 미움을 사게 된다. 비평적 기능을 예민하게 발휘하는 일은 그러한 기능이 개개인 각자의 취향에 따른 상대적인 것이 아니라 단연 보편적인 것이라는 믿음을 강력하게 내세울 때, 오직 그럴 때만 가능하기 때문이다.

따라서, 취향에 대한 존중은 비평적 정신과는 결코 양립할 수 없다. 취향의 상대주의를 보여주는 전형적인 발화는 이런 식이다. '나는 A를 좋아하고 너는 B를 좋아하지.' 이 경우 발화의 주체는 상대방이 선호하는 것을 존중한다고 말하지만 실은 상관하지 않을 따름이다. 자본주의가 선호하는 다원적 소비에 걸맞은 냉소주의에 불과한 이런 태도가 오늘날에는 매너나 에티켓이 되었다. 이러한 태도를 견지하는 것은 음식이나 패션, 혹은 실내장식과 같은 영역에서는 분명 합리적이라 할 만하다. 하지만 예술과 관련해서는 어떠한가? '나는 이 작품이 좋은데 그는 생각이 달라요. 대신 그는 저 작품을 좋아

해요. 하지만 우린 서로의 취향을 존중하고 항상 생각을 나누는 친구죠.' 짐짓 유토피아적으로 들리기까지 하는 이런 식의 발화는 그저 광고의 언어로 말해진 것에 지나지 않는다.

비평은 선을 긋고 우열을 나누려 드는 불쾌한 작업이라고 여기는 세인들의 태도는 '대체로 사실에 근거한 편견'이라 해도 좋다. 사람들을 더더욱 불쾌하게 만드는 것은 그러한 작업이 임의적이고 상대적인 취향이 아니라 보편적인 판단에 입각해 있음을 수시로 표명하려 드는 비평의 오만이다. 이를 극단적으로 보여주는 사례라 할 보들레르는 「문학청년들에게 주는 충고」라는 글에서 자신의 이성적 판단을 신뢰하고 주먹이 단단한 사람이라면 혹평을 할 때 에두름이 없이 직설적이어야 한다고 역설하기까지 한다.[6] 실제로 보들레르 자신이 "동시대 사람들을 혹평하고, 다그치고, 모욕하는 일을 서슴지 않았다."[7] 주지하다시피, 근대적 의미에서의 비평(critique)은 어디까지나 칸트적 기획의 지평에 있는 것이고 칸트와 동시대인인 드니 디드로 같은 강렬한 정신을 통해 한껏 고양된 이후 19세기 서구에서 글쓰기의 한 영역으로 자리잡았다. 그런데 21세기가 된 지금, 비평은 터무니없이 낡아빠진 근대의 유산일 뿐이며 비평가란 사라져가고 있는 족속에 지나지 않는다. 영화의 경우, 오늘날 비평가라 불리는 이들은 종종 사교의 언어로 말한다. 형편없는 영화의 특별 시사회가 끝난 후 감독에게 다가가 건네는 공허한 덕담('영화 잘 봤어요. 대박 기원할게요!')과 다를 바 없는 언어로 말한다는 뜻이다. 수준이라는 문제는 차치하고라도, 사교의 언어로 말한다는 점에서 그들은 와일드나 보들레르와 같은 이들이 염두에 두고 있었을 비평가와는 아예 무관한 존재라고 해야 옳다.

사정이 이런 마당에 비평가란 존재는 아예 치워버리는 편이 낫지 않겠는가 하는 생각이 들 법도 하다. 실제로 오늘날 온라인에는 이와 비슷한 주장이 넘쳐난다. 그런가 하면 귀찮은 존재일 뿐인 비평가 대신 대략 네 부류의 기능인들이 한결 환영받는다. 첫째는 잡문을 쓰는 수필가―이보다는 듣기 좋은 표현이라 생각해서인지 종종 터무니없게도 '에세이스트'라 불린다―이고, 둘째는 작품 구석구석에 숨어 있는 의미를 파헤쳐 설명해주는 해설사이고, 셋째는 아직 안정된 자리를 잡지 못한 대학원생과 동시대의 지적 흐름에 예민한 예술가의 구미를 당길 법한 최신의 이론적 논의들을 '신박하게' 정리해주는 입시학원 강사 풍의 정리광(狂)이고, 넷째는 '혹평하고, 다그치고, 모욕하는' 대신 비평적 판단을 중지하고 전체적으로 조망하면서 이런저런 작품과 작가에게 모두 제각각 자리를 할당해주는 관제사이다. 비평가를 빙자한 이런 유형의 기능인들은 코로나19가 초래한 팬데믹 상황이 지속되고 대면 접촉이 점점 어려워지자 온라인 플랫폼을 본격적으로 전유하며 오히려 활황을 맞게 되었다.

　영화가 도래했다는 외침이 울릴 때마다 '아직 아니다!'라고 부인하면서 경계를 늦추지 않는 비평의 자리에 머물고자 하는 이들은 오늘날 매우 드물다. 비평적 정신의 작업은 거칠게 뭉뚱그리기보다는 정묘하게 나누고 또 나누는 것이며 시네마가 이따금 존재를 드러내는 것은 오직 그 분할선을 통해서다. 비평을 조롱하는 것만큼 쉬운 일도 없다. 하지만 언젠가 시네마가 도래할 것이란 기대는 간직하면서 비평만을 기각하려 시도하는 일은 순전히 기만에 지나지 않는다. 거듭 말하자면, 비평 없이 도래하는 예술은 없다. 그런데 예술이 도래하지 않는다면 그것에 기대어, 그것과 더불어, 그것에 거슬러, 혹은 심지어 그것을 쪼개녀 출현하는 시네마 또한 상상하기 힘들다. 이 점에 있어 우리는 키틀러의 정직성에 존경을 표해야 한다. 그는 예술을 믿지 않고 시네마의 도래 따위는 더더욱 믿지 않는다. 따라서 비평적 정신이란 허구라고 치부하는 그의 주장은 지극히 염결한 것이 된다. 기꺼이 예술의 '대심문관'이 되기를 자처한 키틀러의 진정한 '비평적 극단성'이 드러나는 것은 이처럼 전면적인 부정을 통해서다. 그에 비하면 통속적인 수준에서 흔히 접하게 되는 비평에 대한 증오들은 그냥 무시해도 좋다. 키틀러의 팬임을 자처하면서 홍상수의 신작을 기대한다고 말하는 이들, 비평은 쓸모없는 것이라 말하면서 고다르의 작업에 열광하는 이들의 편의주의야말로 비웃음의 대상이다.

집요하게 부정하고 부인하는 행위로서의 비평에 대해 생각할 때 이따금 나는 오츠카 에이지, 특히 그의 『이야기 체조: 이야기를 만들기 위한 6가지 레슨』을 떠올린다. 어떤 기준에서 보아도 이 책은 비평서라고는 할 수 없다. 제목에서 쉽게 짐작할 수 있듯이 이야기를 만드는 법, 특히 장르 소설 작법에 대한 실용적인 지침이 담겨 있는 책일 뿐이다. 그런데 '누구나 소설을 쓸 수 있다!'고 주장하며 장르 소설을 쓰기 위한 단련법을 성실하고 충실하게 제공하고 있는 이 책이 누구보다도 열렬히 문학이라는 것의 도래를 갈망하는 자의 철저한 부정의 소산이라면? 내가 보기에 오츠카는 일반인은 접근하기 힘든 문학적 신비 같은 것이 있다는 믿음을 어디까지나 '전략적으로' 거부하고 있는 것처럼 보인다. 분명 그는 이 책에서 문학을 누구나 습득해 활용할 수 있는 것으로 철저하게 테크닉화해버리고 있다. 하지만 왜일까? 그의 전략이 무엇을 겨냥하고 있는 것인지를 가늠케 하는 오츠카의 '비평적' 발언들은 흡사 무심히 떨어진 얼룩처럼 이 실용적 지침서 곳곳에 띄엄띄엄 산포되어 있지만 그 은밀한 짜임을 통해 대단히 날카로운 무늬를 만들어내고 있다. 일례로, 다음의 발췌문을 살펴보자.

> 나는 창작하는 독자와 소설가 사이의 경계가 허물어져도 상관없다고 생각한다. 그리고 그러한 변화가 시작된 후 소설의 영역에서 '소설가'로서 남을 수 있는 사람이 단 한 명이라

도 있을지 무척 궁금하다. 그게 바로 '문학'이라고 한다면 나
는 비로소 '문학'의 존재를 납득할 수 있을 것 같다.[8]

　오츠카의 작업은 문학의 자리를 확인하기 위해 문학을 비워버리
는 작업이라고 해도 좋겠다. 그는 이런 태도를 『이야기 체조』 전반에
걸쳐 암암리에, 하지만 일관성 있게 관철하고 있다. 오츠카는 그레마
스의 행위자 모델을 참조한 '이야기 만들기 방정식'에 대해 이야기하
다 말고 대뜸 "어쩌면 이런 '이야기의 속박'에서 이탈하여 '주체'로서
의 '나'를 발견하는 것이 문학의 한 가지 형태인지도 모르겠다."[9]고
하는가 하면, '갔다가 돌아오는 이야기'에 몸을 맡기고 '주제'가 찾아
오길 기다리라고 충고하다가는 "언젠가 간단히 '갔다가 돌아올' 수
있는 것이 아니라는 사실을 문득 깨닫고, 글을 쓰기 힘들어지면 비로
소 '문학'이 무엇인지를 실감할 수 있을지도 모르겠다."[10]고 하기도
한다. "하지만 그 부분은 내가 가르칠 수 있는 영역이 아니"라고 딱
잘라 말한다. 사실 『이야기 체조』의 압권은 저자 후기다. 인터넷 시
대와 관련해 언어적 구성물로서의 '나'에 대한 숙고를 펼쳐 놓는 부
분은 그 자체로 대단히 흥미진진한데, 돌연 오츠카는 이 책의 토대가
된 창작 강좌를 수강한 "제자들 중에 소설가가 된 사람은 아직 없는
듯하다"고 밝힌다. 이 정도면 지독한 블랙 유머가 아닌가? 여하간 제
자들의 실패 덕분에 오츠카에게 문학은 아직 '잔존'하고 있는 셈이니
말이다. 흡사 부뉴엘처럼, 그는 철저한 불신의 태도를 견지하는 독신
자이다.

무방비의 순수

영화는 예술인가? 예술이라면 어떤 예술인가? 앞에서 나는 시네마를
예술에 기대어, 예술과 더불어, 예술에 거슬러, 혹은 심지어 예술을
쪼개며 출현하는 것으로서 기술했다. 이는 영화란 여타 예술들의 존
재 없이는 절대로 불가능한 활동이면서 그 자체로 예술이라고는 할
수 없는 활동이라는 뜻이기도 하다. 역사적으로 볼 때, 이른바 '순수
영화'의 실현을 도모했던 이들은 자신들이 만든 것이 결과적으로 음
악이거나, 그림이거나, 무용이거나, 혹은 문학 비슷한 무엇이 되었다
는 사실을 씁쓸하게 확인해야 했을 뿐이다. 굳이 비유하자면, 순수영
화의 이념이란 순수한 일출을 구현하려는 시도와 다를 바 없다. 그런
시도의 결과로 맞닥뜨리게 되는 것은 그저 하나의 태양, 혹은 바다와
하늘이 맞닿은 지평선, 혹은 약간의 온기, 혹은 한 장의 그림엽서일
지는 몰라도 결코 우리가 일출이라 부르는 광경은 아닐 터이다.
　프랑스 철학자 알랭 바디우는 『비미학』의 한 장을 기꺼이 영화
에 관한 논의에 할애하고 있다. 이 장의 제목은 '영화의 거짓 운동들
(faux mouvement)'이다. 여기서 바디우는 영화의 운동을 세 가지
다른 방식으로 생각해보고 있는데, 그 가운데 가장 두드러진 것은
"다른 모든 예술 활동들 사이를 불순하게 돌아다니는 일"[11]이라는 규
정이다. 바디우가 여기서 직접 언급하고 있지는 않지만 이 글을 읽으
면서 곧바로 떠올리게 되는 것은 우리가 이미 1장에서 살펴본 바 있
는 앙드레 바쟁의 「비순수영화를 위하여: 각색에 대한 옹호」이다. 이
글에서 바쟁은 강물에 의한 침식과 퇴적이라는 지질학적 은유를 활
용하여 영화의 미래에 대해 논하고 있다. 1950년대 무렵의 그는 새로
운 기술이나 형식을 고안해내는 일―거슬러 올라가자면, 뤼미에르

형제가 시네마토그래프 장치를 고안하고 그것으로 일련의 단편물을 촬영한 행위 자체도 포함된다—만으로도 영화라는 제7의 예술에 미학적으로 공헌하는 일이 가능했던 시대는 이미 지나갔다고 판단했다. 더이상 '미학적 침식'이 일어나지 않는 이러한 상태를 두고 바쟁은 영화가 '평형 경사(profil d'equilibre)', 즉 물의 흐름이 토사를 쓸고 가지 않을 정도로 안정적인 경사면을 이루는 단계에 도달했다고 표현한다. 그리고 이러한 단계에 도달한 영화에 남은 일이란 다른 예술들 사이로 파고 들어가 그것들을 둘러싸고 눈에 보이지 않는 지하 수로(galeries invisibles)를 내는 일이라고 주장한다.[12] 바쟁의 주장을 상기하면서 이제 『비미학』곳곳에서 발췌한 바디우의 문장들을 읽어보기로 하자.

> 영화와 다른 예술의 연관 관계를 파악하는 일종의 일반적 공간 밖에서 영화를 사유하는 것은 불가능하다. 영화는 아주 특별한 의미에서 일곱 번째 예술이다. 영화는 다른 여섯 개의 예술과 같은 차원에서 이들에 더해지는 것이 아니라, 이들을 자기 안에 끌어넣는 것이며, 다른 여섯 예술의 덤(plus-un)이다. 영화가 작동하는 것은 이들 위에서, 이들로부터 출발하여, 이들을 자기 자신들로부터 벗어나게 하는 운동을 통해서이다. (…) 불순한 운동은 이들[영화의 세 가지 운동] 중 가장 거짓인데, 왜냐하면 한 예술로부터 다른 예술로의 운동을 일으키는 방법은 사실상 전혀 없기 때문이다. 예술들은 닫혀 있다. 어떤 그림도 음악으로 바뀔 리 없고, 어떤 춤도 시로 바뀔 리 없다. 이런 방향의 모든 시도는 쓸데없는 것이다. 하지만 영화는 이 불가능한 운동을 조직하는 일이다. 그러나 이것은 또다시 벗어남일 뿐이다. 다른 예술들을 암시

적으로 끌어와서 영화를 구성하는 일은 그 예술들을 자기 자
신으로부터 떼어내며, 결국 남는 것은 바로 [예술들 사이의]
금이 간 경계로, 영화가 (…) 여기로 지나가게 될 것이다.[13]

　여기서 '금이 간 경계'라는 바디우의 표현은 '보이지 않는 지하수
로'라는 바쟁의 은유와 일맥상통한다고 보아도 무리가 없다. 1950년
대의 바쟁과 마찬가지로, 바디우 또한 시네마는 고유의 장소를 지니
는 실체가 아니라 다른 예술들의 내부나 외부에 생기는 틈을 통해 지
나가는 무엇이라고 보고 있다. 예술들 사이에 자꾸만 그처럼 틈을 만
드는 어떤 기능이라고 해도 좋겠다. 그런데 영화가 그저 외따로 이런
틈으로 지나가는 것은 아니다. 바디우는 "영화만이 그 방문을 허용하
는 이념이 여기로 지나가게 될 것"[14]이라고 덧붙인다. 그는 이 이념
이 지나치게 플라톤적인 색채로 물드는 것을 경계한다. 각각의 개별
영화들을 가로지르는 이념은 매번 서로 다른 것이며 "모든 진정한 영
화는 한 번에 하나씩의 이념을 다룬다"[15]고 역설하면서 말이다. 어느
경우이건 이 이념은 '불순한' 것이며 "대단한 불순화 장치"인 영화는
"어떻게 순수한 것을 불순하게 만드는 일이 다른 순수함으로 가는 길
을 여는지를 보여주는 것"[16]이다.
　나는 다른 순수함을 가리키기 위함이라 해도 '순수함'이라는 표
현을 사용하는 것은 오해를 불러일으킬 수 있다고 생각한다. 순수함
이란 어떤 실체가 고유의 속성 이외에는 다른 어떤 부수적인 것도 지
니지 않은 상태를 말한다. 그런데 영화학자 프란체스코 카세티의 말
을 빌리자면 "어디에나 있기 때문에 더는 자신만의 장소를 지니지
않는"[17] 영화를 가리키기엔 '다른 순수함'이라는 표현은 영 어색하게
느껴진다. 바디우가 굳이 이런 표현을 쓴 것은 '불순한 순수함'이라
는 모순어법을 피하기 위해서겠지만 그가 염두에 두고 있는 것은 차

라리 무(無)에 가깝다고 할 만한 것이다. 하지만 장소가, 거처가, 혹은 주소가 없다고 해서 그 존재가 부정되는 것은 아니다. 오늘날의 영화는 그 어느 때보다도 열렬하게 움직임으로써 존재한다. 어디에나 있으려면 끊임없이 움직여야 한다. 소마트로프, 페나키스토스코프, 그리고 조이트로프 같은 19세기적 장난감과도 맞닿아 있는 시네마토그래프는 그 기계적 원리 내에 언제나 이 금언을 간직해 왔다. 이는 단순한 부재가 아니라 존재로서의 무를 활성화하기 위한 역동적인 움직임이다. 버스터 키튼의 무성영화 《극장》이나 제리 루이스의 《가족의 보물》, 그리고 (키튼에게서 아이디어를 얻은 것이 분명한) 데이브 그롤의 뮤직비디오 《플레이》 등에 나타나는 분신(술)의 모티브를 떠올려 보자. 이처럼 영화적인 무에는 어떤 허무주의의 기색도 없으며 그것은 명랑하게 들뜬 기분으로 계속해서 행진하고 또 행진할 뿐이다.

『비미학』에 수록된 영화에 관한 장의 토대가 된 것은 바디우가 1993년 11월 29일에 '거짓 운동으로서의 영화'라는 제목으로 파리 5구의 유서 깊은 영화관 스튀디오데쥐르쉴린에서 행한 강연이다. 영화 탄생 100주년을 앞둔 시기에 영화의 불순함이라는 바쟁적 토픽을 다시 참조하려 했던 이유는 무엇일까? 사실 그의 글을 읽는 것만으로는 이유를 파악하기 어렵다. 여하간 그 무렵에 영화 고유의 속성이 점차 미심쩍은 것으로 비치기 시작했다거나 '순수영화'의 회복을 역설하는 의미심장한 움직임이 있었다거나 한 것은 아니다. 물론 바디우의 강연이 있고 나서 얼마 뒤인 1995년 초에 라스 폰 트리에와 토마스 빈디베르크 등 덴마크 감독들이 주도한 '도그마 95'가 영화 제작의 「순결 서약」을 발표하며 화제를 모으기는 했다. 하지만 이는 영화와 관련해서는 '순결(chastity)'이라는 상태가 어울리지 않음을 이미 잘 알고 있는 이들이 영화 탄생 100주년을 맞아 반어적인 태도로 벌인 자기 홍보성 해프닝에 지나지 않았다.

오히려 그 무렵에는 돌연 모든 것이 영화가 되어가고 있는 것처럼 보였다. 그리고 이러한 변모 과정은 오늘날까지도 진행 중인 것처럼 보인다. "오늘날의 모든 예술은 영화의 조건을 열망한다"는 톰 앤더슨의 말은 이러한 상황을 간결하고 정확하게 표현하고 있다. 이는 그가 무척 개인적인 방식으로 선별한 '영화사의 위대한 순간들'을 들뢰즈의 『시네마』(주로 운동-이미지를 다룬 1권)에서 발췌한 텍스트들과 교차시킨 에세이 영화 《우리가 한때 가졌던 생각》을 발표할 당시 작가 노트에 쓴 것이다. 그런데 오늘날의 모든 예술이 영화의 조건을 열망한다는 것은 무슨 뜻일까? 잠시 이에 대해 고찰해 보자. 하지만 우리의 고찰이 꼭 (그게 무엇이건) 앤더슨의 의도에 부합하는 것일 필요는 없다.

우리는 어떤 영화를 보고 나서 이따금 '정말이지 영화적이야!'라고 말하기도 하는데, 이때 '영화적'이라는 표현에는 영화를 진정 영화답게 만드는 요소들과 조건들이 고루 충족되어 있다는 뜻이 담겨 있다. 그런데 단순히 기술적인 의미—'이번 전시는 영화적인 설치 환경에서 진행된다'든지 '이 소설에는 영화적인 몽타주와 유사한 기법이 있다'고 말할 때처럼—에서가 아니라 이처럼 미적 가치 판단이 개입된 뜻으로 '영화적'이라는 표현을 사용하는 일은 엄밀히 말하자면 터무니없이 잘못된 용법이다. 적어도 오늘날의 비평이나 학술 담론의 장에서 통용되는 용법은 아니다. 이유는 간단하다. 이미 1장에서 자세히 살펴보았듯 우리는 한 편의 영화를 (다른 영화보다 더 혹은 덜) '영화적'이게끔 하는 보편적 속성들의 집합을 구성할 수 없기 때문이다. 그런데 이 불가능성은 놀라운 암시를 함축하고 있다. 다음과 같은 생각 또한 가능해지기 때문이다. 어떤 대상을 바로 그 대상이게끔 하는 요소들과 조건들의 집합을 구성할 수 없는 경우, 그것도 오직 그 경우에만 우리는 그 대상이 진정 '영화적'이라고 할 수 있다. 그렇다면, 20세기에 접어들어 문학·연극·회화·음악·무용 등의 여타 예술들을 바로 그 예술이게끔 했던 전통적 규정들이 철저한 반성과 회의의 과정에서 모호해지고 불확실한 것이 되었을 때, 바로 그때 이 예술들은 진정 '영화적'인 무엇이 된 셈이다. 그리고 그처럼 모호하고 불확실한 (비)존재임에도 지난 세기를 자신의 시대로 삼을 수 있었던 영화의 조건 자체를 열망하기 시작한다.

앤더슨 자신은 '우리가 한때 가졌던 생각'이라는 제목이 결코 영화의 죽음을 뜻하는 것이 아니라고, 오늘날의 상황은 오히려 그 반대라고 강조한다. 그에 따르면 이 제목은 움직이는 이미지와 사운드란 그 자체로 사유임을 암시하는데, 이유인즉 영화들(motion pictures)은 지각되는 것이 아니라 기억되는 것이기 때문이다. 그렇다면 이는 영화적 이미지와 관련해 망각의 중요성을 강조했던 앞 장의 결론과 상충하지 않는가? 그렇지 않다. 그가 "영화들은 지각되는 것이 아니라 기억되는 것"이라고 수동형으로 표현했다 해서 혼동해서는 안 된다. 영화를 지각하는 주체는 분명 인간이겠지만 앤더슨 영화의 제목이 가리키는바 기억과 사유의 주체로서의 '우리'는 다름 아닌 시네마이기 때문이다. 이러한 '우리'는 이미지들의 비결정성과 중립성을 회복하기 위해 망각에 빠져들어야 하는 주체로서의 인간이 아니다. 앤더슨이 염두에 두고 있는 것은 기억의 주체로서의 시네마이지 빅터 버긴이 사뭇 현상학적인 뉘앙스로 '기억된 영화(remembered film)'[18]라고 멋지게 표현한 인간적 기억의 대상이 아니다.

이것이야말로 서구에서 시네마의 도래가 언제나 은총과 관련되었던 이유다. 물론 은총이란 시몬 베유가 『중력과 은총』의 첫머리에서 단언하고 있는 것처럼 물질세계의 중력 법칙을 따르지 않는 예외적인 것, 빛의 힘이다.[19] 하지만 우리는 그것을 꼭 종교적인 의미로만 받아들일 필요는 없다. 또한 은총을 꼭 현존과 맞닿아 있는 것으로 생각할 필요도 없다. 게다가 시네마만큼이나 현존과 거리가 먼 것도 없지 않은가? 우리에게 필요한 것은 현상적 은총의 형이상학이지 초월적 은총의 신학이 아니다. 이때 형이상학이란 말 그대로 물리적인 현상(피지카)의 저편이나 너머가 아닌 배후(메타)에 있는 기제를 직관하는 일일 뿐이다. 따라서 우리는 곧바로 은총이라는 기제의 핵심으로 향해 그것에만 집중하면 된다.

그 기제의 첫째 특성은 이러하다. 은총은 개별자가 다가가는 것이 아니라 개별자에게 다가오는 것이다. 그것은 추구하는 것이 아니라 주어지는 것이다. 은총과 관련해서 개별자는 절대적으로 수동적일 수밖에 없다. 이리하여 개별자에게 있어 은총의 현현은 언제나 기적의 형태를 띠게 된다. 물론 은총의 입장에서라면 기적이란 없으며 그의 현현은 그저 필연일 뿐이겠지만 말이다. 그럼에도 불구하고, 분명 은총이 현현하는 조건이 존재한다. 그 기제의 둘째 특성은 이 조건에 대한 것이다. 특정한 조건이 갖추어졌다 해서 반드시 은총이 현현하는 것은 아니지만 그러한 조건 없이 은총은 결코 현현하지 않는다. 이 조건은 매우 단순하면서도 절대적이다. 그것은 다름 아닌 개별자의 전적인 무화(無化)다.

시네마의 도래를 현상적 은총의 형이상학과 개별자(개별 영화 작품)의 무화를 통해 숙고한 대표적인 예로 나는 브레송의 《시골 사제의 일기》의 결말에 대한 앙드레 바쟁의 해석을 떠올린다. 1장에서 일부 인용해 살펴보기는 했지만 이번에는 좀 더 충분히 음미해 보기로 하자.

> 이리하여 이미지와 텍스트 간의 관계는 영화가 결말을 향해 나아갈수록 텍스트에 유리하게 전개되며, 거역할 수 없는 논

리적 요구를 따라 마지막 순간에 이미지는 스크린으로부터 물러난다. 브레송이 도달한 지점에서, 이미지는 사라짐으로써만 더 많이 말할 수 있다. 관객은 하얀 스크린 위의 빛을 유일하게 가능한 표현으로 삼는 저 의미의 밤으로 점차 끌려든다. (…) 이미지를 기화시키고 소설의 텍스트만이 그 자리를 차지하도록 내어주는 것. 그러나 우리는 의심의 여지가 없는 미학적 명증성과 더불어 순수영화의 숭고한 성공을 경험하게 된다. 말라르메의 하얀 페이지나 랭보의 침묵이 언어의 지고한 상태였던 것처럼, 아무런 이미지도 없이 문학으로 환원된 스크린은 여기서 영화적 리얼리즘의 승리를 표시해주고 있다. 승천한 이미지가 스크린이라는 하얀 천 위에 남겨놓은 눈에 보이는 유일한 흔적인 (…) 검은 십자가는 그 리얼리티란 하나의 기호일 뿐이었던 어떤 것의 증거가 되고 있다.[20]

　　바쟁이 묘사하고 있는 바대로, 브레송의 《시골 사제의 일기》는 단순히 하나의 검은 십자가(그림 28)만이 스크린에 보이는 가운데 주인공 신부가 어떻게 세상을 떠났는지를 묘사하는 편지 내용이 낭독되는 것으로 끝난다. 이 편지에 따르면 앙브리쿠르 마을의 시골 사제가 남긴 마지막 말은 "모든 것이 은총이다(tout est grâce)"였다. 이 말은 브레송이 조르주 베르나노스의 원작소설에서 고스란히 따온 것이기는 해도 시네마의 도래에 관한 바쟁의 형이상학과 절묘하게 공명한다. 여하간 은총의 형이상학이 시네마와 관련해 진정 의미 있는 것이 되려면 은총은 반드시 현존으로부터 분리되어야 한다. 여기서 바쟁이 참으로 부주의하게 '순수영화'라는 표현을 쓰고 있기는 해도 우리는 이를 그 어떤 불순한 요소도 섞여들지 않은 영화의 정

그림 28. 《시골 사제의 일기》

수 따위를 뜻하는 것이라고 받아들여서는 안 된다. 오히려 그것은 바디우가 '다른 순수함'이라 부른 것으로 스스로의 사라짐을 통해 다른 예술들을 가능케 하는 일, 즉 무에 대한 헌신일 뿐이다. 바쟁의 논법을 따르자면 《시골 사제의 일기》라는 작품을 통해 구체적으로 실현되고 있는 것은 영화가 아니라 차라리 문학이다. 그 과정에서 영화는 남김없이 '기화'된다. 그런데 역설적으로 그것이야말로 영화적 리얼리즘이 승리했다는 증거일 수 있다. 리얼리즘이란 매체(medium)가 무매개적/직접적(immediate)이 되도록 하는 것이라면 영화적 리얼리즘의 궁극이란 곧 영화의 무화이기 때문이다. 다만 이러한 무화는 의지적으로 이루어지는 것이라기보다는 "거역할 수 없는 논리적 요구"를 따른 결과다. 그리고 이 순간, 한 편의 영화를 기어이 비워낸 자리로 시네마가 도래할지도 모른다. 마치 은총처럼. 바쟁적 리얼리즘과 결부된 은총의 형이상학이란 이런 것이다.

　　바쟁의 텍스트를 물들이고 있는 종교적 색채가 거슬리는 이들도 있을 것이다. 그런가 하면 바디우의 텍스트에 감돌고 있는 은유적 안개를 못마땅하게 여기는 이들도 있을 것이다. 그렇다면 통찰이 깃

든 명료함의 정수를 보여주는 빅터 퍼킨스의 말을 빌려 시네마에 있
어 순수와 은총의 관계에 대해 숙고해보는 것은 어떨까? 이런 제안에
곧바로 의혹—"퍼킨스가 은총에 대해 운운한 적이 있다고? 뭔가 조
작을 하려는 것이거나 농담이시겠지."—을 표하는 이도 있을 법하
다. 물론 그가 'grace'라는 단어를 사용했을 때 그것은 어디까지나 우
아함이나 세련됨을 뜻하는 것이었을 뿐이다. 이를 모르는 바는 아니
지만, 우리의 논의와 관련해 잠시 이 단어를 은총이라 새겨 읽어보면
안 될 이유도 없지 않을까?

영화의 특별한 속성들은 서로 하도 모순적이어서 분명하고
깔끔한 정의를 용납하지 않는다. 활용 가능한 영화적 수단의
범위가 워낙 넓다 보니 어떤 하나의 기법을 활용하다 보면
그것만큼이나 영화적인 다른 기법을 활용하는 일을 배제하
게 된다. 몽타주는 분명 영화의 특별한 속성 가운데 하나다.
하지만 카메라를 한 지점에 고정해서든 아니면 움직여서든
완전히 연속적인 긴 시퀀스로 액션들을 담아낼 수 있는 가능
성 역시 그에 못지않게 특별하다. 필름을 다루는 하나의 특
수한 방법을 *시네마 자체*와 동일시하려는 시도는 이처럼 서
로 모순되는 수단들의 존재로 인해 가로막힌다. 순수함을 통
해 은총을 추구하는 일은 시네마의 잡종적 성격에 부합하지
않는다.(The search for grace through purity contradicts
the cinema's hybrid character) 그것은 영화를 그 기능들 가
운데 하나로 환원하려는 시도다. 어느 정도는 기록 장치이지
만 또한 광학적 환영이기도 하고, 현실에 기초하면서 또한 마
술에 의존하기도 하는 예술인 영화는 본디 불순한 것이다.[21]

바쟁의 논의에서 종교적인 뉘앙스를 걷어내고 나면 영화는 무로 부터 시작되는 창조가 아니라 무로 향하는 몸짓이라고 보는 그의 생 각이 한층 두드러져 보이는데, 이런 과격함은 퍼킨스에게서는 찾아 볼 수 없다. '아티스트'와 마찬가지로 '크리에이터'란 영화와 관련해 서는 아무런 의미도 없는 직함에 불과하다. 영화의 몸짓은 비단 문학 이 아니라 여타 예술들이, 나아가 세계 자체가 드러나게 한다. 무에 대한 헌신이라는 이념이 한치도 우울의 정조를 띠지 않고 강력하게 희망과 맞닿아 있는 것은 바로 이 때문이다. 《시골 사제의 일기》의 결말에 대한 (우리의 정신에는 이제 지나치게 소극적으로 비치기까지 하는) 바쟁적 해석을 한층 밀고 나간 듯한 오늘날의 영화들―가시적 이미지의 존재감을 상대적으로 약화하거나 최소화하면서 음성이나 텍스트의 존재감을 부각하고 있는 영화들―이 금욕적 이상이나 미 니멀리즘과는 아무런 상관도 없어 보이는 것도 바로 이 때문이다.

데이빗 개튼의 2012년 작품 《눈부신 그림자들(The Extravagant Shadows)》은 그 제목이 암시하듯 우리를 저 찬란한 의미의 밤 한복 판으로 인도하는 21세기의 걸작이다(그림 29). 여기서 개튼은 서가 에 꽂힌 책들의 이미지, 그 이미지 위에 가해지는 단색의 붓질, 이 붓 질로 추상화된 화면 위로 서서히 떠올랐다 이내 사라져버리는 문학 적 인용구들의 연쇄라는 단순한 구성을 3시간 가까이 이어나가고 있 다. 2001년에 발표된 《노동자, 농민》에서부터 코로나19가 전 세계를 휩쓴 2020년에 온라인 스트리밍으로 처음 공개된 《로봇들에 대항하 는 프랑스》에 이르기까지 장마리 스트로브와 다니엘 위예가 내놓은 일련의 '낭독의 영화'들도 잊어서는 안된다. 물론 제임스 베닝의 《L. 코언》처럼 비단 텍스트나 음성이 아니라 하나의 단순한 사건(여기서 는 개기일식)에 집중하면서 우리를 그 입회자로 자리매김하는 사례 도 있다.

그림 29. 《눈부신 그림자들》

누군가는 내게 다음과 같이 따져 물을지도 모른다. 어떤 예술의 이념을 무와 관련짓는 것은 너무나도 낡은 방식이 아닌가? 당신은 그저 예술의 자리에 영화를 가져다 둔 것뿐이지 않은가? 그러고 나서 영화는 예술에 속하지 않는다고 말하며 역설이 주는 쾌감을 만끽하고 있는 것은 아닌가?

이에 대해 나는 다음과 같이 답하겠다. 당신이 그렇게 항의하는 이유는 잘 알겠지만, 당신의 반론은 그저 이것저것 뭉뚱그려 바라본 데서 비롯된 것일 뿐이라고 말이다. 물론 아도르노 또한 이를테면 베토벤의 음악을 '무적 특성(Nightigkeit)'이라는 개념을 통해 파악하고자 했던 것은 사실이다.[22] 하지만 아도르노 자신이 분명히 밝히고 있듯, 선험적으로 가상이자 비진리인 음악과 관계된 무는 다름 아닌 '시작의 무'이다. 하지만 나는 영화란 무로부터 시작되는 것이 아니라 무로 향하는 것임을 분명히 했다. 영화는 근본적으로 음악과는 비교할 수 없을 정도로 혼탁하고 잡스럽다. 노엘 버치가 "우리가 결국 진정으로 영화적인 것을 파악하려고 한다면, 이 현상을 음악과의 단순한 유비에 연결시키려는 유혹―우리가 항상 저항해왔던 유혹―을 철저하게 금해야"[23] 한다고 주장했던 것도 바로 영화의 이 혼잡성 때문이다. 하지만 이는 영화가 존재·존립·존속하기 위한 가능성의 조건이기도 하다.

그렇다면 『문학의 공간』의 블랑쇼가 문학에, 『마네』의 바타유가

그림 30. 〈스테판 말라르메의 초상〉

회화에 결부시키고 있는 무는 어떠한가? 둘은 모두 무(와 침묵)의 경
험을 예술의 한복판에 끌어들인 현대적인 작가들에게 특별한 관심
을 보이고 있다. 바타유는 "그리는 예술 말고 다른 의미를 갖지 않
는 회화, 이른바 '현대 회화'의 탄생에 대해 우리는 무엇보다 마네에
게 확실하게 공을 돌려야만 한다"고 단언한다. 그에 따르면 "현시대
가 축조한 유일한 대성당"이라 할 수 있는 현대 회화는 결정적이고
주권적인 침묵의 지점과 관계한다.[24] 블랑쇼는 말라르메를 절망으로
몰고 간 글쓰기의 경험에 대해 숙고하면서 작품이 우리를 이끌고 가
는 지점은 "언어의 완성이 언어의 사라짐과 일치하는 지점"임을 읽
어낸다.[25] 이리하여 마네가 그린 〈스테판 말라르메의 초상〉(그림 30)
은 예술이 헐벗은 양상을 띠는 일이 곧 예술 그 자체임을 보여준 두
존재가 캔버스의 양편에 자리함으로써 초개인적으로 형성된 "회화
의 행복한 우연 가운데 하나"[26]가 된다. 블랑쇼와 바타유 같은 이들
의 사유를 참조하자면, 회화와 문학에서 무의 경험을 통해 역설적으

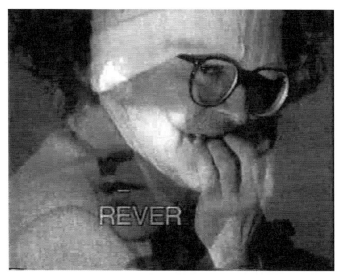

그림 31. 《러시아식으로 노는 아이들》에 등장한 고다르

로 드러나는 것은 바로 회화와 문학 자체다. 반면, 영화로 돌아와 생각해보면 사정이 전혀 다르다는 것을 알게 된다. 무에 대한 헌신, 무로 향하는 몸짓을 통해 드러나는 것은 영화 자체가 아니라 오히려 다른 예술들(개튼의 경우)이거나 세계 자체(베닝의 경우)다. 그렇다면 시네마란 이 비천하고 완벽하게 이타적인 소멸을 가리키는 이름에 지나지 않는 것일까?

만일 그렇다면 영화가 위기에 처할 때마다 무의 기호 또는 흔적이라 할 만한 인물들이 종종 시네마의 비유적 형상으로 스크린에 등장하곤 하는 것이 그저 우연은 아닐 터이다. 종종 이러한 인물들은 순수함(purity)이 아니라 유치함(puerility)의 화신처럼 비친다. 이를테면 우화적 형식으로 영화의 생존 가능성에 대해 숙고하고 있는 《오른쪽에 주의하라》나 《러시아식으로 노는 아이들》에서 백치 역으로 직접 등장하는 고다르(그림 31)나, '도그마 95' 해프닝의 일환으로 제작된 것이기는 하지만 탄생 100년을 갓 넘긴 영화에 신선함과 청량

함을 어떻게든 다시 부여하려는 무모한 시도가 이따금 감동을 주는 라스 폰 트리에의《백치들》[27]의 인물들처럼 말이다. 백치 이외에 곧바로 머리에 떠오르는 대표적인 유형은 아이와 독신자다. 앙브리쿠르의 사제는 이따금 아이 같기도 하고[28] 얼마간 백치의 특성도 띠고 있는 독신자라고 할 수 있다. 하지만 브레송 영화의 형식 자체는 지극히 엄정해서《시골 사제의 일기》가 보는 이에게 주는 효과의 상당 부분은 이처럼 엄정한 형식과 무의 형상으로서의 인물 간의 대위법으로부터 발생하고 있다. 그렇다면 비단 인물만이 아니라 영화적 형식 또한 무의 기호이자 흔적으로서 나타나는 영화란 어떤 것일까? (다만 이번에는 데이빗 개튼의 그것처럼 영화의 시각적 내용 자체를 거의 소거하다시피하고 있는 실험적인 작품은 고려하지 않기로 한다.)

《시골 사제의 일기》보다 조금 앞서 1950년에 발표된 로베르토 로셀리니의《프란체스코, 신의 어릿광대》는 그 모범적인 예다. 극중에서 프란체스코와 그를 따르는 수도자들은 제각각 나름의 방식으로 아이 또는 백치의 특성을 띤 독신자라고 할 수 있다. 그 가운데 가장 두드러진 인물은 사실상 이 영화의 주인공이라 해도 좋을 지네프로로 그의 우둔한 순박함은 온갖 말썽의 원인이 된다. 인물들과 관련된 이러한 특성은 각본 작업에 참여한 페데리코 펠리니의 성향이 반영된 것—펠리니는《전화의 저편》에서 수도원 에피소드의 각본 작업에도 참여한 바 있다—이기도 하고 얼마간은 로셀리니적인 과감한 캐스팅의 결과이기도 하다. 이 영화에 수도자들로 출연한 이들은 이탈리아의 노체라 인페리오레 인근에 있는 바로니시 수도원의 견습 수사들이었다. 로셀리니의 단편《기적》에도 출연했고 여기서는 노인 조반니 역할로 나오는 페파루올로는 실제로도 다소 정신이 온전치 않은 상태에서 구걸해 먹고 사는 인물이었다.[29] 여기서 로셀리니는 프란체스코, 지네프로, 조반니 같은 인물들을 설득력 있게 형상화하기보다는 그러한 인물들을 연기하는 비전문 배우들의 훈련되지 않은 몸짓과 표정 자체를 관찰하는 데 관심이 있어 보인다. (이런 점에서 이 영화는 파솔리니의 《마태복음》은 물론이고[30] 고다르의 《비브르 사 비》와 《그녀에 대해 알고 있는 두세 가지 것들》, 그리고 에디 세즈윅이 요절한 여배우 루페 벨레스를 연기한 앤디 워홀의 《루페》같은 작품의 방법론까지도 선취하고 있다고 볼 수 있다) 다시 말해서, 허구적 인물과 세계를 생생하게 형상화하는 일과는 아무런 상관도 없는 이 영화의 '리얼리즘'은 오히려 중세 시대 수도자들의 복장을 하고 그들의 삶을 체험 중인 견습 수사들의 행태를 포착하는 무심한 카메라의 특성과 관련되어 있다 하겠다. 이 영화에 리얼리즘이 결여되어 있음을 지적하며 "편안하게 회색 천을 걸치고 있는, 살찌고 마음 편한 이 20세기의 수도사들은 (…) 원래의 프란체스코 무리를 전혀 떠올리게 하지 않는다"[31]고 불평한 어느 비판자의 말은 정당하다. 다만 그는 이 영화의 '리얼리즘'이 겨냥하고 있는 지점을 혼동하고 있을 뿐이다.

　앞서 무심하다는 표현을 쓰기는 했지만 《프란체스코, 신의 어릿광대》의 시각적 형식은 그야말로 '비(非)미학'적이어서 카메라 앞에 놓인 사람과 사물과 사건 들을 무차별적으로 현전시킨다는 것 이외에 아무런 기능도 없어 보인다. 이 점에서 이 영화는 롱테이크 촬영과 리모트 컨트롤 줌렌즈의 활용을 결합한 로셀리니 후기의 텔레비전 사극 영화들의 양식을 예견케 한다. 즉 로셀리니는 자신의 영화적 인물에 상응하는 사실적 허구를 구축하는 대신 그러한 인물과 이를 연기하는 비전문 배우 사이에서 끊임없이 진동하며 확장과 수축을 거듭하는 틈 이외에는 아무것도 드러나지 않는 앙상한 형식의 세계로 우리를 인도한다. 로셀리니에게 중요한 것은 프란체스코적인 인물을 형상화하는 것이 아니라 '프란체스코-되기'를 수행 중인 이의 몸짓과 표정을 포착하는 것이다. 지네프로나 조반니에 대해서도 마찬가지다. 프란체스코, 지네프로, 조반니로부터 나오는 몸짓이 아니라 프란체스코, 지네프로, 조반니로 향하는 몸짓, 바꿔 말하자면 무로부터 나오는 우울한 몸짓이 아니라 무로 향하는 쾌활한 몸짓을 보여줄 것. '백치-되기'를 수행 중인 인물들을 VX-1000 디지털 카메라를 들고 촬영하면서 폰 트리에가 《프란체스코, 신의 어릿광대》의 로셀리니와 무의식적으로나마 공유했던 원칙은 바로 이것이었다.

비평가로서의 에이젠슈테인

1장에서 나는 영화에 대한 바쟁의 논의를 두고 관념론적 역량주의라 부른 바 있다. 그의 사유에서 영화의 존재론을 규정하는 역량의 자리가 완전영화의 '신화'(1940년대)로부터 비순수 영화의 '기능'(1950년대)으로 대체되고 있다는 점도 짚어보았다. 후자의 경우 에이젠슈테인적인 유물론적 유령주의와 일정 부분 공유하는 구석이 있기는 하지만, 여하간 바쟁의 영화론이 '영화란 무엇인가?'라는 물음에 대한 답변의 형태를 띠고 있다는 점은 여전하다. 이런 물음에 대한 답변의 변용 가운데 바쟁의 길지 않은 생애―그는 불과 40세에 세상을 떠났다―에서 가장 나중의 것은 기묘하게도 '무의 역량'이라는 블랑쇼적 역설의 형태를 띠고 있지만 말이다.

　엄밀히 말하자면, '영화란 무엇인가?'라는 물음을 견지하는 이상 그 누구도 결코 에이젠슈테인적인 유령주의를 제대로 수용할 수 없다. 에이젠슈테인의 입장에서 보자면 '영화란 무엇인가?'라는 물음은 그 자체로 잘못 제기된 것이다. 이 물음으로부터 출발해 영화에 대해 사유하다 보면 실체화의 오류(fallacy of reification) 속에서 맴돌 수밖에 없다. 이런 오류에 빠지지 않으려면 우리는 '영화'를 문장의 주어 자리에 둠으로써 그것이 모종의 속성을 지닌 실체이기라도 한 것처럼 간주하는 일을 삼가야 한다. 영화가 '무엇'일 수 있다는 생각은 그것이 주어의 자리에 있음으로써 생기는 존재론적 환상일 뿐이기 때문이다. 이런 점에서 보면 시네필리아, 즉 영화에 대한 사랑이란 것 또한 일견 멋스럽게 들리기는 해도 결국 유아적인 말놀이에 불과하다. 당신이 아무리 영화를 사랑한다 해도 영화는 결코 당신을 사랑하지 않을 것이다. 영화에 대한 사랑이란 것은 결국 영화를 사랑한다 말하는 자기 자신을 사랑하는 일이다. 영화는 사랑은 물론이고 그 어떤 행위의 주체도 될 수 없기 때문이다.

　1장에서 언급했던 내용을 다시 떠올려보자. 영화와 관련해 에이젠슈테인처럼 묻고자 한다면 '영화란 무엇인가?'라고 묻는 대신 '어떻게 영화하는가?'라고 물어야 한다. 시네마는 명사적 실체로 고정된 존재가 아니라 동사적 수행을 통해 발생하는 사건이다. 그렇다면 이제 중요한 문제는 어떠한 수행들이 가능한지를 파악하는 일이 된다. 종종 에이젠슈테인의 여러 논의가 그의 미완의 저서 제목이기도 한 '방법(method)'이라는 용어를 둘러싸고 펼쳐지는 이유도 이 때문이다. 잘 알려져 있듯 방법의 문제로서 그가 깊이 천착한 것은 바로 몽타주였다. 몽타주에 대한 그의 생각은 주로 연극과 관련해 이 문제를 고찰한 1923년의 「어트랙션의 몽타주」[32]와 이를 영화와 연계해 논의한 1924년의 「영화 어트랙션의 몽타주」[33] 이후 줄곧 변화했던 것이 사실이고, 실험심리학적 모델 및 용어들에 상당 부분 의존한 초기의 사유로부터 벗어나 후기로 갈수록 파토스와 엑스터시 등이 강조되는 "몽타주의 정서적 진화"[34]라고 부를 만한 과정이 감지되는 것 또한 사실이다. 하지만 일견 잡다해 보이는 그의 사유를 가로지르는 근본 물음 자체는 놀랄 만큼 변하지 않는다. 이런 점을 염두에 두지 않고 그가 남긴 글들만을 탐독하다 보면 헛된 문헌학적 비교의 쾌락— 시기별로 강조점과 용어를 달리하는 에이젠슈테인의 여러 논의 간의 비교, 그의 개념과 오늘날 유행하는 개념의 비교 등등—에 빠져들기 십상이다. 그렇다면 에이젠슈테인의 근본물음은 무엇인가?

그것은 "사유의 방법론으로 정당하게 자리매김할 수 있는 감성적 인식의 변증법은 어떻게 가능한가?"라는 물음이다. 물론 이러한 근본물음은 사실 '어떻게 영화하는가?'라는 물음의 변형에 지나지 않는다. 하지만 이런 식으로 물음의 형태를 바꿔 고찰해 보면 바쟁의 영화론이 존재론적 물음에 입각해 있는 반면 에이젠슈테인의 영화론은 인식론적 물음에 입각해 있다는 점이 잘 드러난다. 그런데 이 근본물음에서 그 가능성이 제기되고 있는 감성적 인식에 대한 에이젠슈테인의 가정은 매우 강력하다. 그에게 있어 감성적 인식은 이성적 인식과 권리상 우열 관계에 있지 않은 동등한 인식이며 이는 그의 확고한 유물론적 입장에 잘 부합한다. 또한 에이젠슈테인에게 있어 '영화하기'란 곧 몽타주이며 몽타주란 곧 인식이라는 점을 고려하면 그가 몽타주의 서로 다른 범주들을 염두에 두고 쓴 다음과 같은 진술은 곧 그의 인식론적 입장이 된다. "'현상'(외양)으로 판단하면 그것들은 사실 달라 보이지만 '본질'(과정)이라는 관점에서 보면 그것들은 의심의 여지 없이 동일하다."[35]

하지만 이러한 진술을 오해해서는 곤란하다. 이는 감성적 인식이 이성적 인식으로 환원될 수 있음을 뜻하지 않으며 그 역을 뜻하는 것도 아니다. 한편으로는, 어느 한쪽의 인식으로는 접근 가능하지만 다른 인식으로는 그렇지 않은 대상이 있음을 뜻하는 것도 아니다. 즉 에이젠슈테인은 인식의 감성적 통속화를 거부하는 것만큼이나 이성

적 특권화 또한 경계한다. 언뜻 과대망상으로 비치기도 하지만 마르
크스의 『자본』을 영화화한다는 기획[36]을 마음에 품을 수 있었던 것
도 이러한 인식론적 입장을 고려하면 지극히 자연스러운 일이다. 이
성적 인식이 개념을 통해 작동하는 것이라면 감성적인 영화적 인식
은 무엇을 통해 작동하는지와 관련해서는, 초기에는 '어트랙션'[37]이
후보로 제시 — "과학이 이온과 전자와 중성자를 지닌다면 예술에는
어트랙션이 있으리라!"[38] — 되기도 하고, 여타 영화적 논의들의 통례
를 따라 숏이 그 자리에 놓이는가 하면, 후기에는 '이조브라제니에(изображéние)' 같은 독특한 러시아적 개념이 등장하기도 한다. 이에
대해서는 그것과 관련된 '오브라즈(образ)'와 더불어 뒤에 다시 다룰
예정이니 여기서는 일단 넘어가기로 하자.

　몽타주의 방법과 관련해서는 지적 몽타주에 대해 논의한 「영화
의 4차원 — 몽타주의 방법」[39]에서 음악적 용어를 차용해 제시한 범주
들이 가장 널리 알려져 있다. 운율적(metric) 몽타주, 리듬적(rhythmic) 몽타주, 정조적(tonal) 몽타주, 그리고 배음적(overtonal) 몽타
주가 바로 그것이다. 이러한 용어의 토대가 된 박자(meter)·리듬·음
조(tone)·배음 등은 음(音)이라는 기본 단위의 운용과 관련해 얼마간
정의되어 있는 음악적 개념들이다. 「영화의 4차원 — 몽타주의 방법」
에서 에이젠슈테인이 음에 상응하는 영화적 기본 단위로 전제하고
있는 것은 의심의 여지 없이 숏이다. 따라서 기본 단위의 운용과 관
련된 음악적 개념들은 다음과 같이 영화적 개념으로 번역할 수 있다.
운율은 여러 숏들 각각의 지속시간을 특정한 비율로 배분하는 일과
관련된다. 이와는 달리 리듬과 정조는 숏의 내용과 관련된다. 전자가
대상 자체의 물리적 움직임이나 그 대상을 보는 우리 시선의 움직임
과 관련된다면 후자는 빛·색채·형태 등 정동적 요소들의 변화와 관
련 — 에이젠슈테인은 '장조적 주제'와 '단조적 주제'라는 개념을 제

시하기도 한다―된다. 배음은 숏의 모든 형식적·내용적 요소들을
총합적으로 고려한다. 물론 이러한 범주들은 주로 무성영화와 관련
해 고안해낸 것이었다. 에이젠슈테인이 1940년에 집필한 글로 유성
영화에서 시청각적 요소들 간의 관계를 다룬 「감각들의 동기화」[40]에
서, 이 범주들은 운율적·리듬적·정조적·배음적 동기화라는 개념들
로 전이되면서 자연적(natural) 동기화 및 선율적(melodic) 동기화
처럼 새로 삽입된 범주들을 통해 확장된다.

방금 나는 설명의 편의를 위해 영화적인 운율·리듬·정조·배음
을 간략히 정의하기는 했지만 에이젠슈테인이라면 이들 개념을 이
런 식으로 다루는 것은 변증법적이지 않다며 책망했을 것이다. 영화
적인 운율·리듬·정조·배음은 어디까지나 몽타주를 통해 드러나는
관계적 개념이지 개개의 숏에 미리 함유된 특성이 아니기 때문이다.
예컨대, 다른 수와 비교하지 않고 '2'라는 수 자체의 비율은 얼마인가
하고 묻는 일은 부조리하다. 이와 마찬가지로 우리는 운율·리듬·정
조·배음적 몽타주에 대해 고려할 수 있지만 어떤 숏의 운율·리듬·
정조·배음 자체에 대해 논한다는 것은 불가능하다. 에이젠슈테인의
용법을 따르자면 전자의 사고가 '영화성(cinematicism)'에 입각한
것이라면 후자의 사고는 '회화성(pictorialism)'에 입각해 있다. 그는
"개별 숏의 회화성에 대해 따지는 일은 순진한 짓"이라고 일갈하면
서 "이는 영화에는 결코 논리적으로 적용된 적이 없는 품위 있는 미
적 교양의 소유자들이 보여주는 전형적 태도"라고 쏘아붙이기까지
한다.[41]

영화에 대한 에이젠슈테인의 논의들을 살피다 보면 그가 몽타주
와 관련해서 숏이라는 기술적 개념을 매우 불편하고 거추장스러운
것으로 여기고 있음을 감지할 수 있다. 하지만 그의 영화에 익숙한
이들이라면 이런 진단에 동의하지 않을지도 모른다. 데뷔작《파업》

그림 32.《파업》

그림 33.《이반 대제》

(그림 32)에서부터 후기의《이반 대제》(그림 33)에 이르기까지 에이
젠슈테인은 언제나 대단히 정묘하게 세공된 숏을 가지고 작업하는
작가였기 때문이다. 숏을 다루는 데 있어 그는 영화사에 필적할 이가
거의 없는 대가이다. 이를 굳이 부정하려 들면 억지를 부릴 수밖에
없다. 하지만 이렇게 생각해보면 어떨까? 숏이라는 개념을 이론적으
로 불편하게 여겼기 때문에 그는 오히려 정묘하게 세공된 숏에 더 강
박적으로 집착한 것일 수도 있다. 에이젠슈테인과 같은 거물일수록
그의 작업을 편견 없는 태도로 대할 필요가 있다. 나는 그가 만든 영
화 작품들과 그가 영화에 대해 논한 글들 사이에 모종의 일치나 연속
성이 있으리라는 무리한 가정을 할 필요가 전혀 없다고 생각한다. 자
신이 연출한 영화들에서 골라낸 특정 장면들을 종종 영화적 몽타주
에 대한 자신의 이론이 적용된 구체적 사례로 제시하곤 하는 에이젠
슈테인의 말을 곧이곧대로 받아들일 필요가 있을까? 차라리 이렇게
표현해보자. 그의 영화와 글은 꼭 서로 불화하는 것은 아니더라도 분
명 변증법적 긴장 속에 놓여 있다고 말이다. 에이젠슈테인의 영화 작
품들은 그의 이론의 예증이 될 수 없으며 그의 이론은 그의 영화 작
품들로부터 도출되지 않는다. 그 둘은 서로가 서로의 안티테제다. 무
엇보다 에이젠슈테인 자신이 연출한 영화들에서 감지되는 개별 숏
의 자족적인 힘과 아름다움이야말로 이론가로서의 그가 주장한 바
와 전적으로 상충하지 않는가?

　　이런 가정을 해 보자. 영화작가로서 자신이 연출한 영화들에서
감지되는 숏의 힘과 아름다움은 이론가로서의 에이젠슈테인으로 하
여금 도리어 숏의 자족성에 대한 의혹과 반발을 부추긴다. 물론 그
역도 마찬가지다. 결국 미완으로 남은《멕시코 만세!》같은 작업에
서도 노골적으로 드러나듯 숏의 물질성에 그토록 예민한 작가였으
면서도 그는 그 물질성이야말로 영화의 한계라고 단언한다. "영화에

있어서는 프레임 내부의 이미지가 물질적으로 구체성을 띠기 때문에 [숏을] 하나의 요소로 다루는 것이 대단히 어렵게 된다."[42] 그토록 정묘하게 세공된 숏들을 가지고 작업한 작가가 "숏은 몽타주의 요소가 아니라 몽타주 세포(montage cell)"[43]라고 주장하면서 자족적인 단일 숏이라는 개념만은 이론적으로 한사코 거부한 까닭은 무엇일까? 물론 우리는 이미 그 답을 알고 있다. 그는 철저하게 변증법적으로 작업하는 영화작가는 아니었지만 언제나 변증법적으로 사고하는 이론가였기 때문이다. 그에 따르면 영화란 "비교의 예술"이어서 "심지어 단순하기 짝이 없는 현상을 보여주려 해도 영화는 (서로 분리된 것을 잇따라 제시하는 방식으로) 그 현상을 구성하는 요소들 간의 비교를 필요로 한다."[44] 그런데 그 비교의 대상이 되는 '요소'들이 자족적이고 단일한 실체가 아니라면? 그처럼 가변적인 요소들 간의 비교는 대체 어떻게 가능하다는 말인가?

영화에 대한 에이젠슈테인의 '변증법적 접근'에서 일탈하지 않으려면, 기호의 의미란 기호들 간의 관계 혹은 차이의 체계를 통해 생성되는 것이라는 구조주의적 관점을 통해 그의 논의를 이해해서는 안 된다. 구조주의적 체계에서 요소로서의 단일 기호는 그 자체만으로는 아무런 의미도 없는 텅 빈 것이다. '사과'라는 기호는 다른 기호와의 음성적 차이를 통해 변별되고 또 특정한 속성을 띤 과일과의 자의적 연관이 주어짐으로써 비로소 의미 있는 것이 된다. 하지만 에이젠슈테인이 몽타주의 소재로서 염두에 두고 있는 것은 그야말로 분화되지 않은 감각들로 이미 충만한 덩어리다. 그가 '몽타주 세포'를 원자가 아닌 분자로 간주하고 있는 것도 바로 이 때문이다.[45] 몽타주란 그처럼 분화되지 않은 감각들을 잘라내는 동시에 (원래와는 다른 방식으로) 이음으로써 의미를 표명하는 기술이다. 이 점에서는 'articulation'이란 개념과 일맥상통한다고 할 수 있는데, 주로 문화

연구의 영역에서 선호하는 번역어인 '절합(切合)'이라는 뜻에서도 그렇고 한편으로는 음악 용어로 종종 번역 없이 그냥 쓰이는 '아티큘레이션'이 가리키는 뜻에서도 그러하다.

앞서 나는 에이젠슈테인의 근본물음을 '감성적 인식의 변증법은 어떻게 가능한가?'라는 표현으로 정식화했다. 그가 감성적 인식의 변증법에 상응하는 영화적 과정으로 고려한 것은 다름 아닌 몽타주다. 이러한 기본 구도는 그의 이론적 궤적에서 거의 변치 않는 채로 유지된다. 하지만 끈질기게 그를 곤혹스럽게 하는 것이 하나 있다. 그것은 몽타주의 소재라 할 분화되지 않은 감각의 덩어리는 여간해서 숏이라는 단위와 일치하지 않는다는 점이다. 《파업》, 《전함 포템킨》, 그리고 《10월》까지 걸출한 작품들을 연이어 내놓으며 20대를 마무리한 그는 결국 "숏의 프레임과 대상 사이의 대립"이야말로 영화와 관련해 "가장 흥미진진한 시지각적 대립"이라는 결론에 이른다.[46] 앞서 잠깐 언급한 대로, 갓 연극에서 영화로 넘어왔던 경력 초기의 그는 이 분화되지 않은 감각의 덩어리를 '어트랙션'이라는 연극적 개념을 통해 사고하고자 했고, 그 이후 한동안은 어떻게든 영화적 숏 개념을 재가공하는 방식으로 해법을 찾으려 했지만, 영화를 넘어 예술 일반으로까지 몽타주 개념을 확장한 후기에는 '이조브라제니에'라는 개념을 도입하게 된다.

그런데 영화를 만드는 현장에서 영화 작가가 실제로 운용할 수 있는 것은 분명 숏이며 사실상 숏 이외에는 없다. 어트랙션이나 이조브라제니에는 기술적으로 다룰 수 있는 숏을 초과하는 개념들이기 때문에 작가가 염두에 둘 수는 있을지언정 동료나 스태프들에게 무언가를 요청하고 지시하는 용도로는 사용할 수 없다. 즉 이것들은 창작자들이 지침으로 삼을 수 있는 기술적이고 실용적인 개념들이 아니라 그야말로 비평적인 개념들이다. 에이젠슈테인의 몽타주 이론은 흔히 영화 창작과 관련된 것으로 알려져 있지만, 그가 제안한 개념들의 비평적 특성을 고려하면 영화 감상의 이론으로서 재독하는 것이 얼마든지 가능하다. 에이젠슈테인이야말로 영화, 나아가 예술은 비평 없이 결코 도래할 수 없다는 것을 누구보다 잘 알고 있었던 창작가였다.

에이젠슈테인에게 있어서 영화적 방법의 정수가 몽타주에 있는 것이라면 몽타주의 소재를 둘러싼 문제는 결국 동사적 수행으로서 '영화하기'의 구체적 대상을 둘러싼 문제라고 할 수 있다. 그의 논의는 숏이라는 기술적 단위를 대신할 영화적 개념을 제안했던 몇몇 동시대 이론가들의 작업을 선취한다. 오늘날의 우리에게 이는 결코 사소한 일이라고 할 수 없다. 앞으로 도래할 영화에 있어서의 관건은 그동안 한 세기 넘게 영화 기술자들은 물론이고 시네필 공동체에 이르기까지 흔들림 없는 위치를 점해 왔던 숏이라는 개념을 전면적으로 재고하는 데 있기 때문이다.

이와 관련해, 들뢰즈의 경우를 살펴보자. 『시네마』에서 들뢰즈가 제시하고 있는 이미지 개념은 종종 기술적인 숏 개념과 일치하지 않는다. 분명히 그는 이 불일치를 감지하고 있음에도 불구하고 한때의 에이젠슈테인과 마찬가지로 그 불일치에 저항하며 이미지와 숏을 등치시키려 애쓴다. 들뢰즈가 이 불일치를 처리하려는 과정에서 도식적으로 제시하고 있는 것이 바로 '운동-이미지'와 '시간-이미지'라는 유명한 개념쌍인데 이는 사실 유용하다기보다는 꽤 문제적인 용어들이다. 이 불일치로 인한 이론적 교란은 운동-이미지에 대해 집중적으로 다루고 있는 『시네마』 1권에서부터 이미 뚜렷하다. 들뢰즈의 운동-이미지 개념에 대해 언급히면시 조브소 아감벤이 "영화의 요소는 몸짓이지 이미지가 아니다"[47]라는 과감한 주장을 내놓을 수 있었던 것도 들뢰즈의 논의 한복판에 있는 이 교란을 간파했기 때문이리라. 짧게 언급하자면, 아감벤의 도발적인 주장은 대단히 흥미롭기는 하지만 몸짓이라는 개념 자체의 모호함으로 인해 비평적으로 응용하기는 생각보다 쉽지 않다.[48] 따라서, 숏 개념을 재고하기 위해 에이젠슈테인의 유산을 더듬고 있는 우리로서는 들뢰즈의 텍스트에서 엿보이는 교란에 좀 더 집중하는 편이 낫다.

『시네마』1권 초반부에서 그는 "숏, 그것은 운동-이미지다"[49]라고 단언하며 숏과 이미지를 등치시킨다. 게다가 그는 "롱숏은 무엇보다 지각-이미지, 미디엄숏은 무엇보다 행동-이미지, 클로즈업은 무엇보다 감정-이미지일 것"[50]이라며 숏의 유형들과 운동-이미지의 변이들을 대응시키기도 한다. 그런데 들뢰즈가 숏과 관련해서는 이미지를 언제나 술어의 자리에 두고 있다는 점에 주목하자. 바꿔 말하자면, 그는 'OO숏은 OO-이미지'라는 식으로 말할 뿐 'OO-이미지는 OO숏'이라는 식으로는 말하지 않는다. 이로써 이미지는 숏과 등치되는 듯한 모양새를 취하면서도 항상 숏보다는 외연이 넓은 개념인 채로 남을 수 있게 된다. 들뢰즈식 글쓰기의 교묘한 전략이 엿보이는 부분이다. 결정적으로 교란이 일어나는 것은 그가 "사물, 그것은 이미지다"[51]라고 단언할 때다. 이는 대단히 모험적인 주장이라할 만한데, 사물들의 미메시스로서의 이미지가 사물과 일치한다는 것은 그야말로 어불성설이기 때문이다. 십분 양보해도 이는 기껏해야 비유―'이미지의 힘은 사물에 필적한다'는 식의―에 지나지 않는다. 들뢰즈 자신도 이 점을 잘 알고 있다. 그래서 다음과 같이 덧붙인다. "하지만 사물들은 총체적이고 객관적인 포착들(préhension)이고 사물들에 대한 지각은 부분적이고 편파적이며 주관적인 포착들이다."[52] 사물의 총체적 객관성과 이미지의 부분적 주관성이라는 명료한 구도는 너무 상식적인 것이긴 해도 그 자체로 문제될 것은 없다. 문제는 앞서 들뢰즈가 "사물, 그것은 이미지다"라고 단언함으로써 이미지를 사물과 동등하거나 그보다 넓은 외연을 지닌 것으로 선언해버렸다는데 있다.

『시네마』는 상이한 두 개의 이미지 개념 사이에서 진동하고 있
는 책이다. 한편에는 기술적인 숏 개념에 거의 일치할 정도로 축소된
이미지가, 다른 한편에는 사물과 동등하거나 그것을 능가할 만큼 확
장된 이미지가 있다. 이로 인해 『시네마』는, 특히 시간-이미지에 대
해 다루고 있는 2권은 긍정적인 뜻과 부정적인 뜻 모두에서 대단히
'시적'인 저술이 된다. 이론적 엄밀함에 대한 추구와 비평적 통찰력
을 밀고 나가는 모험이 서로 긴장을 이루고 있는 1권을 읽고 나서 그
보다 두툼한 2권을 읽다 보면, 시간-이미지라는 지나치게 우아하면
서 거칠기 짝이 없는 개념—거의 헤겔적인 이념에 가까운 것으로 승
격된 개념—을 옹호하기 위해 들뢰즈가 곡예를 부리고 있다는 인상
까지 들 정도다. 하지만 거듭 강조하건대 그의 이미지 개념 한복판의
교란을 누구보다 잘 알고 있는 것은 바로 들뢰즈 자신이다. 예컨대
다음과 같이 서술하고 있는 부분을 보라.

> 운동-이미지는 두 개의 국면을 지니는데 하나는 대상들과
> 관련된 것이고 다른 하나는 전체(tout)와 관련된 것으로서,
> 운동-이미지는 대상들의 상대적 위치를 변화시키며 전체의
> 절대적인 변화를 표현한다. 위치는 공간 내에 있지만, 변화
> 하는 전체는 시간 속에 있다. 운동-이미지와 숏을 동일한 것
> 으로 간주한다면, 대상으로 향한 숏의 첫 번째 국면을 프레
> 임이라 부르고 전체로 향한 또 다른 국면을 몽타주라 부를
> 수 있을 것이다. 바로 여기에서 나음과 같은 첫 번째 테제가
> 나오게 된다. 전체를 구성하고 우리에게 시간에 대한 이미
> 지를 주는 것은 바로 몽타주 그 자체라는 것이다.[53]

이처럼 운동-이미지는 프레임을 통해 명확하게 한정되는 가시적 영역만을 가리키기도 하고, 가시적 영역들의 몽타주를 통해 프레임을 넘어서며 비가시적 영역까지 포괄하기도 한다. 한자어를 빌려 새겨보자면, 전자의 이미지는 '물상(物像)'에 가깝고 후자의 이미지는 '심상(心像)'에 가깝다고 해도 무방하겠다. 물론, 아감벤이 정확하게 지적한 대로, 들뢰즈의 의도는 영화가 "심적 실재로서의 이미지와 물리적 실재로서의 운동에 대한 거짓된 심리학적 구별을 지워버린다고 주장"[54]하는 데 있음을 모르는 바는 아니다. 물심상(物心像)으로서의 운동-이미지라고나 할까? 하지만 들뢰즈가 운동-이미지의 한 국면으로서의 몽타주는 우리에게 간접적으로 '시간에 대한 이미지'를 준다고 말할 때, 우리는 그가 이미 '직접적인 시간-이미지' 혹은 시간-이미지 자체를 염두에 두고 있음을 간파한다. 여기서부터, 돌연 운동과 시간은 들뢰즈가 간접성과 직접성의 개념쌍에 부여한 위계를 고스란히 따라 우열 관계에 놓이게 된다. 그리고 『시네마』 1권을 그토록 매혹적인 것으로 만들었던 이미지의 유형학은 이제 2권을 지배하는 이미지의 진화론에 자리를 내주게 된다.

들뢰즈에 따르면, 시간-이미지는 몽타주를 통해 생성되는 것이 아니며 오히려 몽타주가 잠재적인 시간-이미지를 통해 가능해지는 것이다.[55] 그렇다면 이러한 이미지, 즉 시간-이미지는 '물상'이 아님은 물론이고 더 이상 '물심상'도 아니다. 이것은 철저하게 심적 실재로 다시 환원된 이미지요 '심상'이며 전체(tout) 자체다. 이런 시간-이미지는 그야말로 '명상적 이미지'라고밖에는 할 수 없다. 아니나다를까, 들뢰즈는 지극히 명상적인 영화작가 안드레이 타르코프스키를 예로 들면서 그가 영화란 숏이라는 단위들을 통해 작동하는 하나의 언어라는 생각을 거부함으로써 에이젠슈테인의 한계를 극복했다며 상찬하기도 한다.[56] 하지만 그런 생각은 기실 에이젠슈테인과는 무관한 것임을 누구보다 잘 알고 있었던 이는 바로 들뢰즈 자신이 아니었을까? 『시네마』 2권은 도입부에서부터 이처럼 희극적인 씁쓸함을 안겨주는 책이다. 결국, 이 기묘한 굴절을 바로잡아야 하는 것은 우리다. 알랭 바디우의 표현을 빌리자면 "잠재적인 것에 대한 찬가"에 몰두하면서 진리 그 자체이자 전체적인 잠재성으로서의 시간을 특권화하는 들뢰즈의 명상적 유희에 우리가 함께 빠져들어야 할 이유는 없다.[57] "현실적인 것과 잠재적인 것이라는 분명히 구분되는 두 개의 이미지들[운동-이미지와 시간-이미지]이 결코 분간이 안 되는, 분간 불가능성의 지점"[58]처럼 전형적으로 들뢰즈적인 은유에 대해서도 바디우는 다음과 같이 일갈한다.

> 이 같은 사유의 궤도 안에서는 일자(一者)의 자리를 이처럼 [잠정적으로만] 이자(二者)가 차지하고 있는 것이다. 그리고 이 모든 것에도 불구하고 일자를 구해낼 목적으로 사유가 불가능한 이자로, 해결책이 없는 분간 불가능성으로, '상호적 이미지'라는 타협적이며 애매한 은유로 우리가 되돌아와야만 한다면, 이때에는 (잠재적인 것이 비록 목적성처럼 모든 것의 궁극적인 종착지는 아닐지라도 그 대신 모든 것의 운명을 결정한다는 점에서) 결정적으로 잠재적인 것이 목적성보다 더 나을 것이 없게 된다. 즉, 잠재적인 것은 이제 목적성을 위에서 아래로 뒤집어 놓은 것이 되고 마는 것이다. 특별히 엄격한 태도를 취하여, 스피노자를 불러서, 그의 진정으로 현대적인 유일한 수제자를 다음과 같이 꾸짖도록 해 보자. 잠재적인 것, 그것은 목적성과 마찬가지로 무지의 도피처이다.[59]

오브라즈, 혹은 물질적 추상

에이젠슈테인으로 돌아가자. 어떤 거리낌도 없이, 어떤 망설임도 없이, 에이젠슈테인으로 돌아가자.

　오늘날 우리의 삶과 사유를 위협하는 반동의 힘은 희망과 결부된 온갖 단어들이 낡고 진부한 것이 되었다며 거짓되게 속삭이는 교활한 목소리의 형태로 행사된다. 그래서 바디우는 "우리 스스로를 시대에 뒤떨어진 사람이라 여기지 말고, '인민', '노동자', '사적 소유의 폐지' 등의 단어를 말할 수 있어야 한다"[60]고 호소한다. 시네마의 가능성과 관련해서라면, 우리는 시대에 뒤떨어졌다는 불안감 없이 에이젠슈테인의 이름을, 그가 제안한 여러 비평적 개념들을 자유롭게 말할 수 있어야 한다. 한편으로 우리는 바디우와는 매우 결이 다른 철학자인 리처드 로티의 말을 참고해볼 수도 있다. 그에 따르면 유토피아 정치, 혁명적 과학, 그리고 흥미로운 철학은 "성가신 것으로 변해버린 이미 고착된 어휘"를 "막연하지만 위대한 일을 약속해주는 반쯤 형성된 새로운 어휘"로 대체하는 방법을 통해 개시된다.[61] 언어와 관련해서 이는 바디우의 그것과는 정반대의 주장이라고 할 수 있다. 그런데 에이젠슈테인은 "막연하지만 위대한 일을 약속해주는 반쯤 형성된 새로운 어휘"들의 보고를 우리에게 물려준 인물이기도 하다. 특히, 오늘날의 영화와 도래할 영화를 사유함에 있어 어쩐지 부적절한 것으로 여겨지는 숏 개념이라든지, 들뢰즈를 비롯한 여러 프랑스 논객들―덧붙이자면, 자신이 프랑스 영화 문화의 전문가임을 자부하는 일부 '프랑코필(francophile)'로서의 시네필들―에 의해 지나치게 '시적'으로 기화되어 버린 이미지 개념을 재고하는 데 있어 에이젠슈테인의 유산은 무척이나 소중하다.

앞에서 이미 지적한 대로, 에이젠슈테인이 몽타주의 소재로서
염두에 두고 있던 것은 분화되지 않은 감각들로 이미 충만한 덩어리
였고 이는 숏이라는 개념과 일치하지 않는다. 이러한 덩어리를 가리
키기 위해 경력 초기의 에이젠슈테인이 제안했던 용어가 바로 어트
랙션(러시아어로는 아트락치온(аттракцио́н))이다. 1924년에 집필
한 「영화 어트랙션의 몽타주」에서 에이젠슈테인은 어트랙션이란 "관
객들의 주의와 감정에 확실히 영향을 행사한다는 점이 입증된 어떤
명백한 사실"이라고 규정한다. 그에 따르면 이러한 '사실', 즉 어트랙
션은 어떤 행동·대상·현실일 수도 있고 의식의 어떤 결합물일 수도
있다. 그리고 하나의 어트랙션은 다른 어트랙션들과 결합(몽타주)하
여 제작 목적에 따라 지시된 어떤 방향으로 관객들의 감정을 집중시
키는 특징을 띤다.[62] 이런 점에서 어트랙션 개념은 에이젠슈테인이
나중에 제안한 이조브라제니에 개념으로부터 그리 멀리 떨어져 있
지 않다.

이조브라제니에 개념은 오브라즈 개념과 밀접하게 관련되어 있
는데, 전자의 단어 자체에 후자가 어근으로 포함('이즈-오브라즈-에
니에')되어 있다는 점에서 그 관련성을 짐작할 수 있다. 후대의 영화
작가들 가운데 이 두 개념의 가능성에 일찌감치 주목했던 이가 바로
고다르이다.[63] 그는 1993년에 발표한 《러시아식으로 노는 아이들》
에서 두 개념을 직접 언급한 적도 있고, 근작 《이미지의 책》과 관련
해 이루어진 한 인터뷰에서는 대담자에게 이들 개념을 환기시키는
것으로 대화를 시작하기도 한다.

> 대담자 '이미지의 책(le livre d'image)'이라는 제목에 대한
> 이야기로 시작해 보죠. (…) [당신에게 있어서] 제목이란 대
> 체 무엇입니까?

고다르 여기서 그건 여느 영화의 제목들과 다르지 않은 역할을 해요. 일종의 요약이죠. 우리가 이에 관해 이야기하기 시작할 거라는 거죠. 그런데 우리는 'image'를 단수형으로 썼습니다.[+] 그러니까 흔히 볼 수 있는 그런 것처럼 이미지들이 들어간 책은 아닌 거고요, 이를테면 회화에 관한 책들처럼 말이죠. 제목에서는 그냥 단수로 'image'였어요. 아, 맞다! 기억이 잘 안 나서 당신에게 묻고 싶은 게 있어요.《러시아식으로 노는 아이들》에 보면 러시아어에는 이미지를 가리키는 단어가 두 개라고 말하는 순간이 있잖아요.

대담자 '오브라즈'와 '이조브라제니에'요.

고다르 저는 그 차이를 잊었어요.

대담자 '오브라즈'는 단순히 보이는 것만을 가리키는 것이 아니라 더 넓은 의미가 있어요. 다소 형이상학적인.

고다르 그리고 다른 하나[이조브라제니에]는? 그게 미국인들이 'picture'라고 부르는 것인가요?

대담자 바로 그렇죠.

고다르 그렇군요. 하지만 그 영화에서 저는 프랑스어로 말했던 것 같은데요. 이미지는, 그러니까 '오브라즈'는, 뭐 이러면서 러시아 성상화인 이콘(icon)을 보여주었죠. [스마트폰 화면을 들어 보이며 웃으면서] 요즘에는 이런 것이 아이콘(icon)이죠.[64]

러시아 성상화를 뜻하는 이콘은 고대 그리스어 '에이콘(εἰκών)'

[+] 프랑스어로 'livre d'images'는 여러 장의 그림들로 이루어진 책, 즉 그림책 혹은 그림첩을 뜻한다. 그런데 고다르는 이미지 일반을 가리키는 뜻에서 'image'를 단수로 표기해 'livre d'image'라는 제목을 썼다.

에서 기원한 말이다.[65] 그런데 고대 러시아에서 이콘을 가리키는 말로 쓰인 것은 오브라즈였다. 고다르가 오브라즈에 대해 언급하면서 이콘을 보여주었다는 것은 바로 이 때문이다. 즉 본디 오브라즈는 단순한 이미지가 아니라 무언가 특별하고 종교적인 이미지를 가리키는 말이었다. 러시아어에는 '오브라즈(образ)'를 어근으로 삼고 여기에 '~화(化)'를 뜻하는 접미사 '~에니에(ение)'를 붙여 만든 단어들이 여럿 존재한다. 예컨대, '~(안)으로'를 뜻하는 접두사 '보(во)~'가 들어간 '보브라제니에(воображéние)'는 '상상'을 뜻하고, '~(로)부터'을 뜻하는 접두사 '오트(от)~'가 들어간 '오토브라제니에(отображéние)'는 '반영'을 뜻하는 식이다. 그렇다면 이조브라제니에는? 접두사 '이즈(из)~' 역시 '~(로)부터'를 뜻하기는 하지만 이는 출처나 기원의 의미에 가까워 무언가로부터 이탈하고 멀어짐을 뜻하는 '오트(от)~'와는 차이가 있다. 따라서 '이조브라제니에(изображéние)'는 단지 수동적인 반영이 아니라 무언가를 적극적으로 형상화하는 과정, 혹은 그러한 과정을 통해 얻어지는 구체적인 이미지를 가리키는 것이 된다.[66]

　에이젠슈테인이 이조브라제니에와 오브라즈라고 하는 개념쌍을 자신의 논의에 본격적으로 끌어들이기 시작한 것은 「몽타주 1938년」[67]에 이르러서다. 이 글의 중요성은 여기서 그가 몽타주 개념을 비단 영화의 영역에만 국한하지 않고 보다 확장하면서 보편적인 몽타주 이론이라 할 만한 구상을 제안했다는 점에 있다. 이를테면 모파상의 소설은 서술에 있어서의 몽타주를, 배우 조지 알리스의 동작과 몸짓은 연기에 있어서의 몽타주를, 다빈치의 그림은 회화에 있어서의 몽타주를 예시하는 것으로 간주된다. "영화에 있어서의 몽타주 원리는 보편적 몽타주 원리(*montage principle in general*)가 [영화에] 부분적으로 적용된 것일 뿐이며, 온전한 의미에서 이해할 때 이 원리

는 필름 조각들을 이어붙이는 일을 훌쩍 넘어서는 것이다."[68] 에이젠
슈테인에게 있어 '영화하기'란 곧 몽타주라는 것을 우리는 이미 알고
있다. 그렇다면 이제 '영화하기'는 개별 영화들을 넘어서 문화 일반
을 조직화하고 운용하는 원리로서 사고되고 있는 셈이다.

　　몽타주 개념을 이처럼 일반적인 수준으로까지 확장하고 나면,
기술적인 측면에서 지나치게 영화에만 국한된 숏이라든지 회화 및
사진의 용어를 고스란히 끌어온 프레임 등은 대단히 부적절한 개념
이 될 수밖에 없다. 이에 에이젠슈테인은 영화나 회화나 사진은 물
론이고 소설이나 연극 등에도 보편적으로 적용 가능한 몽타주의 소
재를 가리키는 개념으로 이조브라제니에를 제안하고 있다. 그가 이
조브라제니에를 엄밀히 정의하고 있는 것은 아니지만, 적어도 우리
는 그것이 어떤 단위라기보다는 제각각 서로 다른 꼴을 취하는 일종
의 덩어리, 즉 사물·사실·사건 들의 클러스터라고 생각해볼 수 있다.
따라서 영화적 이조브라제니에는 꼭 하나의 숏 자체만이 아니라 숏
의 구성요소들 가운데 하나를 가리키는 것일 수도 있고 때로는 여러
숏들의 결합을 가리키는 것일 수도 있다. 다시 한 번 상기하자면, 2장
에서 영화적 롱테이크에 대한 파스칼 보니체의 언급을 소개하며 이
미 살펴본 대로, 영화에 있어서 숏이라는 것 자체가 대단히 불명료한
개념이다.

　　한편으로, 이조브라제니에가 여러 예술들에 공히 적용 가능한
개념이라면, 서로 다른 이조브라제니에들 간에는 공통의 척도가 없
을 수도 있다. 상식적인 이야기지만, 공통의 척도를 가정하지 않는
단위란 없다. 간단한 예를 떠올려보자. 어떤 문장(소설적 이조브라제
니에)의 '길이', 어떤 배우에게 허용된 동선(연극적 이조브라제니에)
의 '길이', 또는 어떤 숏(영화적 이조브라제니에)의 '길이' 같은 용례
가 일상 언어에 있다고 해서, 여기서 '길이'가 공통의 척도를 가정하

는 단위로써 사용되고 있다는 뜻은 아니다. 그렇기는 해도 특정한 오
브라즈와 관련된 일군의 이조브라제니에들은 분명 서로 가족 유사
성을 띤다. 그리고 오브라즈는 이처럼 비교 가능한 공통의 척도가 없
(을 수도 있)는 이조브라제니에들의 몽타주를 인도하는 대상, 바꿔
말하면 '영화하기'라는 방법론적 수행의 대상으로서의 형상이라고
이해할 수 있다. 이리하여, 영화와 다른 예술들은 "이러한 [예술적]
영역들 각각이 아무리 서로 대립되는 지점들로 향하는 것처럼 보일
지라도, 그 영역들은 우리가 이제 그것들 속에서 파악한 바와 같은
방법론적 유사성과 통일성으로 인해 궁극적으로 만나게 된다."[69] 다
음의 인용문은 에이젠슈테인이 잠정적으로 영화에서의 몽타주를 염
두에 두고 쓴 것이지만, 몽타주에 대한 확장된 이해를 갖고 다시 읽
어보면 다른 의미를 띠게 된다.

> 몽타주에 대한 이러한 이해가 본질적으로 함의하는 바는
> 무엇인가? 이 경우에 있어서 각각의 몽타주 단편(montage
> piece)은 더 이상 다른 것들과 무관하게 독립적으로 존재하
> 는 것이 아니라, 모든 숏-단편들(shot-pieces)을 똑같이 관
> 통하는 일반적 주제와 관련해 주어진 한 특수한 *이조브라제
> 니에*로서 존재하는 것이다. 이러한 부분적 세부들이 어떤 특
> 수한 몽타주 구성 속에 나란히 놓이게 되면, 각각의 세부가
> 관여되어 있으면서 모든 세부들을 하나의 *전체*로, 즉 총괄
> 적인 *오브라즈*로 한데 엮는 일반적 특성이 생명을 얻어 환히
> 빛나게 된다.[70] [강조는 원문]

여기서 에이젠슈테인이 오브라즈란 일종의 '전체'라고 말하고
있다 해서 이를 들뢰즈적 '전체(tout)'와 구별 없이 뒤섞어 버려서는

곤란하다. 들뢰즈적 전체는 영화에 있어서는 시간-이미지라고 하는, 몽타주를 비롯해 모든 대상과 과정 들을 산출하는 역량으로서 이해 된다. 사실 그 기원만 놓고 보자면 오브라즈 개념 자체는 세속적·물 질적 이조브라제니에들을 산출하는 종교적·추상적 역량으로서의 이미지라는 뜻이 강하다. 에이젠슈테인의 진정한 기여는 그가 이 구 도를 철저하게 변증법적으로 바꾸어 놓았다는 점에 있다. 그의 논의 에서 오브라즈는 어디까지나 물질적 추상이며, 분명 물질적이기 때 문에 이조브라제니에들을 통해서만 구성되지만, 한편으로는 분명 추 상이기 때문에 이조브라제니에들로만은 구성되지 않는다. 얼핏 들 으면 말장난 같을 수도 있겠다. 그렇다면 마르크스의 『자본』을 영화 화하려 했던 에이젠슈테인이 염두에 두고 있던 자본과 같은 대상을 떠올려보도록 하자. 자본이야말로 정확히 물질적 추상으로서의 오 브라즈에 해당하는 것이니 말이다.

오브라즈로서의 자본을 어떻게 표상할 수 있을까? 물론 그것과 관련된 이조브라제니에들을 통해서다. 이러한 이조브라제니에들은 자본주의 체제를 이루는 온갖 사물·사실·사건 들, 간단히 말해 상 품들이다. 그렇다면 몇몇 상품들을 적절히 골라내어 제대로 배치하 기만 하면 자본이라는 오브라즈를 형상화할 수 있을까? 절대 그렇지 않다. 도심 한가운데 높이 솟은 마천루들, 증권 거래소의 전광판, 백 화점에 전시된 온갖 물건들과 그 사이로 지나다니는 사람들, 조폐공 사 화폐본부에서 대량으로 찍혀 나오는 지폐, 어선에서 일하는 이주 노동자들, 인력 시장에서 대기 중인 사람들 등의 이미지를 아무리 결 합해 봐야 자본이라는 오브라즈는 결코 형상화되지 않는다. 그저 오 늘날의 자본주의 사회에 대한 인상주의적 스케치에 지나지 않는 것 이 나올 뿐이다. 왜 그럴까? 자본이 상품들을 매개하는 방식의 동시 적 이중성 때문이다. 한편으로 그것은 언제든 상품으로 변할 수 있는 화폐의 형태로 상품들을 매개하면서, 다른 한편으로는 언제든 화폐로 변할 수 있는 상품의 형태로 상품들을 매개한다. 말하자면 이조브라제니에들을 통해 구성되는 오브라즈 자체가 분신술과 변신술을 동시에 운용하면서 이조브라제니에들을 매개하고 있는 셈이다. 《자본》프로젝트를 구상하고 있던 1920년대 후반의 에이젠슈테인은 자본의 이러한 교착 관계를 포착하기 위해서는 '영화하기'에 있어서 방법론적 전환이 필수적이라고 보았다.

물론 『자본』의 영화화를 구상하고 있던 시기(1927~28년)의 에이젠슈테인의 사유는 「몽타주 1938년」과 같은 글에서 오브라즈/이조브라제니에 개념을 본격적으로 도입한 시기의 그것과 여러모로 다르다. 하지만 거의 한 세기 가까이 지나 에이젠슈테인의 유산을 다시 더듬고 있는 우리는, 과거의 상이한 국면들을 한꺼번에 조망하기에 유리한 시점에 있음을 십분 활용하여, 두 시기의 사유를 중첩시키는 작업으로부터 출발할 필요가 있다. 그러면 에이젠슈테인의 비평적·이론적 논의들이 『스펙터클의 사회』에서 기 드보르가 제시한 '자본-이미지'를 선구적으로 사유한 작업으로서 비치기 시작한다. "스펙터클의 구체적 존재 양식이 바로 추상"이며 "스펙터클은 하나의 이미지가 될 정도로 축적된 자본"이라고 드보르가 주장할 때,[71] 그는 물질적 추상으로서의 오브라즈에 다름 아닌 자본을 비판적으로 형상화하는 문제에 골몰했던 에이젠슈테인과 분명하게 공명하고 있기 때문이다. 물론 둘 사이의 차이도 뚜렷하다. 드보르의 경우, 자본과 이미지의 동종성에 지나치게 사로잡힌 나머지 자본-이미지와 시네마 자체를 등가시키는 데까지 나아갔고 결국 그는 자신이 만든 일련의 영화들―《사드를 위한 외침》에서 《우리는 밤의 주위를 배회하고 불타버린다》까지―에서 철저한 '비(非)형상화'를 통해 시네마의 가능성 자체를 폐지하려 했다. 반면에 그야말로 희망의 대가라 할 에이젠

슈테인은 감성적 인식의 변증법이자 '영화하기'로서의 몽타주를 수
행함으로써 형상화에 이르는 다른 길이 있다고 보았다.

특정한 물질적 소재들, 즉 사물·사실·사건 들을 적절하게 배치
해서 어떤 대상에 접근한다는 생각 그 자체는 전혀 특이할 것이 없다.
배치를 수행하는 방법은 무엇인지, 그리고 대상의 성격은 어떠한지
에 따라 활동의 양상이 달라질 뿐이다. 가령, 인과적인 방법을 통해
물질적 대상에 접근하려 하는 활동을 두고 우리는 과학이라 부른다.
분석적인 방법을 통해 관념적 대상에 접근하는 활동으로는 역사학
을 떠올려 볼 수 있다. 점술이란 우연적인 방법을 통해 물질적 대상
에 접근을 꾀하는 활동이다. 그렇다면 우연적인 방법으로 관념적 대
상에 접근을 꾀하는 활동은 무엇일까? 몽상 혹은 명상이 그런 활동이
아닐까 한다. 그런데 어떤 대상이 물질적인 동시에 관념적인 성격을
띠고 있다면? 혹은 감각적인 동시에 추상적인 성격을 띠고 있다면?
이런 대상에 접근하는 방법은 어떤 것일까?

영화《자본》프로젝트를 구상하고 있던 에이젠슈테인은 자본이
야말로 이러한 성격을 띤 대상들 가운데 가장 문제적인 대상이라고
보았다. 그는 이러한 대상에 접근하기 위해서는 '영화하기'의 새로운
방법론이 필요하다는 것을 알고 있었지만, 물질적 소재들을 배치하
는 방법과 관련해서는 다소 막연하게 연상적인 수준을 넘어서지 못
했다. 그는 "하나의 몽타주에 들어가는 지적 아트락치온[어트랙션]
들 사이의 '유사성'은 감각적인 종류가 아니"[72]라는 것을 알고 있었지
만, 그러한 종류의 유사성을 어떻게 영화적으로 다룰 수 있을지에 대
해서는 그저 모호한 생각만을 지니고 있을 뿐이었다. 그는 제임스 조
이스의 『율리시즈』에서 방법론적 출구를 찾았다고 믿었지만, 거기서
얻은 아이디어를 영화적으로 번역해 내는 데는 분명 실패했다. 「몽타
주 1938년」과 그 이후의 에이젠슈테인은 비단 영화에 국한되지 않는

몽타주 원리를 구상하고 오브라즈와 이조브라제니에라는 개념쌍을 도입했다. 이로써 방법론적 탐구는 심화되었지만 물질적·감각적이면서 관념적·추상적인 대상의 이중성에 대한 인식은 다소 약화된 것처럼 보인다. 즉, 이 시기 그의 오브라즈 개념에는 언제라도 다시 관념적인 영역으로 회귀할 가능성이 잠복해 있다. 우리가 에이젠슈테인의 두 시기를 반드시 중첩시켜 보아야 하는 이유가 여기에 있다.

1985년에 출간된 타르코프스키의 『봉인된 시간』에서[73] 실제로 오브라즈 개념은 그 러시아적 연원으로 회귀하여 다시 종교화된 예술적 개념이 되어 버린다. 1990년대 한국 시네필들의 경전 목록에도 올라 있었던 이 책에는 여러 번 곱씹어 볼 만한 실천적 통찰들이 적잖이 담겨 있지만 분명 문제적인 구석도 많다. 특히 에이젠슈테인에 대한 비판은 영화의 고유성이나 순수성을 가정하는 타르코프스키의 보수적 예술관에 입각해 있어 거의 설득력이 없다. 예컨대, 그는 《이반 대제》의 리듬감을 상찬하면서도 궁극적으로 이 영화는 연극에 매우 가깝기 때문에 영화적 작품이 될 수 없다고 단정한다.[74] 타르코프스키가 "삶 자체의 형식과 삶의 시간적 법칙에 걸맞게 조직되는 삶의 사실들을 시간 속에서 관찰하는 것"이라 규정한[75] '키노브라즈(к иноoбраз)' 개념은 들뢰즈의 시간-이미지 논의에 영감을 주기도 했지만, 이는 지극히 종교적인 오브라즈 개념에 기대고 있는 것이라 미심쩍기 짝이 없다.[76] '영화에서의 오브라즈'라는 제목이 달린 장(章)의 첫머리에서, 타르코프스키는 "오브라즈는 무한을 지향하며 신[지고의 상태](Бог)에 이르는"[77] 것이라고 규정한다.

이처럼 절대화된 오브라즈 개념에는 에이젠슈테인의 그것과 같은 변증법적 긴장이 있을 수 없다. 무한과 절대적인 것을 지향하는 오브라즈, 즉 보편적 이미지를 다시금 '세속화'하며 거기에 변증법적 긴장을 재도입한 이는 역시 고다르였다. 『봉인된 시간』의 독일어 초

판본이 첫 출간된 1985년, 그해 베를린영화제에서는 고다르의 문제
작 《마리아께 경배를》이 상영되었다. 여기서 성모 마리아의 육체성
이라는 '불경'한 토픽은 물질적인 한편 관념적이기도 한 이미지의 이
중성이라는 토픽과 한 몸처럼 얽혀 있다. 그 자체로 절대적인 이미
지는 결국 그 고유성으로 인해 몽타주에 걸맞지 않은 이미지, 나아
가 몽타주를 거부하는 이미지다. 즉, 그것은 세속적 사용에 열려 있
지 않은 이미지다. 2장의 말미에서, 나는 망각을 통해 이미지들의 비
결정성과 중립성을 되찾은 이들만이 이미지들을 새로운 관계 속에
서 바라보는 이상적인 관객이 될 수 있다고 주장했다. 그렇다면 창작
(자)의 입장에서는? 《마리아께 경배를》이 이러한 물음으로부터 출
발한 이론적 우화라면, 《영화의 역사(들)》은 그 우화에서 얻은 교훈
으로부터 출발하는 실천적 서사시다. 그 교훈이란 조르조 아감벤의
표현을 빌리자면 '탈창조(decreation)'의 방법론이다. 탈창조란 무한
과 절대적인 것을 지향하며 전적으로 새로운 이미지를 만들어내기보
다는 오히려 이미 존재하는 이미지를 '반복과 중단'을 통해 '무의 이
미지'로 바꾸어 새로운 사용이 가능하게 하는 일이다. 「영화와 역사:
고다르에 대하여」[78]라는 글에서 아감벤은 다음과 같이 썼다.

> 두말할 나위 없이, 고다르가 우리에게 보여주는 이미지들은
> 기존의 다른 영화들로부터 발췌한 이미지들의 이미지들이
> 다. 하지만 스스로를 이미지로서의 이미지[+]로 제시할 능력
> 을 지닌 것들이다. 그것들은 더 이상 그것의 의미나 서사 따
> 위를 곧장 설명해야 하는 무언가의 이미지들이 아니다. 그것
> 들은 이미지 그 자체로서 드러나는 이미지들이다. 진정 메

✦   고다르의 표현대로라면, '그저 하나의 이미지'.

시아적인 힘은 이미지에 이처럼 '이미지-없음(imageless-ness)'을 부여하는 힘으로서, 이미지-없음이란 벤야민이 말한 대로 모든 이미지의 은신처이다.

그렇다면 이미지는 메시아적인 힘을 어떻게 획득하는가? 세르주 다네를 따라, 아감벤은 "몽타주를 통해서"라고 답변한다. 시네마란 오직 몽타주를 추구할 뿐이라는 것, 그리고 20세기의 인류에게 반드시 필요한 것은 바로 몽타주라는 것, 이것이야말로 《영화의 역사(들)》에서의 고다르의 테제라고 했던 다네의 주장을 상기하면서 말이다. 아감벤은 반복과 중단을 통해 이미지를 '무의 이미지'로 바꾸는 일이야말로 몽타주를 위한 가능성의 조건이라고 본다. 순전히 논리적으로만 따진다면, 아감벤의 논변은 (그의 대부분의 주장들이 그러하듯) 그야말로 순환적이다. 몽타주가 가능하기 위해서는 '무의 이미지'가 필요한데 '무의 이미지'는 몽타주를 통해서만 얻을 수 있다고 말하고 있으니 말이다. 하지만 이렇게 생각해볼 수도 있다. 아감벤이 이처럼 순환 논법에 빠져들 수밖에 없었던 것은 몽타주란 '영화하기'의 모든 과정과 국면을 변증법적으로 가로지르는 활동이기 때문이라고 말이다.

영화가 아닌 수단으로 '영화하기'

다시 한번 말하자면, 비평가로서 에이젠슈테인의 근본물음은 "사유의 방법론으로 정당하게 자리매김할 수 있는 감성적 인식의 변증법은 어떻게 가능한가?"이다. 방법으로서의 몽타주를 둘러싸고 펼쳐지는 에이젠슈테인의 논의는 전적으로 이 물음 주위에서 공전하고 있다. 물론, 때로 그는 "'이야기를 벗어난' 형상을 통해 '어떻게든' 사유하는 일은 매우 어렵다"고 솔직하게 토로하기도 한다.[79] 이 까다로운 문제에 관해 보다 심도 있게 다루기 위해서는 별도의 소책자 한 권이 필요할 것이며, '에세이적'이라 불리는 영화들에 대한 오늘날의 논의들도 참고해야 한다. 따라서 얼마간 입문적인 성격을 띠고 있는 이 책에서 다루기엔 적절치 않다고 본다. 대신 여기서는 에이젠슈테인이 우리에게 물려준 유산들에서 우리 시대의 영상 문화와 관련해 특별히 시의성을 띤다고 생각되는 몇몇 지점들을 짚어보고자 한다.

예컨대, 오브라즈와 이조브라제니에 같은 개념들은 가상현실 기술이 점점 상용화 단계에 가까워지고 있는 오늘날 특별히 비평적으로 유용하게 쓰일 수 있다. VR 기반 이미지에서는 프레임이라는 전통적인 경계에 따라 내화면과 외화면을 나누는 일이 무의미해지기 때문에, 숏이라는 영화적인 개념 또한 대단히 문제적인 것이 된다. 이때, 사물·사실·사건 들의 클러스터에 가까운 이조브라제니에를 숏보다 확장된 의미를 띤 대안 개념으로 고려해볼 수 있다. 다른 한편으로, 오늘날에는 움직이는 이미지가 영화관의 스크린을 벗어나 미술관이나 공연장으로 확장되어 여타의 예술 양식들과 교차되는 일이 드물지 않고, 여러 디스플레이 기기에서 흔히 텍스트와 병치되기도 한다는 점을 고려하면, 비단 영화에 국한되지 않고 여러 매체 사이에서 이루어지는 몽타주를 고찰하기 위해서라도 이러한 대안 개념은 필수적이라 하겠다. 이조브라제니에 개념이 오브라즈 개념과 변증법적으로 얽혀 있다는 점은 특히 의미심장하다. 그러한 얽힘으로 인해 이조브라제니에는 단순히 특정 클러스터들을 지칭하는 기술적 개념에 머무르지 않고 그러한 클러스터들로 구성된 총체적 세계의 의미를 가늠하는 비평적 개념 또한 될 수 있기 때문이다.

퍼포먼스적 특성이 강한 두 편의 VR 작품을 비교해보자. 하나
는 2017년에 베니스영화제를 통해 처음 공개된 차이밍량의 《난야사
의 집(家在蘭若寺)》[80]이다. 이 작품은 관람객이 회전의자에 앉아 몸을
360도로 돌려가며 보게 되어 있다. 이 작품의 경우, 각각의 클러스터
는 연극적 막이나 영화적 숏에 무리 없이 대응한다. 차이밍량은 그
동안 자신이 정교하게 다듬어 온 영화적 롱테이크 미학을 고스란히
VR의 세계에 이식, 확장하고 있다. VR 특유의 유령적인 1인칭 시점
에 걸맞은 '유령 이야기(기담)' ─ 포송령이 지은 『요재지이』의 「섭소
천」 편─를 모티브로 삼으면서 말이다. 2021년에 서울 국립현대미
술관 다원예술 프로그램의 일환으로 제작된 서현석의 〈X(무심한 연
극)〉을 고려하면 사정이 좀 달라진다.[81] 국립현대미술관 지하 1층의
몇몇 공간(제5전시실, 로비, 멀티프로젝트홀, 그리고 분장실과 대기실
등)을 폭넓게 활용하고 있는 이 작품은 그때그때 퍼포머의 안내를 따
라 관람객이 공간을 이동하면서 관람하게끔 되어 있다. 하지만 이 작
품은 관람객의 반응에 따라 작품의 흐름이나 경로를 달리하는 상호
작용적 구조로 설계되어 있지는 않다. 이런 점에서 전통적 영화에 꽤
가깝게도 느껴지지만, 국립현대미술관의 해당 공간을 벗어나면 거의
의미가 없을 만큼 장소특정적이라는 점에서는 전혀 그렇지 않다. 무
엇보다, 이 작품을 이루는 클러스터들은 미술관 공간을 3D로 스캔해
얻은 이미지를 가지고 사전에 제작한 VR 가상 공간과 미술관의 실
제 공간 모두를 포괄하고 있으며 그 둘 사이의 몽타주가 작품의 핵심
을 이룬다. 따라서 영화적 숏 개념보디 확장된 기술적·비평적 개념
이 요청된다. 이러한 요청에 귀 기울이는 대신, 《난야사의 집》은 '시
네마틱'하지만 〈X(무심한 연극)〉는 그렇지 않다고 말하며 구분 짓기
를 시도한다면 이는 그야말로 어리석은 일이 된다.

확실히, 에이젠슈테인의 논의에서 오늘날 가장 시의성이 있다고 여겨지는 부분은 영화를 명사적 실체로 고정된 존재가 아니라 동사적 수행을 통해 발생하는 사건으로 간주하면서 그 수행의 보편적 원리로 몽타주를 고려했다는 데 있다. 이로써 그는 뤼미에르적 시네마토그래프를 모델로 삼은 일련의 장치들 바깥에서, 혹은 그 너머에서 시네마의 가능성을 사유할 수 있었다. '영화하기'란 개별 영화를 만들고 보는 일과 무관하지는 않지만 분명 그것과는 다른 활동이다. 전통적 의미에서의 영화 작가들 가운데 압바스 키아로스타미가 카눈 (Kanun; 아동청소년지능계발센터)에서 제작한 영화들은 이와 관련해 특히 유용한 암시를 준다. 이 영화들은 아동과 청소년을 주요 관객으로 상정하고 있는 교육 영화들이다. 오늘날 이 영화들은 키아로스타미라는 작가의 영화적 세계 내에서 고유한 의미와 가치를 띠는 작품으로 간주되어 영화제나 시네마테크에서도 상영된다. 그런데 종종 이러한 예술적 관람 양식에는 정작 이 영화들이 요청하는 '영화하기'의 양식이 생략되어 있다.

카눈에서 제작되었거나 지원을 받은 키아로스타미 영화들 가운데는 그의 장편 극영화 데뷔작인《여행자》를 비롯해, 그에게 국제적 명성을 안겨준《내 친구의 집은 어디인가?》,《클로즈업》,《그리고 삶은 계속된다》 등이 포함되어 있다. 하지만 키아로스타미가 카눈 시절(1970~1980년대)에 주로 제작한 영화들은 그의 첫 단편인《빵과 골목길》에서부터 장편 다큐멘터리《숙제》에 이르는 교육 영화들이다. 이 교육 영화들은 언뜻 보기에는 한국에서 한때 '문화영화'라는 이름으로 제작되었던 홍보영화들과 유사한 외양을 취하고 있지만, 소박하고 단순한 외양 하에 여러 모더니즘적 장치들을 대담하게 구사하는 신기한 작품들이다. 교육 영화는 영화의 역사에서 지극히 마이너한 위치를 차지하고 있을 뿐이지만, 카눈에서 키아로스타미가 만든 영화들은 유네스코의 기초교육 프로그램과 관련해 캐나다 영화작가 노먼 맥라렌이 진행한 프로젝트,[82] 미국의 물리과학교육연구위원회(PSSC; Physical Science Study Committee)에서 제작한 16mm 영화들＋과 더불어 오늘날 새롭게 그 의의와 유산을 검토해볼 필요가 있다.

　　재현의 수단 자체를 드러내면서도 대수롭지 않은 듯 그것을 재현된 현실의 일부로 삼아버리는 키아로스타미 영화의 특징을 두고, 길베르토 페레즈는 "아동들도 이해할 수 있는 모더니즘"이라고 부르면서 감탄해 마지않았다.[83] 즉 키아로스타미는 "예술은 현실의 반영이 아니라 반영의 현실"이라는 고다르의 통찰을 흡사 동화처럼 천진하게 전달하는 신기한 영화적 양식을 구사한 감독이다. 당대 영화 예술의 가장 전위적인 실천들을 구사하되 누구나 이해하고 심지어 즐길 수 있는 방식으로 그리했다는 점에서, 키아로스타미는 찰리 채플린, 알프레드 히치콕, 그리고 오즈 야스지로 등에 필적한다고 할 수 있는 유일한 현대영화 감독이다. 특히 1960년대 이후의 영화사(史)만을 고려하자면, 이런 과업에서 진정 성공을 거둔 이는 사실상 키아로스타미 뿐이라 해도 과언이 아니다. 허우샤오시엔은 1984년 작품인《동동의 여름방학》에서 이런 과업을 수행하는 일에 가장 가까이 다가갔지만, 이후 그는 다른 방식으로 위대한 동시대 영화들을 만드는 일에 천착했다. 21세기 들어 허우샤오시엔이 알베르 라모리즈가 만든 아동영화의 걸작《빨간 풍선》에서 영감을 얻은《빨간 풍선을 찾아서》(국내 개봉 제목은 '빨간 풍선')를 내놓았을 때, 그는 현재 자신이 만들고 있는 영화들과《동동의 여름방학》사이의 거리를 다시

＋　이 가운데 다이렉트 시네마의 선구자 중 하나로 꼽히는 다큐멘터리스트 리처드 리콕이 연출한《자석 실험실》,《쿨롱의 법칙》,《기준틀》등은 영화 연구자들에게도 비교적 잘 알려져 있다.

가늠해본 것처럼 보인다. 고다르나 홍상수 또한 키아로스타미와 마찬가지로 시네마라는 대상의 가능성의 조건 자체를 근본적으로 시험하는 차원에서 작업하는 이들이다. 하지만 이들의 영화가 염두에 두고 있는 관객군이 키아로스타미의 그것만큼이나 (아동까지도 넉넉히 품을 만큼) 폭넓고 일반적일 수 있으리라는 생각은 하기 힘들다.

특히 우리의 주목을 요하는 것은《하나의 문제에 대한 두 개의 해결책》,《사례 1, 사례 2》, 그리고《질서 또는 무질서》같은 단편들이다. 이미 제목에서 유추할 수 있는바, 서로 상반되는 두 개의 사례를 차례로 제시함으로써 이에 관해 교사와 아동들이 서로 토론할 수 있게 유도하는 것이 이 단편들의 목적이다. 아동 교육용으로 만들어지는 영상물에서는 두 개의 사례 가운데 하나는 긍정적으로, 다른 하나는 부정적으로 구성하는 것이 통례이다. 눈에는 눈, 이에는 이 식의 보복보다는 상호 존중과 이해에 입각한 우정이 바람직하다는 교훈을 전달하는《하나의 문제에 대한 두 개의 해결책》은 그러한 통례를 얼마간 충실히 따르고 있는 경우다. 그러나 윤리적으로 까다로운 딜레마―동료의 잘못으로 집단적 처벌을 받게 되었을 때, 정직한 고발과 저항의 연대 가운데 어느 쪽이 더 나은가―를 겨냥하고 있는《사례 1, 사례 2》와 영화적 현실의 존재론과 미학에 대한 물음으로까지 나아가는《질서 또는 무질서》는 전혀 그렇지 않다.

《사례 1, 사례 2》(그림 34)는 학교에서 벌어질 법한 간단한 상황 하나를 둘러싸고 이런저런 물음들을 펼쳐나간다. 수업 중인 교실에서 학생 중 누군가가 소음을 내서 교사의 신경을 긁는다. 교사는 소리가 난 쪽에 앉아 있던 일곱 명의 학생들을 지목하며 범인이 누구인지 고발할 때까지 일주일 동안 모두 복도에 나가 있으라고 명령한다. 키아로스타미는 먼저 이 일곱 학생들의 부모들(정확히는 아버지들) 각각의 의견을 듣는다. 이어서 키아로스타미는 윤리적 물음을 제

그림 34. 《사례 1, 사례 2》

기하는 하나의 사례(정직한 고발)를 극화하여 보여준 다음, 이에 대해 의견을 표명하는 종교인, 학자, 정치인, 예술가 등의 인터뷰를 잇달아 제시한다. 두 번째 사례(저항의 연대)가 제시되고 난 후에도 앞서와 동일한 인물들이 등장해 각자의 의견을 내놓는다. "테이크 4!"라는 목소리가 들리는 가운데 화면에 클래퍼보느―'숏 1의 테이크 4'라고 분필로 적혀 있다―를 보여주며 시작했던 영화는, 두 번째 사례에 대한 여러 인물의 의견을 들은 후에 다시 극으로 돌아가며 끝난다. 전체 구조를 도식적으로 정리하자면 다음과 같다.

① 극으로 구성된 도입부

② 도입부에 묘사된 상황에 대한 학부모 인터뷰

③ 극으로 구성된 첫 번째 사례(정직한 고발) → 이에 대한 전문가 인터뷰

④ 극으로 구성된 두 번째 사례(저항의 연대) → 이에 대한 전문가 인터뷰

⑤ 극으로 구성된 결말

클래퍼보드의 삽입, 그리고 극과 다큐를 오가다 극으로 돌아가 마무리되는 구성은 단순한 장치에 지나지 않아 보일 수도 있지만 그러한 조작이 초래하는 결과는 만만치 않다. 일단, 영화를 마무리하는 결말이 두 개의 극화된 사례 가운데 어느 쪽의 결말인지가 모호해진다. 물론 이 결말은 두 개의 사례와 각각의 사례에 대한 여러 인물의 논평을 포괄하는 전체 영화의 결말로 기능하고 있기도 하다. 또한, 이 영화에서 인터뷰이들(학부모들과 전문가들)이 자리하는 현실의 층위가 어디인지도 모호하다. 달리 말하자면, 이들이 극화된 사례에 대해 논평하는 현실의 인물들인지, 아니면 이들 또한 극적 세계의 일부를 이루는 허구적 인물들인지 여부가 불확실하다.

그런데 바로 이러한 모호함 때문에 이 영화는 작품 내적으로만 이루어지는 몽타주를 넘어서 대화적 몽타주 양식, 즉 진정한 '영화하기'의 양식을 요청하는 영화가 될 수 있었다. 작품을 보고 실제로 토론에 임하게 될 학생과 교사와 부모 들의 존재 없이는 이 영화가 상정하고 있는 '영화하기'로서의 몽타주 가능성은 충분히 실현될 수 없다. 《사례 1, 사례 2》의 관객은 이 교육 영화의 교훈─사실 이 영화에 그런 것은 없지만─을 일방적으로 학습해야 하는 위치에 놓이지도 않고 여러 인터뷰이들의 견해를 위에서 초월적으로 조망하는 메

타적 위치에 놓이지도 않는다. 여기서 인터뷰이들과 관객은 동일한 담론적 평면에 놓여 있으며 그렇기에 서로 몽타주될 수 있다. 말하자면 재현된 현실과 현실이 동일한 평면에 자리하게 되는 셈이지만, 포스트모던적 유희와는 한참이나 거리가 먼 키아로스타미의 영화는 공들인 흔적 하나 없이 태연자약하게 이런 세계로 홀연히 우리를 이끌고 간다. 더불어, 적잖이 교설적인(didactic) 에이젠슈테인적 '영화하기'와는 확연히 다른 페다고지의 영역으로 확장된 교육 영화의 진수를 보여준다. 이런 의미에서, 이것은 교육용 영화(educational film)라기보다는 교육적 영화(pedagogical film)라고 불러야 옳겠다.

키아로스타미는 스페인 영화감독 빅토르 에리세와 2005년 4월부터 2007년 5월까지 열 차례에 걸쳐 서로 비디오 편지를 주고받은 적이 있는데,[84] 이 가운데 에리세의 편지 하나는 우리의 논의와 관련해 매우 흥미롭다. 여기서 에리세는 아로요데라루스라는 마을의 초등학교를 찾아가 교사와 아이들이 키아로스타미의 《내 친구의 집은 어디인가?》를 보고 교실에서 토론하는 광경을 카메라에 담았다(그림 35). 키아로스타미의 영화는 이처럼 토론하는 관객들을 몽타주의 필수적 구성요소로 요청한다는 점을 에리세는 분명히 감지하고 있다. 한편으로, 서신교환이라는 조건 자체가 이러한 교환이 전제되지 않았더라면 독립적인 '작품'으로 기능하게 되었을 두 감독의 비디오 편지들을 거듭해서 대화적 몽타주의 흐름으로 돌려보내고 있기도 하다.

이상에서 살펴본 것처럼, 키아로스타미의 교육 영화들(과 그가 에리세와 주고받은 비디오 편지들)은 우리에게 친숙한 영화적 형식을 포기하지 않고 그것을 포괄하면서 몽타주 개념을 확장할 수 있을 가능성에 대한 암시를 준다. 이처럼 확장된 개념의 몽타주는 기술적으로 숏과 숏을 연결하는 일만이 아니라 입장과 입장의 마주침을 조직화하는 과정으로 이해된다. 키아로스타미의 카메라 앞에서 자신의

그림 35. 《내 친구의 집은 어디인가?》를 보고 토론하는 아로요데라루스의 아이들

의견을 개진하고 있는 한 명의 정치인은 《사례 1, 사례 2》를 보고 토론하는 한 명의 교사와 담론적으로 동등한 평면에서 '영화하기'를 개시할 수 있다. 그런데 우리는 이러한 몽타주에 대해 논의할 이론적·비평적 개념과 도구 들을 여전히 갖추고 있지 못하다. 이때, 숏을 가리키기도 하지만 입장·태도·관점이라는 뜻도 지니는 '아인슈텔룽(Einstellung)'이라는 독일어 표현이 꽤 유용하게 여겨지기도 한다.

2012년에 『다른 수단에 의한 영화』라는 흥미로운 책을 출간한 파블레 레비는, "극단적인 경우에는, 실제로 영화를 보지 않는 상황하에서도 영화적 욕망이, 영화에 대한 욕망이 성공적으로 재생될 수 있음을 다양한 방식으로 입증하는 작품들"[85]에 주목했다. 레비는 '다른 수단에 의한 영화'란 영화를 특정한 속성들을 지닌 대상이 아니라 관계들의 체계로서 받아들이는 실천이라고 주장한다. 이러한 실천을 가리키는 우리의 용어는 물론 '영화하기'이다. 또한, 레비에 따르면, 이러한 실천은 실제로 영화 장치를 운용하는 방식에서 영감을 얻기는 하지만 근본적으로 비영화적인(nonfilmic) 매체들의 물질적·기술적 특성들을 활용해 영화를 환기시키는 것이다.[86] 레비는 그동안 크게 주목받지 못했던 유고슬라비아 아방가르드의 역사로부터 이처럼 비영화적인 매체들(회화·조각·설치·텍스트·그래픽)로 '영화하기'를 수행한 흥미로운 사례들을 다수 발굴해낸다.

여기서 관건은 이처럼 비영화적인 수단을 동원하되 '영화를 환기시키는' 데 그치지 않고 진정 '영화하기'로까지 나아갈 수 있느냐는 것이다. 결국 이는 비영화적인 수단에 의한 영화적 몽타주가 가능한가라는 물음이다. 레비는 책의 마지막 장에서 보편적 몽타주 원리에 대한 에이젠슈테인의 구상을 언급하면서 바로 이 문제를 다루고 있다. 물론 고다르에 대한 언급도 빼놓지 않는다. 하지만 레비의 논의는 만족스럽지 않다. 그의 논의를 보완하기 위해서는 무엇보다 적절한 개념적 도구들이 필요하지만 당장 우리가 활용할 수 있을 정도로 준비된 것은 아직은 거의 없다. 게다가 이와 관련해 상세히 논하는 일은 이 책이 염두에 두고 있는 범위를 훌쩍 벗어난다. 여기서 나는 영화가 아닌 수단으로 이루어지는 영화적 활동들을 고찰하기 위한 개념적 도구들의 필요성을 역설하면서, 오브라즈와 이조브라제니에 같은 에이젠슈테인적 개념쌍을 검토하거나 아인슈텔룽 같은 흥미로운 독일어 표현을 잠시 떠올려 보았을 뿐이다.

✦

우리의 탐색이 여기서 그친다 해서 꼭 실망할 필요는 없다. 키아로스타미의 교육 영화들에서 가능성을 엿볼 수 있고 서현석의 〈X(무심한 연극)〉같은 VR 작품이 강력하게 요청하는 영화적 몽타주의 (자칫 부정적 함의를 줄 수 있는 '비영화적'이라는 표현보다 조금 나은) '사

그림 36. 오르페우스 스튜디오

회적' 확장 가능성이라는 문제는 우리 시대 최고의 영화작가조차도
여전히 고심 중인 것이니 말이다.

    2019년에 고다르는 프라다 재단의 후원을 받아 밀라노에 '오르
페우스 스튜디오(Le Studio d'Orphée)'라는 이름의 '아틀리에'를 열
었다(그림 36).[87] 프라다재단미술관의 1층 갤러리에 영구 설치된 '작
품'이기도 한 이 전시 공간은, 고다르가 편집 및 녹음 작업을 하는 곳
이자 그의 생활 공간인 스위스 롤(Rolle)의 자택-스튜디오를 모델로
재구성했다. 그가 사용하는 가구, 소장하고 있는 책과 그림 등속의
물건들, 작업에 쓰는 기기들이 고스란히 비치되어 있고, 더불어 고다

르의《이미지의 책》과 그가 만든 9편의 단편영화가 텔레비전 모니터로 재생된다. 즉, 이 '아틀리에'는 관람객으로 하여금 고다르의 작품을 그것이 구상되고 실제로 만들어지는 공간 속에서 볼 수 있게끔 하고 있다.

말하자면 오르페우스 스튜디오는 잠정적인 공간이다. 일종의 대기실이라고도 할 수 있다. 이 공간을 비롯해 고다르의 전시 프로젝트를 두고 몽타주 개념의 확장을 논하는 이들도 없지 않지만 나는 그런 논의는 좀 성급하다고 여기는 편이다. 나는 여기서 고다르가 확장된 개념의 몽타주를 수행하고 있다고 보지 않는다. 이 스튜디오에는 영화는 물론이고 문학과 회화와 음악 같은 예술이 공존하지만 어디까지나 파편적으로만 그러하다. 스튜디오 공간 내에서 이것들이 어떤 식으로 몽타주 될 수 있으며 몽타주 되어야 하는지는 고다르 자신에게조차 불명확할 것이다. 그럼에도 불구하고 그는 도래할 시간을 위해 이것들이 일단 보존되어야 한다고 믿는다. 지금, 우리에게 주어진 유예된 시간 속에서. 언제나 그러했듯 고다르는 의심과 회의의 대가다. 그는 누군가 몽타주가 도래했다고, 또는 시네마가 도래했다고 말할 때마다 그것을 부인하는 역할을 해 왔으니 이러한 그의 부정은 무척이나 끈질긴 것이다.

그는《영화의 역사(들)》에서 미국의 실험영화 작가 홀리스 프램튼의 말을 인용해 다음과 같이 말한다. "하나의 세기가 서서히 다음 세기로 녹아 들어갈 때, 어떤 이들은 기존의 생존 수단을 [흡수해] 새로운 생존 수단으로 변형시킨다. 후자의 것[그러한 변형을 통해 일어선 새로운 생존 수단]을 우리는 예술이라 부른다. 어떤 시대에서 살아남는 유일한 것, 그것은 그 시대가 창조해 낸 예술형식이다. 어떤 활동이 예술이 되는 것은 그것에 부합하는 시대가 끝난 다음이다. 그 후에, 이 예술은 사라지리라." 이런 발언을 염두에 두고 보면,

고다르에게 있어서 시네마는 바쟁적인 이념도 아니고 에이젠슈테인
적인 변증법적 사물도 아니며, 오히려 푸코적 의미에서의 역사적 아
프리오리에 가깝다.

그렇다면 영화라는 활동은 어느덧 예술이 되어버렸고 그것에 부
합하는 시대는 끝났으니 이제 사라질 채비를 갖춰야 하는 것일까?
시네마는 뒤를 돌아보는 오르페우스의 시선이기도 하고 그러한 시
선에만 모습을 드러내는 에우리디케이기도 하다. 시네마는 바라보
고 드러내는 이 영원한 관계 속에서만 찰나적으로 포착된다. 고다르
에게 영감을 주었음이 분명한 모리스 블랑쇼는 "오르페우스가 에우
리디케를 향하여 내려갈 때, 예술은 밤을 열리게 하는 권능"[88]이라고
썼다. 어쨌거나 밤은 무척 짧을 것이다. 그러니 오르페우스는 초조할
수밖에 없다. 초조함은 오르페우스의 죄이면서 올바른 움직임이라
고 보았던 블랑쇼는 어쩌면 우리를 위해 쓰여진 것인 듯한 격려의 말
을 남겼다.

> 초조하지 않은 자는 결코 무심함에, 염려가 그 자체의 투명
> 함과 하나가 되는 그 순간에 이르지 못할 것이다. 하지만 초
> 조함에 그치는 자는 결코 오르페우스의 무심하고 가벼운 시
> 선에의 권한이 없다. 이러한 이유에서 초조함은 깊은 참을성
> 의 심장이 되고, 무한한 기다림, 침묵, 참을성의 비축이 초조
> 함 한가운데로부터 솟아나게 하는 순수한 번득임이 되어야
> 한다.[89]

코다

《자니 기타》를 위한 세 번째 변주

고다르의 《이미지의 책》 초반부에서 우리는 다시 한번 《자니 기타》
의 '내게 거짓말을 해줘' 장면이 변주되는 것을 보게 된다. '리메이크'
라는 제목이 붙은 첫 번째 파트에서다. 여기서 고다르는 먼저 《자니
기타》의 해당 장면을 제시한다. 그런데 자니의 모습이 담긴 숏은 검
은 무지로 처리되어 있어 우리는 비엔나의 모습이 담긴 숏만 볼 수 있
다. 우리는 자니 역을 맡은 스털링 헤이든의 뒷모습을 보고 그의 목소
리도 들을 수 있지만 정작 그의 얼굴은 볼 수 없다. (그림 37을 보라.
그리고 이를 그림 15와 비교해보라. 촬영감독 파브리스 아라뇨에 따르
면, 《이미지의 책》에서 고다르는 기계적 오류로 인해 원래의 화면비
와 달리 양 옆으로 길게 늘어난 이미지들을 일부러 그대로 사용했다)

　이어서 고다르는 《자니 기타》의 해당 장면을 처음으로 변주했
던 자신의 두 번째 장편영화 《작은 병정》의 사운드트랙을 발췌해 들
려준다. 이는 우리가 이미 살펴보았던 브뤼노와 베로니카의 전화 통
화 장면(그림 26)에서 발췌한 것이다. 우리는 거짓말을 하라는 요구
에 "네가 떠나도 상관없어. 난 너를 사랑하지 않아. 널 보러 브라질
에 가지 않을 거야. 네게 부드러운 입맞춤을 하지 않을 거야."라고 말
하는 안나 카리나의 목소리를 그대로 듣게 된다. 그런데 원래의 전화
통화 장면을 구성한 숏들은 온데간데없고 《작은 병정》의 다른 부분
에서 발췌한 숏 하나가 그 자리를 대신 차지한다. 두 커플은 호텔 입
구의 르노자동차 전시장 유리창 앞에서 이야기를 나누고 있다. 브뤼
노는 아예 카메라로부터 비스듬히 등을 돌리고 서 있고 그와 마주하
고 있는 베로니카의 얼굴은 그림자에 반쯤 가려 있다(그림 38). 이처
럼 고다르는 《자니 기타》를 변주한 《작은 병정》의 이미지와 사운드
또한 원래 그대로가 아니라 다른 방식으로 변주해 제시한다.

　이미 우리는 알고 있다. 《자니 기타》의 '내게 거짓말을 해줘' 장
면은 고다르에게 평생 붙들고 씨름하게 될 문제를 던져준 매혹적인

그림 37. 《이미지의 책》에서 변주된 《자니 기타》

그림 38. 《이미지의 책》에서 변주된 《작은 병정》

주문이었다는 것을. 그런 씨름을 일종의 유희처럼 태연자약하게 수행하는 것도 고다르의 재능이다. 하나의 이미지일 뿐인 이미지들과 하나의 얼굴일 뿐인 얼굴들을 통해 현대영화에서 몽타주를 재정립할 수 있을까? (이는 제리 루이스의 영화가 제기하는 물음이기도 하다) 그리고 그러한 몽타주가 건조한 인식에 그치지 않고 감정에 다가갈 수 있을까? (이는 세르게이 에이젠슈테인의 영화가 제기하는 물음이기도 하다) 고다르의 필모그래피를 살피다 보면 누구에게나 얼른 눈에 띄는 숨가쁜 변모의 과정은 이러한 물음들을 언제나 생생하게 현재적인 것으로 활성화하려는 초조한 몸짓의 귀결이었다 해도 과언이 아니다.

1960년대 이후 대부분의 현대영화 작가들은 고전적 데쿠파주 체제에 의존하지 않는 '대안적' 양식을 선보이는 데 여념이 없었다. 고전적 데쿠파주는 진부한 상업영화나 텔레비전에나 어울리는 것이라고 치부되었다. 1964년에 자신의 마지막 작품《게르트루드》를 발표한 드레이어는 이런 시대적 흐름을 신중하게 지켜보면서 진정 대가다운 영화적 고별사를 남겼다. 서로 시선을 마주치지 않은 채 대화를 나누는 인물들의 모습을 긴 롱테이크 화면으로 보여주며 진행되는 이 영화는, 유독 그 종결부에서만큼은 빈번한 시선의 교환과 숏/역숏 구성을 허용하고 있다. 그렇다면《게르트루드》는 더이상 가능하지 않은 오래된 것의 퇴장을 알리는 조종(弔鐘)인가, 아니면 그것에 새로운 힘을 불어넣을 무언가의 도래를 염원하는 기원(冀願)인가.

의심의 여지 없이 고다르는 후자의 해석에 어울리는 인물이다. 그는 그 무언가의 자리에 자신의 영화가 있을 수 있다고 믿어 의심치 않았다. 그랬던 고다르가 이제는 어떤 수단을 쓰더라도 현대영화에서 고전적 데쿠파주 체제를 지속하기란 더는 힘들다고 판단한 것일까?《이미지의 책》의 '리메이크' 파트에서, 고다르는 원본 영화의

숏/역숏 구성은 유지하되 역숏만을 검은 무지 화면으로 처리해보기
도 하고(《자니 기타》의 변주), 원본 영화의 역숏/숏 구성을 대신해 두
인물을 함께 포착한 다른 숏을 삽입해보기도 한다(《작은 병정》의 변
주). 하지만 이러한 변주들에서 감지되는 것은 깊은 불신과 의혹이
다. 둘 가운데 어느 한쪽이 다른 쪽을 잠식하지 않으면서 얼굴과 얼
굴이, 이미지와 이미지가 만나게 한다는 것은 이토록 힘든 일인가 하
는. 이 변주들에서 고다르는 전제적인 위력을 행사하려 드는 쪽의 얼
굴 이미지를 지우거나 가리고 있다. 어김없이 그것은 남성의 얼굴 이
미지다. 문득, 《네 멋대로 해라》의 자동차 대화 장면이 진 세버그의
얼굴 이미지들로만 구성된 것은 '동전 던지기'의 결과였다고 한 고다
르의 말이 떠오른다. 우연은 운명의 재확인에 지나지 않는다.

　'중앙 지역(la région centrale)'이라는 부제가 붙은 《이미지의
책》의 5부에는 여러 아랍영화에서 발췌한 이미지들이 가득하다. 이
들 대부분은 서구 중심적 시네필의 기억에 보편적으로 자리 잡지 못
한 생경한 이미지들이다. 고다르는 이러한 기억과 단단히 결부되어
있는 이미지들의 갱생이란 역시 어렵다고 판단해 시선을 돌린 것일
까? 이렇게 보면 '법의 정신'이라는 부제가 붙은 4부 마지막 부분의
구성은 의미심장하다. 죽어가고 있는 듯한 여자가 가까스로 무슨 말
인가를 속삭이는 동안 남자는 그녀의 말을 듣고 따라서 읊조린다.
"그들은 대가로 아무것도 요구하지 않을 거예요. 그들은 봉사에 값을
매길 줄 몰라요. 그들은 이 대단한 일을 해낼 거예요." 죽어가는 자의
입에서 나오는 이 확신에 찬 예언. 잠시 후, 검은 화면이 보이고 이어
서 장 콕토의 《미녀와 야수》에서 따온 숏들이 제시된다.(그림 39) 미
녀는 야수를 보고 놀라 쓰러지고 만다. 더이상 숏/역숏 체제를 지탱
하기란 불가능함을 인정하면서 이를 하나의 난폭한 이미지(야수)가
다른 연약한 이미지(미녀)를 굴복시키는 광경으로 보여주려는 것일

그림 39. 《이미지의 책》 4부의 종결부

까? 아마 여기서 고다르는 니콜라스 레이의 《자니 기타》를 두고 "서
부극에 있어서의 『미녀와 야수』"라고 했던 프랑수아 트뤼포의 말을
떠올렸을 것이다. 트뤼포는 《자니 기타》가 무희들처럼 우아하게 총
잡이들이 사라지고 죽어가는 이야기라고 보았다. 고다르 또한, 다른
이미지들을 난폭하게 잠식하지 않고 아무것도 요구하지 않으면서 이
대단한 일 ― 현대영화 내부에 숏/역숏 체제의 가능성을 회복하는 일
― 을 해낼 이미지들을 꿈꾼다.

　물론 문제를 우회해버릴 수도 있다. 몽타주를 통해 얼굴들과 이
미지들의 진정한 대면을 어떻게 성취할 것인가 하는 문제에 전혀 신
경 쓰지 않으면서도 걸출한 작품을 내놓고 있는 동시대의 거장들도
적지 않다. 오늘날의 아시아 영화 작가들 가운데서만 꼽아 보자면 차
이밍량, 홍상수 그리고 라브 디아즈는 그 좋은 예다. 이들의 영화를
통하지 않고서 21세기의 영화에 대해 논한다는 것은 그야말로 어불
성설이다. 그런데 고전적 데쿠파주 체제를 현대영화 속에서 재정립

한다는 것은 이들에게 아예 과제로서 설정되어 있지 않다. 심지어 이들은 그런 체제는 응당 거부해야 할 것으로 여길 것이다. 반면, 압바스 키아로스타미와 구로사와 기요시는 현대영화의 내부에서 고전적 데쿠파주의 가능성을 실천적으로 타진하고 있다는 점에서 겉보기엔 꽤 달라 보여도 사실상 고다르와 동종의 강박을 공유한다. 이 책에서 나는 이런 이들의 강박에 천착해 보고자 했다.

최근에 내놓은 한 영화에서 구로사와 기요시는 몽타주를 가능케 하는 얼굴 이미지의 회복이 여전히 동시대 영화의 문제로 남아 있음을 대단히 인상적인 방식으로 보여주었다. 이 영화에서 텔레비전 여행 프로그램의 리포터인 주인공은 카메라 앞에 섰을 때, 핸드폰으로 통화할 때, 그리고 동물과 있을 때는 표정이 풍부하고 감정도 곧잘 드러내지만 정작 사람과 대면해서는 전혀 그러지 못한다. 이런 설정과 더불어 이 작품은 숏/역숏 구성을 현대영화의 데쿠파주에 설득력 있게 끌어들이는 문제를 형식적 층위와 내용적 층위 모두에서 검토하는 진정한 탐색의 영화가 된다. 마에다 아츠코가 호텔 레스토랑에서 카세 료와 대화하는 장면에서 기습적으로 활용된 숏/역숏 구성은 분명 우리의 관심을 끄는 기묘한 분위기를 자아내지만 어쩐지 어색해 보이기도 한다. 이러한 구성을 역동적으로 활성화할 얼굴 이미지의 회복이 여기서는 아직 이루어지지 않은 상태이기 때문일 터다. 그럼에도 불구하고 영화는 우리를 들뜬 기대감에 젖게 만드는 하나의 맑은 얼굴이 출현하는 순간까지 기어이 나아간다. 이 영화는 아무도 없는 이방의 고원에서 무(無) 이외의 그 무엇도 바라보지 않으면서 사랑의 찬가를 부르는 주인공의 얼굴로 끝난다. 그리고 검은 화면에 제목이 떠오른다.

'여행의 끝 세계의 시작(旅のおわり世界のはじまり)'

주

서문

1. 원래의 독일어 단어는 현세주의자를 뜻하는 'Weltkind'이지만 벤야민은 직접 프랑스어본을 만들면서 이를 '세기의 아이들(les enfants du siècle)'이라고 옮겼다. 이를 고려하면 'Weltkind'는 '세계(Welt)의 아이(Kind)'라는 뜻을 염두에 두고 쓴 표현이라고 보는 게 타당하겠다. 이와 관련해서는 다음의 책을 참고. 미카엘 뢰비, 『발터 벤야민: 화재경보』, 양창렬 옮김, 도서출판 난장, 2017, 134~139쪽. 1983년에 초판이 나온 『발터 벤야민의 문예이론』(민음사)에서, 역자인 반성완은 'Weltkind'를 '현세주의자'로 옮겼다. 발터 벤야민 선집 가운데 하나로 2008년에 출간된 『역사의 개념에 대하여/폭력비판을 위하여/초현실주의 외』(도서출판 길)에서 역자인 최성만은 이를 '평범한 사람들'이라 옮겼다. 『발터 벤야민: 화재경보』의 뒷부분에는 「역사의 개념에 대하여」 프랑스어판의 한국어 번역본이 부록으로 실려 있다. 양창렬의 번역으로 해당 부분을 읽어 보면 의미가 훨씬 선명하게 다가온다. "여기서 우리가 제시하는 성찰들 (…) 파시즘의 반대자들이 희망을 걸었던 정치가들이 무릎을 꿇고 좀 전까지 자신들의 것이었던 대의를 배신하면서 패배를 시인하는 와중에, 이 성찰들은 선의의 인간들이 남발했던 약속들에 농락당한 세기의 아이들에게 보내진다."(243쪽)

1장

1. 로베르트 무질, 『생도 퇴를레스의 혼란』, 박종대 옮김, 울력, 2001, 165
쪽. (국역본의 번역을 수정하여 인용하였음)

2. 레프 마노비치, 『뉴미디어의 언어』, 서정신 옮김, 생각의나무, 2004,
300쪽.

3. 레프 마노비치, 위의 책, 290쪽,

4. 프리드리히 키틀러, 『축음기, 영화, 타자기』, 김남시 옮김, 문학과지성
사, 2019, 10쪽.

5. 프리드리히 키틀러, 위의 책, 44쪽.

6. 본서 1장의 초고를 마무리하고 2장을 집필하던 시기에 영화감독 김곡
은 『영화란 무엇인가에 관한 15가지 질문』(갈무리, 2019)이라는 책을 출간
했다. 나는 이 책에 추천사를 썼다.

7. Stanley Cavell, *The World Viewed: Reflections on the Ontology of
Film*, Enlarged Edition, Cambridge: Harvard University Press, 1979,
pp.xiii~xiv. 스탠리 카벨, 『눈에 비치는 세계: 영화의 존재론에 대한 성찰』,
이모션북스, 2014, 14~15쪽. (국역본의 번역을 수정하여 인용하였음)

8. 에이젠슈테인의 글 가운데 가장 잘 알려진 「영화의 원리와 표의문자」
와 「영화 형식에 대한 변증법적 접근」은 허술(許鉥)의 번역으로 '영화 형식
과 영화 감각'이라는 제목으로 묶여 『예술의 창조』(김윤수 엮음, 태극출판
사, 1974)에 수록, 소개되었다. 한국에서 에이젠슈테인의 글들이 집중적으
로 번역, 소개된 것은 소비에트 연방이 무너지던 시기인 1990년과 1991년
에 걸쳐서다. 『영화 형식』의 한국어판인 『영화의 형식과 몽타쥬』는 1990
년에 정일몽의 번역으로 영화진흥공사(현 영화진흥위원회)를 통해 발간
된 바 있다. 같은 해, 에이젠슈테인의 몇몇 글들을 모은 편역서 2권이 발
간되었는데, 『몽타쥬 이론. 에이젠슈테인의 변증법적 영화예술론』(이정하
엮음, 예건사)과 『에이젠쉬쩨인·이미지의 모험』(전양준 옮김, 열린책들)
이 그것이다. 일부 글들은 각각의 책에서 중복되기도 한다. 그때까지 국내
에서 공식적으로 접하기 어려웠던 에이젠슈테인의 글들이 번역되어 나온

것은 반가운 일이었지만 번역의 질이라는 측면에서는 아쉬움을 남겼다. 다만 영문 번역본 등을 얼마간 참고해가며 읽는다면 예건사에서 출간된 이정하의 편역서는 에이젠슈테인 이론을 이해하는데 여전히 유용하게 쓰일 수 있다고 본다. 한편, 1991년에는 에이젠슈테인이 소비에트 국립영화학교에서 행한 강의 기록인 『영화연출강의』(블라디미르 니즈니 기록, 이경운 옮김, 예건사)와 『감독노트: 나는 영화를 이렇게 만들었다』(김석만 옮김, 예하)가 번역, 출간되었다. 1994년에 개봉된 《전함 포템킨》은 에이젠슈테인의 영화 가운데 국내에서 정식으로 극장 개봉된 첫 작품이다.

9. 세르게이 에이젠슈테인, 『영화의 형식과 몽타쥬』, 정일몽 옮김, 영화진흥공사, 1990, 15쪽.

10. 세르게이 에이젠슈테인, 위의 책, 15쪽.

11. 알렉산드르 보그다노프, 『붉은 별: 어떤 유토피아』, 김수연 옮김, 아고라, 2016, 119쪽.

12. Sergei Eisenstein, "On Stereocinema," *Public* vol.24, no.47 (Spring 2013), p.56. 원본의 1/5 분량에도 못 미치는 축약본은 다음의 책에 수록되었다. Sergei Eisenstein, *Notes of a Film Director*, trans. X. Danko, New York: Dover, 1970, pp.129~137. 세르게이 에이젠스쩨인, 『감독노트: 나는 영화를 이렇게 만들었다』, 김석만 옮김, 예하, 1991, 159~166쪽.

13. Sergei Eisenstein, Ibid., p.50.

14. 루돌프 아른하임, 「영화와 현실」, 『사유 속의 영화』, 이윤영 엮고 옮김, 문학과지성사, 2011, 65쪽.

15. 시네마토그래프나 키네토스코프 같은 명칭의 접두어는 운동(성)을 뜻하는 그리스어·라틴어 'kinesis'에서 나온 것이다. 다만, 시네마토그래프라는 명칭은 운동을 '기록하는(graph)' 장치로서의 측면을, 키네토스코프라는 명칭은 운동을 '들여다보는(scope)' 장치로서의 측면을 강조하고 있다.

16. 세르게이 에이젠슈테인, 「영화의 원리와 표의문자」, 위의 책, 23쪽.

17. Sergei Eisenstein, "Word and Image," in *The Film Sense*, pp.35~36. 세르게이 에이젠슈테인, 「수직의 몽타주 I」, 『에이젠슈테인 선집 2: 몽타

쥬 이론』, 이정하 엮고 옮김, 예건사, 1990, 445쪽. (국역본의 번역을 수정하여 인용하였음)

18. Sergei Eisenstein, "A Dialectic Approach to Film Form," in *Film Form: Essays in Film Theory*, trans. and ed. Jay Leyda, New York: Harcourt, Brace & World, 1949, p.45.

19. 에이젠슈테인의 사물 개념, 특히 '영화사물(киновещь, kinoveshch)' 개념에 대해서는 다음의 논문을 참고. 김수환, 「에이젠슈테인의 《자본》 프로젝트: 영화논고, 영화사물, 영화사유」, 《문학과 영상》 제21권 제1호 (2020년 4월), 문학과영상학회, 31~59쪽. "이 사물들의 이미지는 더 이상 '상징(기호)'이 아니지만 그렇다고 '질료' 그 자체인 것도 아니다. 그것들은 다양한 사회적 감정과 상호관계들("다종적인 체계들")이 응축되어 있는 모종의 덩어리 같은 것으로, 거기엔 인식(개념)과 감정(정동)이 함께 들어있다."(53쪽)

20. Sergei Eisenstein, "On Stereocinema," op.cit., p.54.

21. 에이젠슈테인은 《레베카》 같은 영화에서도 히치콕이 다프네 뒤 모리에의 원작 소설에 만연한 서술자 '나'의 감각을 스크린에 옮기기 위해 온갖 방식의 술책을 동원하고 있음을 지적한다. 달리 말하자면, 히치콕은 입체영화가 아닌 작품에서도 이미 입체영화의 연출자처럼 사고하고 있다는 것이다. 에이젠슈테인은 히치콕적 방법론의 근간에는 온갖 수단을 동원해서 "관객과 스크린을 연결하고자 하는 부단한 노력"이 있다고 본다. 에이젠슈테인이 이 글을 집필하고 나서 7년이 지난 후인 1954년, 히치콕은 부분적으로 3D 기술이 활용된 《다이얼 M을 돌려라》를 내놓았다. 하지만 에이젠슈테인은 1948년에 세상을 떠났기 때문에 이 영화를 볼 수 없었다.

22. 영국 영화잡지 《사이트 앤 사운드(Sight & Sound)》는 1952년부터 10년마다 한 번씩 전 세계 영화평론가들을 대상으로 설문 조사를 실시해 영화 사상 최고의 작품 리스트를 발표해오고 있다. 2012년에 발표된 리스트에서, 《현기증》은 1962년부터 2002년까지 줄곧 1위 자리를 고수해온 《시민 케인》을 제치고 1위에 올랐다.

23. 데이비드 노먼 로도윅, 『디지털 영화 미학』, 정헌 옮김, 커뮤니케이

선북스, 2012, 189쪽.

24. Gilberto Perez, *The Materia Ghost: Films and Their Medium*, Baltimore: The Johns Hopkins University Press, 1998, p.28.

25. 제라르 드 네르발, 『오렐리아』, 이준섭 옮김, 지식을만드는지식, 2013, 5쪽.

26. 제라르 드 네르발, 『불의 딸들』, 이준섭 옮김, 지식을만드는지식, 2014, 545쪽.

27. 하지만 1832년에 발명된 페나키스토스코프(Phenakistoscope) 같은 전(前)영화적 장치는 접했을 것이다. 가령, 보들레르(1821~1867)는 페나키스토스코프에 대해 다음과 같은 유명한 묘사—국역본에서는 페나키스토스코프를 '주마등'이라고 옮기고 있는데 사실 주마등은 보통 판타스마고리아(Phantasmagoria)의 역어로 쓰인다—를 남겼다. "입체경(stereoscope)보다 더 오래됐지만 이만큼 알려지지 않은 것이 주마등이다. (…) 스무 장의 작은 그림들은 한 인물의 분해된 동작을 재현하면서, 당신 앞에 놓인 유리창 속에 비친다. 눈을 이 작은 창 높이에 고정하고, 빠른 속도로 원판을 돌리면 된다. 빨리 돌리면 스무 개의 구멍들은 결국 단 하나의 순환으로 변모되고, 당신은 창 안에서 환상적인 정확성으로 똑같이 움직이는 똑같은 모습의 스무 개의 춤추는 인물이 거울에 반사되는 것을 보게 된다." 샤를 보들레르, 「장난감의 모랄」, 『보들레르의 수첩』, 이건수 엮고 옮김, 문학과지성사, 2011, 47쪽.

28. 로베르토 볼라뇨, 『2666』(제3권), 송병선 옮김, 열린책들, 2013, 588~590쪽.

29. Hollis Frampton, "Notes on (nostalgia)," in *On the Camera Arts and Consecutive Matters: The Writings of Hollis Frampton*, ed. Bruce Jenkins, Cambridge: MIT Press, 2009, p.224.

30. 1975년에 스노우는 넓은 의미에서 일종의 영화라고 할 수 있는 사진 책 『표지에서 표지로(Cover to Cover)』를 출간했다. 『표지에서 표지로』는 앞표지부터 뒤표지까지 총 320페이지로 이루어져 있다. 책등에는 제목과 마이클 스노우의 이름이 단출하게 인쇄되어 있으며, 표지에는 그 어떤 텍

스트나 기호도 없다. 이 책의 '서사'는 텍스트의 도움 없이 오롯이 사진만
으로 전개된다. 사진은 모두 일체의 여백이 없이 각 페이지 전면에 인쇄
되어 있다. 서사는 책을 펼치고 내지를 넘겨 보아야 시작되는 것이 아니
라 앞표지부터 시작해 뒤표지까지 이어지지만 거기서 끝나는 것은 아니
다. 출간되고 나서 한동안 절판 상태로 남아 있던 이 책은 2020년에 2,500
부 한정판으로 재출간되었다.

31. 《노스탤지어》에서 보이지 않은 채 언급되기만 하는 이 사진과 롤랑
바르트가 『밝은 방』의 2부에서 언급하고 있는 '온실 사진'(어머니의 어린
시절 모습이 담긴 사진)의 구조적 유사성을 떠올리는 이도 있을 것이다.

32. 앙드레 바쟁(1918~1958)의 『영화란 무엇인가?』는 영화비평의 역사
에서 가장 널리 알려진 저서라 할 만하다. 생전에 그는 총 4권으로 기획
된 이 비평집의 편집 작업을 진행 중이었지만, 결국 마지막 권의 편집을
마무리하지 못한 채 마흔 살의 젊은 나이에 세상을 떠나고 말았다. 각각
'존재론과 언어', '영화와 그 밖의 예술들', '영화와 사회학', '사실성의 미
학: 네오리얼리즘'이라는 부제를 지닌 이 비평집은 그의 사후 1958년부터
1962년까지 차례로 출간(마지막 권의 경우 자크 리베트가 책임 편집을 맡
음)되었고, 1975년(과 1985년)에는 네 권의 비평집에서 27편의 글을 추려
모은 한 권짜리 선집이 간행되었다. 한국에서 바쟁의 『영화란 무엇인가?』
가 번역, 소개되기 시작한 것은 1970년대부터다. 휴 그레이가 편집, 번역
한 두 권짜리 영문판(프랑스어 선집판과 구성이 다소 다름)이 간행된 것이
1967년과 1971년이니 그다지 늦은 것이라고는 할 수 없다. 영화진흥공사
(현 영화진흥위원회)가 발간했던 『영화』지 1974년 3월호에 「寫眞映像의 存
在論」이 게재된 것을 시작으로, 1974년 10월호까지 바쟁 비평집의 첫 번째
권('존재론과 언어')에 수록된 18편의 글 가운데 전반부의 9편이 번역, 게
재되었다. 1987년에는 영화진흥공사에서 『존재론과 영화언어』를 출간하
였는데, 이는 프랑스에서 간행된 1975년 선집판에서 18편의 글만을 골라
번역한 것이었고 『영화』지를 통해 소개되었던 글 가운데는 4편만 포함되
어 있다. 하지만 저작권자와 정식 계약을 맺지 않은 상태에서 다소 문제적
인 번역으로 소개되었던 만큼, 이때까지의 바쟁 번역이 한국의 영화문화

에 의미 있는 영향을 끼쳤다고는 보기 어렵다. 그러던 중 1998년에 프랑스의 선집판을 기준으로 박상규가 완역한 『영화란 무엇인가?』가 시각과 언어에서 출간(개정판은 2013년에 사문난적에서 출간)되었다. 바쟁 탄생 100주년을 맞은 2018년에는 원래의 네 권짜리 비평집 전체를 김태희가 완역한 번역본이 나왔지만, 이 책은 교보문고 온라인에서 POD(주문제작형 서적) 방식으로만 구입이 가능하다. 프랑스어에 익숙하지 않은 한국 독자의 입장에선 1998년과 2018년에 나온 번역본을 나란히 두고 비교해 가며 보는 편이 바쟁의 사유를 더듬는 최선의 방법이라 하겠다. 굳이 번잡함을 무릅쓰면서까지 이처럼 바쟁 번역의 계보를 늘어놓은 이유는, 어떤 면에서 바쟁의 비평은 우리에겐 아직 제대로 도착하지 않은 상태라는 것을 강조하기 위해서다. 이 책에서 『영화란 무엇인가?』를 인용할 때는 프랑스어 원문을 기준으로 삼되 박상규와 김태희의 국역본을 모두 번역에 참고했다. 서지 정보는 원서를 기준으로 상세하게 표기하고 국역본의 경우 글의 제목만 표기하는 것으로 했다.

33. André Bazin, "Le mythe du cinéma total," in *Qu'est-ce que le cinéma?: I. Ontologie et Langage*, Paris: Les éditions du cerf, 1958, p.24. 국역본은 「완전영화의 신화」(박상규)와 「완전영화에 대한 신화」(김태희).

34. 바쟁의 원문에 이렇게 표기되어 있다 보니 바쟁의 글을 인용한 논문이나 국내외 번역서들에도 하나같이 'P. 포토니에'라고 표기되어 있다. 이것은 1925년에 출간된 『사진 발명의 역사』를 저술한 G. 포토니에, 즉 조르주 포토니에의 오기(誤記)인 것으로 보인다.

35. André Bazin, "Le mythe du cinéma total," p.24.

36. André Bazin, Ibid., p.25.

37. 이 언급이 포함된 대담 기록 영상의 일부는 고다르의 《영화의 역사(들)》에도 수록되어 있다.

38. André Bazin, "Le mythe du cinéma total," p.26.

39. André Bazin, Ibid., p.21.

40. André Bazin, Ibid., p.25.

41. André Bazin, Ibid., p.25.

42. André Bazin, "Ontologie de l'image photographique," in *Qu'est-ce que le cinéma?: I. Ontologie et Langage*, p.15. 국역본은 「사진적 영상의 존재론」(박상규)과 「사진 이미지의 존재론」(김태희).

43. André Bazin, "Pour un cinéma impur: défense de l'adaptation," in *Qu'est-ce que le cinéma?: II. Le cinéma et les autres arts*, Paris: Les éditions du cerf, 1959, p.28. 국역본은 「비순수영화를 위하여: 각색의 옹호」(박상규)와 「비순수 영화를 위하여: 각색에 대한 옹호」(김태희).

44. 바쟁이 종종 휴머니즘적 영화 이론의 대변자로 간주되곤 하는 건 참으로 놀라운 일이다. 2차 대전 이후 이탈리아 네오리얼리즘 영화 작가들(로베르토 로셀리니, 루키노 비스콘티, 비토리오 데시카, 페데리코 펠리니 등)에 대한 바쟁의 선호로 인해 그의 논의는 때로 지나치게 휴머니즘적으로 오독되고는 했다. 바쟁이 인간 존재가 고유하게 드러나는 특이점으로서 예술적 개성의 가치를 폄훼하는 평론가였다고는 할 수 없지만, 무엇보다 그는 자연 현상으로부터 인공적 예술 작품에 이르는 모든 것을 동등한 평면에 놓인 리얼리티의 대상들로 간주하고 이에 접근하는 방법론으로서 '비인격적 자동주의(impersonal automatism)'에 한없이 매혹된 사람이었다는 점을 간과해선 안 된다.

45. André Bazin, "Un film bergsonien: *Le mystère Picasso*," in *Qu'est-ce que le cinéma?: II. Le cinéma et les autres arts*, pp.134~136. 국역본은 「베르그송적 영화: 《피카소의 비밀》」(박상규)과 「베르크손적인 영화: 《피카소의 신비》」(김태희).

46. 바쟁이 굳이 대비시켜 말하고 있는 회화(peinture)와 그림(tableau)의 관계는 현대적 퍼포먼스 이론에서 사건과 작품의 관계와 매우 흡사하다. 《피카소의 미스터리》가 피카소의 그림 자체보다 그림을 그리는 피카소의 '퍼포먼스'에 초점을 맞춘 다큐멘터리라는 점도 물론 바쟁의 생각에 영향을 주었을 것이다. 작품보다 사건을 강조하는 방향으로 변화된 20세기 이후 공연의 흐름에 대해서는 다음 책을 참고. 에리카 피셔-리히테, 『수행성의 미학: 현대예술의 혁명적 전환과 새로운 퍼포먼스 미학』, 김정숙 옮김, 문학과지성사, 2017.

47. André Bazin, "Un film bergsonien: *Le mystère Picasso*," p.140.

48. André Bazin, "Théâtre et cinéma," in *Qu'est-ce que le cinéma?: II. Le cinéma et les autres arts*, p.79. 국역본은 「연극과 영화」(박상규, 김태희).

49. André Bazin, "Le cas Pagnol," in *Qu'est-ce que le cinéma?: II. Le cinéma et les autres arts*, p.120. 국역본은 「파뇰의 경우」(박상규, 김태희).

50. André Bazin, "Théâtre et cinéma," p.88.

51. André Bazin, "*Le journal d'un curé de campagne* et la stylistique de Robert Bresson," in *Qu'est-ce que le cinéma?: II. Le cinéma et les autres arts*, p.49. 국역본은 「영화 《시골 사제의 일기》와 로베르 브레송의 문체론」(박상규)과 「《어느 시골 신부의 일기》와 로베르 브레송의 스타일」(김태희).

52. André Bazin, Ibid., p.50.

53. André Bazin, "*Le journal d'un curé de campagne* et la stylistique de Robert Bresson," p.52.

54. André Bazin, "La leçon de style du cinéma japonais," in *Le cinéma de la cruauté*, Paris: Flammarion, 1975, pp.203~210. 국역본은 앙드레 바쟁, 「일본영화 스타일의 교훈」, 『잔혹영화』, 성미숙 옮김, 현대미학사, 1995, 193~199쪽.

55. 프리드리히 키틀러, 앞의 책, 44쪽.

2장

1. 발터 벤야민,『모스크바 일기』, 김남시 옮김, 그린비, 2005, 64쪽.

2. Serge Daney, *Persévérance*, Paris: P.O.L, 1994, p.67. 세르주 다네, 『영화가 보낸 그림엽서: 어느 시네필의 초상』, 정락길 옮김, 이모션북스, 2012, 94쪽. (국역본의 번역을 일부 수정하여 인용하였음)

3. 1991년생 소설가 서이제는 「0%를 향하여」에서 21세기 한국 시네필들의 경험을 '독립' 영화/영화관/영화제를 매개로 속도감 있게 서술하고 있다. 이 단편은 소설집『0%를 향하여』(문학과지성사, 2021)에 수록되어 있다.

4. 영화진흥위원회에서 발간한『2019년 한국 영화산업 결산』자료에 따르면, 코로나19로 영화산업이 위축되기 전인 2019년에 한국에서 개봉된 영화는 총 1,740편(한국영화 502편, 외국영화 1,238편)이다. 이 가운데 '실질 개봉작'만 고려해도 647편(한국영화 199편, 외국영화 448편)이나 된다. 실질 개봉작이란 VOD서비스를 위해 형식적으로만 극장 개봉을 하는 영화가 통계를 왜곡시키는 것을 막기 위해 2017년부터 도입한 개념으로, 해당 연도에 개봉하여 총 40회 이상 상영된 작품을 뜻한다. 다만 영화진흥위원회의 심사를 거쳐 독립·예술영화로 인정받은 작품의 경우 상영 회차가 40회 미만이라도 실질 개봉작에 포함된다.

5. 라틴어로 비디오(video)는 '나는 본다'는 뜻이고, 아우디오(audio)는 '나는 듣는다'는 뜻이다.

6. 에드거 앨런 포,『우울과 몽상: 에드거 앨런 포 소설 전집』, 홍성영 옮김, 하늘연못, 2002, 675~694쪽.

7. 미셸 푸코,「환상적 도서관」,『플로베르』, 방미경 엮음, 문학과지성사, 1996, 55쪽.

8. 플로베르가 평생에 걸쳐 이 책을 고쳐 썼다는 사실은 잘 알려져 있다. 그 가운데 1849년과 1856년에 탈고한 자필 원고는 그의 생전에는 출간되지 않았고, 제3고만이 1874년에 결정판으로 출간되었다. 국내에는 초고와 제3고가 번역, 출간되어 있다.『성 앙투안느의 유혹』(김용은 옮김, 열린책들, 2010)은 초고를 번역한 것이고,『성 앙투안의 유혹』(김계선 옮김, 지

식을만드는지식, 2012)은 결정판을 번역한 것이다.

9. 미셸 푸코, 앞의 글, 55쪽.

10. 프리드리히 키틀러,『축음기, 영화, 타자기』, 유현주·김남시 옮김, 문학과지성사, 2019, 26~27쪽.

11. Jacques Rancière, *La fable cinématographique*, Paris: Éditions du Seuil, 2001, p.17. 자크 랑시에르,『영화우화』, 유재홍 옮김, 인간사랑, 2012, 27쪽. (국역본의 번역을 일부 수정하여 인용하였음)

12. Robert Bresson, *Bresson on Bresson: Interviews 1943~1983*, trans. Anna Moschovakis, New York: New York Review Books, 2016, pp.42~43. 또한, 브레송은 그의 유명한 저서『시네마토그라프에 대한 노트』에서도 이미지에 절대적 가치란 없음을 지적한 바 있다. 로베르 브레송,『시네마토그라프에 대한 노트』, 이윤영 옮김, 문학과지성사, 2021, 29쪽.

13. 이와 관련해서 빅터 퍼킨스는 양쪽을 각각 이미지의 도그마와 대상의 도그마라 부르며 그 본질주의적 태도를 비판한 바 있다. 특히 다음의 책 1장과 2장을 참고. V.F. Perkins, *Film As Film: Understanding and Judging Movies*, New York: Penguin Books, 1972. V.F. 퍼킨스,『영화는 영화다』, 윤보협 옮김, 현대미학사, 2000.

14. 히토 슈타이얼,『스크린의 추방자들』, 김실비 옮김, 워크룸프레스, 2018, 54쪽.

15. 히토 슈타이얼, 위의 책, 54~56쪽.

16. Maurice Blanchot, *L'Amitié*, Paris: Gallimard, 1971, pp.50~51.

17. 빈곤한 이미지의 옹호를 주장하는 슈타이얼과 같은 과장된 몸짓 없이, 그저 하나의 이미지를 회복하는 문제와 관련해 가장 괄목할 만한 작업을 내놓고 있는 동시대 작가는 라이다 라순디다. 필 콜디론의 다음과 같은 논평은 그녀 작업의 핵심을 짚고 있다. "이미지의 아름다움이나 장려함을 내세우고 이미지를 만드는 일의 리얼리티를 가려버리는, 아방가르드나 주류 영화 양쪽 모두에서 엿보이는 경향에 반하여, 라순디의 프레임은 단순하고 꾸밈이 없으며 카메라가 어떻게 놓였는지를 쉽게 알아볼 수 있고 조명은 자연스럽다. 이와 마찬가지로, 그녀의 몽타주는 (…) 하나의 이

미지를 어떤 다른 이미지보다 우위에 두려 하지 않는다. 각각의 이미지는 그만의 진실을 간직하고 있다. 이러한 물질적 존재는 라순디 작업에서 핵심적인 변증법의 반쪽을 이루는 현존의 기초이다." Phil Coldiron, "Eight Footnotes on a Brief Description of Footnotes to a House of Love, and Other Films by Laida Lertxundi," Cinema Scope no.51 (Summer 2012).

18. Michael Witt, Jean-Luc Godard, Cinema Historian, Bloomington: Indiana University Press, 2013, p.166. 에밀리 비커턴 또한 말년의 앙드레 바쟁이 쓴 텔레비전에 관한 글들이 누벨바그 감독들에게 끼친 영향을 지적한다. 에밀리 비커턴, 『카이에 뒤 시네마, 영화비평의 길을 열다』, 정용준·이수원 옮김, 이앤비플러스, 2013, 55쪽.

19. 한때 고다르는 생방송이야말로 초기의 텔레비전이 지녔던 가장 중요한 특징이라 여겼다. 그는 텔레비전에서 생방송 포맷이 점점 사라져가는 것을 비판적으로 보기도 했다. 1979년에 공개된 12부작짜리 비디오 시리즈 《두 어린이를 통한 프랑스 여행(France tour détour deux enfants)》의 한 부분에는 다음과 같은 말이 나온다. "텔레비전은 더 이상 생방송이 아니다. 경영진과 조합은 텔레비전 생방송을 몰아냈다. 행복과 비참, 그리고 여러 문제들, 모든 것은 미리 녹화되고 따라서 지연된다(différé). 그리고 삶 자체가 이처럼 지연되기 때문에 사람들은 삶이란 그들의 꿈과는 다른(différent) 것이라고 여기게 된다." 고다르는 여기서 연기되거나 지연되는 것을 뜻하는 프랑스어 'différé'가 녹화방송(émission en différé)을 가리킬 수도 있음을 염두에 두고 있다.

20. 노엘 버치, 『영화의 실천』, 이윤영 옮김, 아카넷, 2013, 177쪽.

21. 이 글은 《카이에 뒤 시네마》 제65호(1956년 12월)를 통해 발표되었다. Jean-Luc Godard, Godard par Godard: Les Années Cahiers (1950 à 1959), Paris: Flammarion, 1989, pp.78~81.

22. 파스칼 보니체, 『비가시 영역: 영화적 리얼리즘에 관하여』, 김건·홍영주 옮김, 도서출판 정주, 2001, 21쪽.

23. Colin MacCabe, Godard: A Portrait of the Artist at Seventy, New

York: Farrar, Strauss and Giroux, 2003, p.122.

24. 미우라 도시히코는 오브제나 해프닝으로 대표되는 현대 전위예술의 시도에 내재되어 있는 역설에 대해 철학적 지시이론(theory of reference)의 관점에서 흥미롭게 논하고 있다. 미우라 도시히코, 『허구세계의 존재론: 분석철학, '픽션'에 대해 묻고 답하다』, 박철은 옮김, 그린비, 2013, 12~39쪽.

25. Jean-Luc Godard, op.cit., pp.58~65. '고전적 데쿠파주의 옹호와 현양'이라는 제목은 16세기에 활동한 프랑스 시인 조아생 뒤 벨레의 『프랑스어의 옹호와 현양(La Défense et Illustration de la Langue Française)』(손주경 옮김, 아카넷, 2019)에서 따 온 것이다. 고다르가 '한스 루카스(Hans Lucas)'라는 필명으로 쓴 이 글은 《카이에 뒤 시네마》 제15호(1952년 9월호)에 게재되었다.

26. Jean-Luc Godard, Ibid., p.63. 히치콕의 《무대 공포증》의 택시 장면에서 고전적 편집의 강력한 힘을 감지한 이는 비단 고다르만이 아니다. 예컨대, 고다르의 《카이에 뒤 시네마》 동료들인 에릭 로메르와 클로드 샤브롤 또한 1957년에 공동으로 집필·출간한 연구서에서 《무대 공포증》의 택시 장면과 관련해 고다르와 매우 유사한 주장을 펼치고 있다. 그들은 이 장면을 영화에서 가장 아름다운 부분으로 꼽으면서 여기서 히치콕이 구사한 숏/역숏 기법은 30마일 동안 이어지는 이동 숏보다도 훨씬 더 뛰어난 예술적 묘기라고 상찬한다. 에릭 로메르·끌로드 샤브롤, 『알프레드 히치콕: 초기작 44편(1922~1956)』, 최윤식 옮김, 현대미학사, 2004, 159쪽.

27. Nicole Brenez, "Montage intertextuel et formes contemporaines du remploi dans le cinéma expérimental," *Cinémas: Revue d'études cinématographiques* 13, nos.1-2 (Fall 2002), pp.49~67

28. Pier Paolo Pasolini, *Heretical Empiricism*, trans. Ben Lawton and Louise K. Barnett, Washington: New Academia Publishing, 2005, p.227.

29. 장 르누아르의 1939년 작품 《게임의 규칙(La règle du jeu)》을 염두에 둔 표현이다.

30. Serge Daney, "The Godard Paradox," in *For Ever Godard*, eds. Michael Temple, James S. Williams and Michael Witt, London: Black Dog, 2004, p.71. 이 글의 번역본은《오큘로》웹사이트에서 읽을 수 있다. 세르주 다네, 「고다르의 패러독스」, www.okulo.kr/2016/01/critique-001. html

31. Kaja Silverman and Harun Farocki, *Speaking about Godard*, New York and London: New York University Press, 1998, pp.180~181.

32. 고다르의 말을 그대로 옮기면 다음과 같다. "제가 만든 영화의 길이 는 2시간 15분인가 2시간 반 정도였어요. 그런데 그대로는 불가능했죠. 계약에 따르면 1시간 반을 넘으면 안되었거든요 (…) 가령, 차에 탄 벨몽 도와 세버그 사이에 [대화가 오가는] 시퀀스가 있어요. 이 부분은 둘이서 대화를 나누는 동안 '이 사람을 찍은 숏 다음에 저 사람을 찍은 숏'을 보여 주는 기법을 사용해 만들었죠. 그래서 영화의 다른 부분과 마찬가지로 이 시퀀스를 줄여야 할 때가 되자, 각각의 숏을 조금씩 줄이는 것보다는 [좀 낫지 않을까 해서], 제 기억으로는 편집기사와 동전 던지기를 했어요. 이 렇게 말하면서요. '숏 하나를 조금 줄이고 나서 다른 숏을 조금 줄이고 하 는 식으로 두 사람의 숏을 조금씩 다 줄이는 것보다는, 글쎄, 그냥 둘 가 운데 한쪽을 골라 그를 찍은 모든 숏을 없애버리면 4분 분량을 잘라낼 수 있는데, 남은 숏들을 모아 편집하면 단지 하나의 숏처럼 보이겠지만 [실 제로는] 여러 개의 숏들로 만들어지는 것이 되겠지.' 그리고 나선 벨몽도 냐 세버그냐를 놓고 동전 던지기를 했는데 세버그가 남게 된 거죠. 그렇 게 한 거에요." Jean-Luc Godard, *Introduction to a True History of Cinema and Television*, trans. Timothy Barnard, Montreal: Caboose, 2014, pp.23~24.

33. 자동차를 타고 가며 이야기를 나누는 두 인물을 하나의 프레임에 담 아 보여주기보다는 숏/역숏 네쿠파주로 보여주기를 선호하는 키아로스 타미의 특징은 1990년대에 발표한《그리고 삶은 계속된다》와《올리브 나무 사이로》같은 영화에서 이미 분명히 드러난다. 사실 이는 비전문 배 우들을 통해 자동차 대화 장면을 생기 있게 구성할 방법을 모색하는 과정

에서 나온 결과물일 수도 있다. 키아로스타미 자신이 자동차 조수석에 앉아 적절히 연기 지도를 해 가며 운전석의 배우와 대화를 나누고, 반대로 운전석에 앉아 조수석의 배우와 대화를 나눈 다음, 각각의 경우에 얻은 숏을 교차해 대화 장면을 구성할 수 있기 때문이다. 1997년에 황금종려상을 수상한 《체리 향기》에서는 이러한 방식이 폭넓게 사용되었는데, 이는 (압바스 키아로스타미의 아들인) 바흐만 키아로스타미가 만든 《프로젝트》 같은 제작 과정 다큐멘터리에서 확인할 수 있다. 조너선 로젠봄은 이러한 연출 기법이 1960년대에 고다르가 활용했던 기법과 비교해 볼 만한 것임을 지적한다. 당시 고다르는 배우들에게 소형 이어폰을 착용하도록 하고 이를 통해 대사를 전달하거나 그들에게 질문을 던지기도 했다. Mehrnaz Saeed-Vafa and Jonathan Rosenabum, *Abbas Kiarostami*, Urbana and Chicago: University of Illinois Press, 2003, p.30.

34. 노엘 버치는 이 카페 장면을 포함해 《단순한 이야기》의 여러 부분을 예로 들어 마르셀 아눙의 성취를 꼼꼼히 분석해 보였다. 노엘 버치, 앞의 책, 130~140쪽. (카페 장면에 대한 분석은 특히 136~137쪽을 참고)

35. 예컨대, 한국의 시네필들에게도 잘 알려진 일본 영화평론가 하스미 시게히코의 다음과 같은 말을 살펴보자. "(…) 어느 피사체를 어떠한 숏에 담을까란 문제에 정답이란 있을 수 없습니다. 그럼에도 뛰어난 감독들은 피사체를 향하는 카메라의 위치나 거기에 던지듯 드리우는 조명, 그리고 그 지속시간 등 모든 게 오롯이 이것밖에 없다는 듯 결정적인 방식으로 작품을 완성해서 보여줍니다. 그렇기에 정답은 없음에도 보고 있는 작품의 숏이 모두 다 완벽하게 느껴집니다. 이러한 작품을 찍는 영화작가들을 저는 '숏을 찍을 수 있는 감독'이라고 부릅니다." (「영화의 '현재'라 불리는 최첨단: 영화평론가 하스미 시게히코 인터뷰」, 《필로》 제13호, 2020년 3월/4월, 207쪽) 여기서 하스미는 (객관적으로) 숏과 관련해서 정답이란 있을 수 없다고 단언한 후에, 그럼에도 불구하고 모든 숏이 (주관적으로) 완벽하게 느껴지는 작품이 있다고 주장함으로써 교묘하게 모순을 피하는 수사적 전략을 취하고 있다. 물론 비평적 판단이란 본질적으로 공리나 전제에 입각해 수행될 수 없는 것이기에 언제나 모종의 수사적 전략을

필요로 한다. 하스미의 주장이 문제적인 것은 숏의 완벽함을 규정할 수 있는 객관적 공리나 전제를 비워낸 자리를 (언제나 숏의 완벽함을 완벽하게 감지하는) '하스미라는 나'로 대체하고 있기 때문이다. 이로써 '하스미라는 나'는 가히 초월적인(transcendent) 비평적 판단의 주체가 된다. 하스미적 비평 방법론을 특징짓는 '주제론(thematics)'은 어떤 작품군을 가로지르며 세부들 간의 연계를 촘촘히 엮어나가는 식으로 수행된다. 이는 그 자체로 지극히 매혹적이지만, 언제나 저 초월적인 비평적 판단의 주체(의 감식안)를 정당화할 뿐인 유사-실증적 방법론이라는 점에서 지극히 권위주의적이기도 하다. 이는 하스미적 비평 방법론에 영감을 제공해 주었음이 분명한 장피에르 리샤르나 롤랑 바르트 같은 이들에게서는 나타나지 않는 특징이다. 이처럼 초월적인 비평적 주체의 권위를 기꺼이 승인하는 이는 자신의 감식안과 저 권위적 주체의 감식안 사이의 대차대조표를 만들면서 둘 사이에 어긋남이 발생할 때마다 끊임없이 불안과 열등감에 시달리게 된다. 앞서 인용한 하스미 시게히코 인터뷰의 서문을 쓴 영화평론가 허문영의 고백처럼 말이다. "나는 도대체 무엇을 본 걸까… 존 포드의 팬임을 자처했지만, 그[의] 강연 앞에선 포드 영화를 한 편도 보지 않은 거나 마찬가지였다."(182쪽) 이미 지적했듯이, 하스미라는 비평적 주체가 감식안을 무기로 내세우는 온갖 단언들에 유사-실증적 근거를 제공해 주는 것은 주제론적 비평의 무대가 되는 작품군(群)의 네트워크다. 더 이상 네트워크에 의존할 수 없게 될 때, 즉 한 편의 영화에 대해서만 논해야 하는 작품론의 경우, 종종 하스미의 비평이 근거 없는 단언들로 가득한 취약한 수사적 에세이가 되어버리는 것은 이 때문이다. 위의 인터뷰를 비롯해 다른 지면에서도 이따금 하스미는 고다르의 글 「고전적 데쿠파주의 옹호와 현양」의 중요성을 강조해 왔다. 영화에서 새로움이란 고전적 데쿠파주, 혹은 고전적 할리우드와의 관계 속에서만 가능하다고 주장하면서 말이다. 하지만 분명 필수적인 것이면서도 쉽사리 근거 짓기 어려운 규칙의 양면성 내지는 역설을 항시 자각하고 있는 고다르적 주체의 긴장이 하스미에게는 없다. 대신 여기서도 초월적인 비평적 판단의 주체가 그 관계의 여부에 대해 결정을 내리는 자로 나타난다. 그리하여 홍상수의 영화는

"젊은 나이에 미국에서 체류한 그의 작품의 숏이나 데쿠파주에 고전적인 할리우드 영화에 대한 향수랄 게 전혀 느껴지지 않기 때문"(210쪽)에 간단히 기각된다. 이런 식의 비평적 주체를 추종하는 이는 세상에는 두 종류의 숏만이 있음을 암암리에 받아들이고 있다고밖에 할 수 없다. 하스미에 의해 승인된 숏과 그렇지 않은 숏. 이는 내가 1장에서 논한 '지관의 비평'의 극치가 될 것이며, 이쯤이면 칸트도 무덤에서 돌아누울 것이다. 따라서, 하스미 시게히코의 수용은 매우 신중하게 이루어져야 한다. 이를테면, 그의 주제론적 에세이들 전반을 가로지르는 저 초월적 주체를 체계적으로 지워버리면서 그 자리에 주제론에 부합하는 가설과 가정, 필요하다면 이론을 다양하게 실험적으로 삽입해보는 것이다.

36. 피터 월렌, 「두 부류의 아방가르드」, 성미숙 옮김, 《공연과 리뷰》 제12호 (1997년 7월), 현대미학사, 150~159쪽. 이 글이 처음 발표된 것은 1975년이다. Peter Wollen, "The Two Avant-Gardes," *Studio International* vol.190, no.978 (November/December 1975), pp.171~175. 1982년에 출간된 월렌의 책 『읽기와 쓰기: 기호학적 대항-전략들(Readings and Writings: Semiotic Counter-Strategies)』에 수록되기도 한 이 글의 원문은 출판사 버소(Verso)의 블로그에서도 찾아볼 수 있다. www.verso-books.com/blogs/3634-the-two-avant-gardes

37. '노동과 문화' 시기의 바쟁의 활동에 관해서는 다음의 책을 참고. 더들리 앤드류, 『앙드레 바쟁』, 임재철 옮김, 이모션북스, 2019, 151~165쪽.

38. André Bazin, "Discovering Cinema: Defense of the (New) Avant-Garde," in *Bazin on Global Cinema 1948-1958*, trans. and ed. Bert Cardullo, Austin: University of Texas Press, 2014, pp.3~7.

39. 피터 월렌, 앞의 글, 158~159쪽. (국역본의 번역을 일부 수정하여 인용하였음)

40. Volker Pantenburg, "1970 and Beyond: Experimental Cinema and Installation Art," in *Screen Dynamics: Mapping the Borders of Cinema*, eds. Gertrud Koch, Volker Pantenburg and Simon Rothöhler, Vienna: SYNEMA, 2012, pp.78~92.

41. 미셸 푸코, 『지식의 고고학』, 이정우 옮김, 민음사, 2000, 190쪽.

42. 발터 벤야민, 『역사의 개념에 대하여/폭력비판을 위하여/초현실주의 외』, 최성만 옮김, 도서출판 길, 2008, 332쪽.

43. 로베르트 무질, 『특성 없는 남자 2』, 안병률 옮김, 북인더갭, 2013, 319쪽.

44. 이 작품은 1960년에 촬영되었지만 당시 진행 중이었던 알제리 독립전쟁(1954~1962)을 간접적으로 다룬 것이 검열에서 문제가 되어 1963년에야 개봉될 수 있었다. 개봉 금지의 표면적인 이유는 영화에 묘사된 고문 장면 때문이었다.

45. 니콜라스 레이에 대한 고다르의 오랜 존경과 애착은 비단 《자니 기타》에 국한되지 않지만, 이 영화가 매우 특권적인 자리에 있는 것은 사실이다. 이 작품은 고다르의 두 번째 장편영화 《작은 병정》에서는 물론이고 《미치광이 피에로》와 《중국 여인》에서도 언급되며, 《주말》에서는 게릴라 투사 가운데 한 명의 코드네임이 '자니 기타'이다. 고다르가 실제로 레이의 영화에 대해 쓴 첫 글은 1956년 작품인 《뜨거운 피(Hot Blood)》에 대한 비평이다. 이 글은 다음과 같은 선동적인 단언으로 시작한다. "영화가 더 이상 존재하지 않게 된다면 오직 니콜라스 레이만이 그것을 다시 발명해낼 수 있으며 무엇보다 그리하기를 원할 것 같다. 우리는 존 포드가 해군 장성이 되고, 로버트 알드리치가 월스트리트로 가고, 앤서니 만이 벨류 라퓌메[Belliou la Fumée: 잭 런던의 모험소설 『스모크 벨류(Smoke Bellew)』의 주인공 이름의 프랑스식 표기]의 족적을 따르거나 라울 월쉬가 카리브해의 하늘 아래서 현대판 헨리 모건[17세기에 카리브해에서 활약한 영국 출신의 해적]이 되는 것은 상상할 수 있지만, 《런 포 커버(Run for Cover)》의 연출자가 영화 이외에 다른 활동을 하리라고 생각하기는 어렵다." Jean-Luc Godard, *Godard par Godard: Les Années Cahiers (1950 à 1959)*, Paris: Flammarion, 1989, p.84.

46. 고다르는 이것이 그리피스의 말이라고 주장해 왔다. 이 말의 출처와 관련해서는 유니버시티칼리지런던(UCL)의 롤랑프랑수아 랙(Roland-François Lack)이 자신이 운영하는 웹사이트에 상세하고 유용한 '추

적기'를 올려 두어 참고가 된다. www.thecinetourist.net/a-girl-and-a-gun.html 랙이 조사한 바에 따르면 사정은 다음과 같다. 미국 잡지 『섀도우랜드(Shadowland)』 1922년 5월호에는 프레드릭 제임스 스미스가 그리피스와 나눈 대화를 토대로 쓴 「대중과 사진극(The Public and the Photoplay)」이라는 기사가 실렸다. 이 기사에 따르면 그리피스는 인기를 끌 영화를 만드는 비법으로 '여자와 총'을 언급했다는 것이다. 이는 루이 델뤽이 창간한 프랑스 영화잡지인 『시네아(Cinéa)』 1922년 5월호를 통해 프랑스에도 소개되었다. 다만 랙은 고다르가 그가 태어나기 전에 나온 『섀도우랜드』나 『시네아』를 직접 참고했을 가능성은 낮다고 본다. 오히려 당대 프랑스의 시네필 커뮤니티에서는 그리피스의 말이 이미 잘 알려져 있었던 것이거나, 벨기에의 사진작가이자 시인인 폴 누제(Paul Nougé)가 1956년에 출간한 책을 통해 알게 되었을 가능성이 크다고 본다. 누제의 책에는 그가 1925년에 브뤼셀에서 한 영화 입문 강연 텍스트가 수록되어 있는데 여기서 그리피스의 문제의 발언에 대해 언급하고 있다. 누제는 『시네아』를 통해 그리피스의 말을 접했을 것이다.

47. 미셸 푸코, 앞의 책, 151~152쪽.

48. 나는 로버트 프랭크의 첫 영화인 《풀 마이 데이지》에 대해 다루면서 이 주제에 대해 논한 바 있다. 유운성, 「사진적 인물과 영화적 인물: 로버트 프랭크의 《풀 마이 데이지》」, 《보스토크》 제19호 (2020년 1-2월호), 보스토크 프레스, 225~232쪽.

49. 마르크스의 『자본론』은 노동이라는 요인을 통해 지탱되는 자기 증식적 가치로서의 자본에 대해 다루고 있기는 하지만, 그의 유물론적 형이상학이 포괄하는 범위는 경제학에 국한되지 않는다.

50. 기 드보르, 『스펙타클의 사회』, 이경숙 옮김, 현실문화연구, 1996, 11쪽과 25쪽.

51. 에마뉘엘 레비나스, 『전체성과 무한: 외재성에 대한 에세이』, 김도형·문성원·송영창 옮김, 그린비, 2018, 239쪽.

52. 미셸 푸코, 앞의 책, 149쪽.

53. 미셸 푸코, 위와 같음.

54. 쿨레쇼프가 실험에서 활용한 것을 그대로 오늘날의 관객에게 보여 준다면 결코 이런 감정을 느끼지 못할 것이다. 앞서 본문에서 서술한 대로, 오늘날의 관객들은 무성영화 시기의 관객들과 전혀 다른 언표적 장에 있기 때문이다. 에이젠슈테인의 지적 몽타주 실험 대부분은 오늘날의 관객에게는 터무니없을 정도로 교설적(didactic)으로 보일 것이다. 오늘날의 관객이 지적 몽타주에 감응하는 일은 상당한 수준의 훈련을 거친 다음에라야 가능하다. 이러한 훈련은 그 자체로 교육적(pedagogic)인 가치가 있겠지만, 이러한 교육적 훈련을 적절한 방식으로 제공하는 곳이 과연 존재하는지는 의문이다. 대학(원)의 영화 관련 학과들이라 해도 다를 바 없다.

55. 프랑수아 트뤼포, 『히치콕과의 대화』, 곽한주·이채훈 옮김, 한나래, 1994, 278쪽. 텔레비전을 통해 방영된 한 인터뷰에서 히치콕이 자신의 얼굴을 소재로 쿨레쇼프 효과를 시연해 보이는 영상도 있다. 트뤼포와의 인터뷰에서 언급한 《이창》의 사례와 비교해 보라. www.youtube.com/watch?v=MCK53Lb4-pI

56. Gilles Deleuze, *Cinéma 1: L'Image-Mouvement*, Paris: Les Editions de Minuit, 1983, pp.214~215. 질 들뢰즈, 『영화 1』, 주은우·정원 옮김, 새길, 1996, 289~290쪽. (국역본의 번역을 일부 수정하여 인용하였음)

57. Gilles Deleuze, Ibid., p.217.

58. Gilles Deleuze, Ibid., p.215.

59. 고다르와 장피에르 고랭이 만든 《제인에게 보내는 편지: 한 장의 사진에 대한 조사》는 1972년에 베트남을 방문한 제인 폰다—그녀 또한 액터스 스튜디오에서의 훈련을 거친 배우다—의 사진을 매개로 삼아 영화에서 얼굴 이미지의 기능 변화에 대한 사색을 펼쳐 보이는 에세이 영화다. 여기서 고다르는 영화, 스포츠 그리고 정치 영역의 동시대 '스타'들이 카메라 앞에서 무언가를 "표현하는 표정(expression of expression)"을 짓는 관행을 문제 삼는다. 나는 다른 글에서 이 주제에 관해 상세히 다룬 적이 있다. 유운성, 「그저 하나의 얼굴: 《제인에게 보내는 편지》」, 『유령과 파수꾼들: 영화의 가장자리에서 본 풍경』(제2판), 미디어버스, 2020, 305~313쪽.

60. 1960년대에 주로 텔레비전에서 활동했던 돈 시겔은 1968년에 발표

한 《형사 매디건》을 기점으로 본격적으로 극장용 장편영화 제작에 복귀한다. 이후 시겔이 만든 영화들은 무표정한 얼굴의 역량을 할리우드에 재도입하려는 시대착오적인 시도로 특징지어지는데, 때는 바야흐로 보편화된 메소드 연기가 이른바 '새로운 할리우드'의 스크린을 종횡무진하던 시기였다. 바로 이런 시기에 시겔은 리처드 위드마크(《형사 매디건》), 존 웨인(《최후의 총잡이》), 찰스 브론슨(《텔레폰》) 그리고 클린트 이스트우드와 같은 배우들의 무표정한 얼굴에 집착했던 것이다. 특히 이스트우드와의 관계는 각별해서, 세르지오 레오네가 연출한 세 편의 스파게티 웨스턴에 연달아 출연했던 이스트우드를 미국영화의 스크린에 복귀시킨 《일망타진》에서부터 《호건과 사라》, 《매혹당한 사람들》, 《더티 해리》 그리고 《알카트라즈 탈출》까지 10여 년 동안 다섯 편의 영화를 그와 만들었다. 하지만 이스트우드의 얼굴은 역량 없음을 자신의 역량으로 삼음으로써 몽타주의 가능성을 열어 놓는 그런 얼굴이 아니다. 오히려 그것은 여타의 이미지들을 압도하고 모든 의미를 집어삼키는 강력한 무(無)로서의 얼굴이다. 무는 이 얼굴의 의미 자체다.

61. 아무것도 말하지 않는 얼굴은 서구적 시네필리아의 에토스와 단단히 결부되어 있다. 이를 대표하는 현대영화의 영웅은 그만의 '모델론'에 입각해 독특한 연기 양식을 발전시킨 로베르 브레송이다. 또한, 이와 관련해서 우리는 왜 유독 1950년대에 아시아 영화가 서구의 시네필들에 의해 '발견'된 것인지 자문해볼 수 있다. (물론 우리는 남미 영화와 아프리카 영화 등에 대해서도 유사한 물음을 던져볼 수 있다) 내면을 표현하는 기호로서 독해 가능한 얼굴이 바야흐로 주류 영화에서 특권화되고 있을 무렵, 서구의 시네필들은 그러한 얼굴에 대한 대안을 아시아 영화에서 찾은 것은 아니었을까? 일본 영화나 인도영화에 나타난 타자의 얼굴에 조금이나마 익숙해지고 그들 얼굴의 미묘함(내면성) 또한 파악할 수 있게 될 무렵에는 이란, 홍콩, 대만, 중국, 한국, 태국, 필리핀 등으로 계속 이동해 가면서 말이다. 차이밍량의 영화에서의 이강생이나 지아장커 영화에서의 왕홍웨이와 자오타오 같은 작가적 페르소나들은 물론이고, 압바스 키아로스타미, 허우샤오시엔, 구로사와 기요시, 다레잔 오미르바예프, 아피찻퐁

위라세타쿤, 라브 디아즈 등의 영화에서 마주치게 되는 얼굴들, 보다 최근의 사례로는 비간, 하마구치 류스케, 아노차 수위차콩퐁 등의 영화에서 마주치곤 했던 얼굴들이 떠오른다. 반면, 노골적으로 표현적인 얼굴이 주도하는 영화들은 (종종 시네필들에게 경멸의 대상이 되는) 아시아 장르영화 팬들에게 호소하는 경향이 있다. 예컨대 《와시푸르의 갱들》이나 《어글리》의 아누락 카쉬얍이 인도영화 마니아 커뮤니티를 넘어 시네필의 지도에 자리를 잡는다는 것은 여전히 요원한 일로 보인다. 한국에서 카쉬얍의 영화들은 주로 부천국제판타스틱영화제를 통해 소개되었다.

62. 마이클 위트는 대체로 고다르의 주요작으로 간주되지 않는 이 두 편의 루이스적 영화가 《영화의 역사(들)》의 주요 주제나 관심과 관련해 특별히 중요하며 이런 관점에서 재평가될 필요가 있다고까지 주장한다. Michael Witt, op.cit., p.60. 고다르가 루이스와 관련해 한 말 가운데 가장 유명한 것은 그의 영화가 정말 웃기느냐는 질문에 다음과 같이 답한 것이다. "웃기지 않을 때는 심지어 더 웃기는데 왜냐하면 웃기지 않으니까요 (Even when it's not funny, it's more funny, because it's not funny)." 이 말은 고다르가 1980년에 미국 텔레비전 토크쇼 프로그램 〈딕 캐벗 쇼〉에 출연했을 때 한 말이다. 여기서 고다르는 루이스를 해리 랭던, 버스터 키튼, 찰리 채플린 등 익살광대극의 대가들의 계보에 위치시킨다. "그는 공간을 가지고 작업하죠. 그는 이른바 현대적이라는 그 모든 영화감독들처럼 이동촬영을 한다거나 카메라로 멋부리는 장난질을 하지 않아요. 그가 관심을 두는 것은 단지 프레이밍이죠. 위대한 화가들처럼 그는 정말 프레임을 잘 짜는 사람이에요. 그에겐 대단한 기하학적 감각이 있죠. 희극적인 효과를 내려면 기하학에 능해야 해요." 이 토크쇼는 유튜브에서 볼 수 있다. www.youtube.com/watch?time_continue=176&v=NAsUE1qNgMs

63. 러시아어로 '페레(пере-)'는 반복을 뜻하는 접두사다. 페레몽디주는 영어로는 're-editing'이라고 번역된다. 주로 무성영화 시기에 행해진 페레몽타주는 영화가 개봉되는 지역의 풍토에 맞게 영화를 다시 작업하는 일을 뜻했다. 1920년대 소련에서는 외국영화를 개봉할 때 이런 식의 페레몽타주 작업을 거쳐 번안하는 경우가 꽤 있었다고 한다. 사소하게는

영화의 제목이나 사이 자막의 내용, 등장인물의 이름이 바뀌는 것은 물론이고, 일부 장면이 삭제되거나 심지어 원래 영화에 없던 장면이 추가되기도 했다. 페레몽타주에 관한 보다 상세한 논의는 유리 치비얀의 다음 논문을 참고. Yuri Tsivian, "The Wise and Wicked Game: Re-editing and Soviet Film Culture of the 1920s," *Film History* 8 (3), pp.327~343.

64. 이 인터뷰의 영문 번역본은 kinoslang.blogspot.com/2019/12/ardent-hope-interview-with-godard.html

65. Robert Bresson, *Notes sur le cinématographe*, Paris: Éditions Gallimard, Collection Folio, 2002, p.23. 번역은 필자. 국역본의 번역도 참고할 것. 로베르 브레송, 앞의 책, 19~20쪽.

3장

1. 루이스 부뉴엘이 인터뷰에서 한 말이다. Michèle Manceaux, "Luis Buñuel: athée grâce à Dieu," *L'Express*, 12 May 1960, p.41.

2. 조르조 아감벤, 『내용 없는 인간』, 윤병언 옮김, 자음과모음, 2017, 107쪽.

3. 《우리가 한때 가졌던 생각(The Thoughts That Once We Had)》(2015)의 작가 노트 중에서. 배급사 홈페이지에서 찾아볼 수 있다. lux.org.uk/work/the-thoughts-that-once-we-had.

4. Gilles Deleuze, *Cinéma 2: L'Image-Temps*, Paris: Les Editions de Minuit, 1985, p.213. 질 들뢰즈, 『시네마 II: 시간-이미지』, 이정하 옮김, 시각과 언어, 2005, 326쪽. (국역본의 번역을 일부 수정하여 인용하였음.)

5. 오스카 와일드, 「예술가로서의 비평가」, 『오스카 와일드 예술평론』, 이보영 옮김, 예림기획, 2001, 81쪽.

6. 샤를 보들레르, 「문학청년들에게 주는 충고」, 『보들레르의 수첩』, 이건수 옮김, 문학과지성사, 2011, 16~17쪽.

7. 앙투안 콩파뇽, 『보들레르와 함께하는 여름』, 김병욱 옮김, 뮤진트리, 2020, 55쪽.

8. 오쓰카 에이지, 『이야기 체조: 이야기를 만들기 위한 6가지 레슨』, 선정우 옮김, 북바이북, 2014, 176쪽.

9. 오쓰카 에이지, 위의 책, 79쪽.

10. 오쓰카 에이지, 위의 책, 145쪽.

11. 알랭 바디우, 『비미학』, 장태순 옮김, 이학사, 2010, 147쪽. 불순한 운동과 더불어 바디우가 고려하고 있는 것은 전체적 운동과 국지적 운동이다. 이 세 가지 운동의 차이에 대해서는 해당 글을 참고.

12. André Bazin, "Pour un cinéma impur: défense de l'adaptation," in *Qu'est-ce que le cinéma?: II. Le cinéma et les autres arts*, Paris: Les éditions du cerf, pp.31~32. 국역본은 「비순수영화를 위하여: 각색의 옹호」(박상규)와 「비순수 영화를 위하여: 각색에 대한 옹호」(김태희).

13. 알랭 바디우, 앞의 책, 147쪽 및 153~154쪽.

14. 알랭 바디우, 위의 책, 153~154쪽.

15. 알랭 바디우, 위의 책, 163쪽.

16. 알랭 바디우, 위와 같음.

17. Francesco Casetti, *Theories of Cinema*, 1945-1995, Austin: University of Texas Press, 1999, p.316.

18. Victor Burgin, *The Remembered Film*, London: Reaktion Books, 2004.

19. 시몬느 베이유, 『불꽃의 여자 시몬느 베이유의 사색 1: 중력과 은총』, 윤진 옮김, 사회평론, 1999, 15쪽.

20. André Bazin, "*Le journal d'un curé de campagne* et la stylistique de Robert Bresson," in *Qu'est-ce que le cinéma?: II. Le cinéma et les autres arts*, pp.49~50. 국역본은 「영화 《시골 사제의 일기》와 로베르 브레송의 문체론」(박상규)과 「《어느 시골 신부의 일기》와 로베르 브레송의 스타일」(김태희).

21. V.F. Perkins, *Film as Film: Understanding and Judging Movies*, New York: Penguin Books, 1972, pp.57~58.

22. 테오도르 W. 아도르노, 『베토벤, 음악의 철학: 단편들과 텍스트』, 문병호·김방현 옮김, 세창출판사, 2014, 25~27쪽. 352~352쪽의 편집자 주도 참조할 것.

23. 노엘 버치, 『영화의 실천』, 이윤영 옮김, 아카넷, 2013, 113쪽.

24. 조르주 바타유, 『마네』, 송진석 옮김, 문학동네, 2020, 57~66쪽.

25. 모리스 블랑쇼, 『문학의 공간』, 이달승 옮김, 그린비, 39~56쪽.

26. 조르주 바타유, 앞의 책, 114쪽.

27. 1998년에 발표된 이 작품은 같은 해에 나온 토마스 빈터베르크의 《셀레브레이션》에 이은 '제2호 도그마 영화'이며 이는 영화 시작 부분에 명기되어 있다. 한편으로, 폰 트리에 자신은 《백치들》을 《브레이킹 더 웨이브》(1996) 및 《어둠 속의 댄서》(2000)와 더불어 '골든 하트 삼부작(Golden Heart Trilogy)'라 칭하기도 했는데, 하나같이 백치 또는 아이와

같은 특성을 띤 인물들을 전면에 내세우고 있다.

28. 《시골 사제의 일기》에서 사제를 만나러 온 백작 부인은 대화 도중에 다음과 같이 말한다. "신부님, 한 아이에 대한 절망적인 기억이 저를 모든 것으로부터 떼어내 끔찍한 고독 속에 두었었는데, 이젠 다른 아이가 저를 거기서 꺼내준 것 같네요. 당신을 아이라고 불렀다 해서 자존심이 상하시진 않길 바라요."

29. Tag Gallagher, *The Adventures of Roberto Rossellini: His Life and Films*, Boston: Da Capo Press, 1998, pp.342~344.

30. 실제로 파솔리니는 《프란체스코, 신의 어릿광대》를 "가장 아름다운 이탈리아 영화 가운데 한 편"으로 꼽았다.

31. Pierre Leprohon, *The Italian Cinema*, revised English ed., New York: Praeger, 1972, p.136. 위의 책 p.354에서 재인용.

32. Sergei Eisenstein, "The Montage of Attractions," in *S.M. Eisentein Selected Works Volume 1: Writings, 1922-1934*, trans. and ed. Richard Taylor, London: BFI Publishing, 1988, pp.33~38. 세르게이 에이젠슈테인, 「인력의 몽타쥬」, 『에이젠슈테인 선집 2: 몽타쥬 이론』, 이정하 엮고 옮김, 예건사, 1990.

33. Sergei Eisenstein, "The Montage of Film Attractions," pp.39~58.

34. 이정하, 「에이젠슈테인의 몽타주 개념에 대한 인식론적 고찰: 몽타주의 정서적 진화」, 《영화연구》제53호 (2012년 9월), 한국영화학회, 223~242쪽.

35. Sergei Eisenstein, "Methods of Montage," in *Film Form: Essays in Film Theory*, trans. and ed. Jay Leyda, New York: Harcourt, Brace & World, 1949, p.82. 세르게이 에이젠슈테인, 「영화의 사차원: 몽타쥬의 방법」, 『에이젠슈테인 선집 2: 몽타쥬 이론』.

36. 이에 대해서는 다음을 참고. 세르게이 에이젠슈테인·알렉산더 클루게, 『《자본》에 대한 노트』, 김수환·유운성 옮김, 문학과지성사, 2020.

37. 김용수는 에이젠슈테인이 연극 연출 경험에서 끌어낸 어트랙션 (attraction) 개념을 다음과 같이 정리한 바 있다. "어트랙션은 연극의 '공

격적인 측면'(aggressive aspect)'으로서 관객에게 어떤 정서적 충격을 주
거나, 감각적 혹은 심리적 효력을 미치기 위해 철저히 계산된 공연의 기본
구성단위를 말한다. 넓은 의미에서 어트랙션은 하나의 에피소드 혹은 장
면이며, 좁은 의미에서는 독백, 노래, 춤 같은 공연의 작은 구성단위를 가
리킨다." 김용수, 『영화에서의 몽타주 이론』, 열화당, 1996, 123쪽. 『몽타
주 에이젠슈테인』에서 오몽은 어트랙션 개념의 "흔적은 에이젠슈테인이
'전문가'로서 연출한 첫 연극 작품인 [잭 런던의 원작을 각색한] 《멕시코
인》에서 (특히 공연 도중에 '실시간' 길이로 삽입된 유명한 권투 시합 장면
에서) 발견할 수 있을 것"이라고 지적한다. "하지만 무엇보다 그 개념의
전제들은 서커스, 특히 그것의 '기이한' 측면에 대한 에이젠슈테인의 조숙
한 취향에서 찾을 수 있다고 본다. 따라서 원래 어트랙션은 뮤직홀 공연물
혹은 촌극으로 (…) 한층 도발적인 공연 예술 형식들에 의지하는 것"이다.
Jacques Aumont, *Montage Eisenstein*, trans. Lee Hildreth, Constance
Penley, and Andrew Ross, London: BFI Publishing, 1987, p.42. 자크 오
몽의 견해를 참고하면서, 이정하는 에이젠슈테인에게 있어서 어트랙션
개념이 "서커스나 뮤직홀에서 관객의 흥미를 끌기 위해 행해지는 독립적
인 막간 쇼인 어트랙션 쇼 형식에서 직접 가져온 것이기 때문"에 '견인'이
나 '유인'의 뜻으로 이해되어서는 안 된다고 지적한다. 이정하, 「에이젠슈
테인의 몽타주 개념에 대한 인식론적 고찰: 몽타주의 정서적 진화」, 《영화
연구》제53호 (2012년 9월), 한국영화학회, 229쪽. 한편, 어트랙션 개념은
에이젠슈테인의 독자적인 창안이 아니라 모스크바 프롤레트쿨트 제1노동
자극단에서 1923년에서 1924년 사이에 그와 긴밀한 협력 관계에 있던 세
르게이 트레티야코프와 공동으로 발전시킨 개념이라는 점도 짚고 넘어갈
필요가 있다. 트레티야코프가 1924년에 발표한 「어트랙션의 연극」을 영어
로 옮긴 크리스틴 롬버그에 따르면 에이젠슈테인과 트레티야코프는 "연
극적 사건의 정동적 내용을 평가할 합리적 규준을 정초하고자 시도하면
서 어트랙션의 이론을 제안했다." Sergei Tret'iakov, "The Theater of At-
tractions," *October* vol.118 (Fall 2006), pp.19~26. 소비에트 아방가르드의
핵심적 이론가이자 창작가였던 트레티야코프에 관한 흥미로운 논의가 담

겨 있는 다음 글도 참고. 김수환,「기원적 물음을 찾아서: 소비에트 팩토그 래피라는 동시대성」,《쑴》제5호(2017년 하권), 문학실험실, 27~49쪽.

38. Sergei Eisenstein, "How I Became a Film Director," in *Notes of a Film Director*, trans. X. Danko, New York: Dover Publications, 1970, p.16. 세르게이 에이젠스쩨인,「나는 어떻게 영화감독이 되었는가」,『감독 노트: 나는 이렇게 영화를 만들었다』, 김석만 엮고 옮김, 도서출판 예하, 1991.

39. Sergei Eisenstein, "Methods of Montage," pp.72~83.

40. Sergei Eisenstein, "Synchronization of Senses," in *The Film Sense*, trans. and ed. Jay Leyda, New York: Harcourt, Brace & World, 1942, pp.67~109.

41. Sergei Eisenstein, "Methods of Montage," p.79.

42. Sergei Eisenstein, "A Dialectic Approach to Film Form," in *Film Form: Essays in Film Theory*, p.60. 세르게이 에이젠슈테인,「영화형식에 대한 변증법적 연구」,『에이젠슈테인 선집 2: 몽타쥬 이론』.

43. Sergei Eisenstein, "The Cinematographic Principle and the Ideogram," in Ibid., p.37. 세르게이 에이젠슈테인,「영화의 원리와 표의문 자」,『사유 속의 영화』, 이윤영 엮고 옮김, 문학과지성사, 2011.

44. Sergei Eisenstein, "The Montage of Film Attractions," p.41.

45. Sergei Eisenstein, "A Dialectic Approach to Film Form," p.53.

46. Sergei Eisenstein, "The Cinematographic Principle and the Ideogram," p.40.

47. 조르조 아감벤,「몸짓에 관한 노트」,『목적 없는 수단』, 김상운·양창 렬 옮김, 도서출판 난장, 2009, 65쪽.

48. 이론적으로 다루기 까다로운 몸짓이라는 대상에 실증적인 틀을 벗 어난 에세이적 방법론으로 섭근한 사례로 빌렘 플루서를 떠올려볼 수 있 다. 빌렘 플루서,『몸짓들』, 안규철 옮김, 워크룸프레스, 2018. 영화와 관련 해 아감벤이 제안한 몇몇 개념들의 이론적 가능성을 타진해본 글들을 모 은 최근의 선집으로는 Asbjørn Grønstad and Henrik Gustafsson, eds.

Cinema and Agamben: Ethics, Biopolitics and the Moving Image, New York: Bloomsbury, 2014. 2015년에 발행된 《문화연구저널(Journal for Cultural Research)》(vol.19, no.1)은 영화에서의 몸짓을 주제로 삼았다.

49. Gilles Deleuze, *Cinéma 1: L'Image-Mouvement*, Paris: Les Editions de Minuit, 1983, p.36.

50. Gilles Deleuze, Ibid., p.103.

51. Gilles Deleuze, Ibid., p.93.

52. Gilles Deleuze, Ibid., p.94.

53. Gilles Deleuze, *Cinéma 2: L'Image-Temps*, p.50~51. 질 들뢰즈, 『시네마 II: 시간-이미지』, 77쪽. (국역본의 번역을 일부 수정하여 인용하였음.)

54. 조르조 아감벤, 「몸짓에 관한 노트」, 65쪽.

55. Gilles Deleuze, op.cit., p.59.

56. Gilles Deleuze, Ibid., pp.59~61.

57. 알랭 바디우, 『들뢰즈: 존재의 함성』, 박정태 옮김, 이학사, 2001, 115쪽과 141쪽.

58. Gilles Deleuze, op.cit., pp.109~110.

59. 알랭 바디우, 앞의 책, 126~127쪽.

60. 알랭 바디우, 『반역은 옳다』, 서용순 옮김, 문예출판사, 2019, 66쪽.

61. 리처드 로티, 『우연성, 아이러니, 연대』, 김동식·이유선 옮김, 사월의책, 2020, 44쪽.

62. Sergei Eisenstein, "The Montage of Film Attractions," pp.40~41.

63. 1898년생인 에이젠슈테인은 1899년에 태어난 히치콕보다 불과 한 살 위이지만 여든이 넘어 세상을 뜬 히치콕과 달리 불과 50세에 세상을 떠났다. 청년 고다르는 히치콕의 영화들을 동시대의 영화들로써 접할 수 있었고 특히 1956년 작품인 《누명 쓴 사나이》에 대해서는 대단히 뛰어난 평론을 남기기도 했다. 하지만 에이젠슈테인은 고다르가 평론가로서 경력을 시작했을 당시 이미 세상을 떠나고 없었다. 둘의 시간적 어긋남이 20세기 영화사(史)가 괜히 짓궂은 심술을 부린 탓인지는 알 수 없지만, 둘의 사유와 영화 들을 몽타주해 보는 것이야말로 우리의 과제다.

64. Dmitry Golotyuk and Antonina Derzhitskaya, "Jean-Luc God-ard (2018): Des mots comme des fourmis," *Débordement*. www.debor-dements.fr/Jean-Luc-Godard-2018. 「개미 같은 말들: 고다르와의 대화」, 《오큘로》 제9호 (2021년 10월), 84~85쪽.

65. 이 문단 전체의 내용은 필자의 문의에 대해 한국외국어대학교 러시아학과의 김수환 교수께서 이메일을 통해 답변해 주신 내용을 토대로 정리한 것이다.

66. 오브라즈/이조브라제니에라는 개념쌍은 러시아 바깥에서 여전히 적절한 번역어를 찾지 못하고 있는 실정이며 우리나라도 예외는 아니다. 서구에서는 대체로 오브라즈가 'image'로 통용되곤 한다. 여기서부터가 문제다. 공통 어근의 존재를 명확히 하려면 이조브라제니에를 'imagina-tion'으로 옮길 수밖에 없는데 이는 이미 '상상(력)'이라는 뜻으로 지나치게 고착되어 있어 새로운 사용에 열려 있지 않다. (게다가 이는 본문에서 언급한 러시아어 '보브라제니에'의 번역어에 해당하는 것이기도 하다) 그래서인지 에이젠슈테인의 여러 주요한 글들을 엮어 처음으로 영어권 독자들에게 소개했던 제이 레이다는 이조브라제니에를 'representation'으로 번역했지만 'depiction'이나 'figuration'으로 옮기기를 더 선호하는 이들도 있다. 1990년에 에이젠슈테인의 몇몇 글을 묶어 선집 『몽타쥬 이론』을 펴낸 바 있는 이정하의 경우, 오브라즈는 '형상'으로 이조브라제니에는 '묘사'로 옮기면서 이조브라제니에가 오브라즈에서 나온 말임을 각주를 통해 밝히기도 했다.

67. Sergei Eisenstein, "Word and Image," in *The Film Sense*, pp.1~65. 세르게이 에이젠슈테인, 「수직의 몽타주 I」, 『에이젠슈테인 선집 2: 몽타쥬 이론』, 423~466쪽.

68. Sergei Eisenstein, Ibid., pp.35~36.

69. Sergei Eisenstein, Ibid., pp.64.

70. Sergei Eisenstein, Ibid., pp.11.

71. 기 드보르, 『스펙타클의 사회』, 이경숙 옮김, 현실문화연구, 1996, 23쪽과 25쪽.

72. 세르게이 에이젠슈테인·알렉산더 클루게, 『《자본》에 대한 노트』, 48쪽.

73. 이 책은 'Die versiegelte Zeit'라는 제목으로 1985년에 독일어로 처음 출간되었다. 1991년에 출간된 한국어판(김창우 옮김, 분도출판사)의 제목 '봉인된 시간'은 저본으로 삼은 독일어판의 제목을 따른 것이다. 독일어로 'versiegeln'은 '봉하다' 또는 '봉인하다'라는 뜻이다. 'Запечатлённое время'라는 제목의 러시아어판은 1986년에 간행되었다. 2021년에 새로 번역되어 나온 『시간의 각인』(라승도 옮김, 곰출판)은 러시아어판을 저본으로 삼았다. 이 책의 러시아어 전문은 다음의 사이트에서 살펴볼 수 있다. tarkovskiy.su/texty/vrema.html.

74. 타르코프스키가 《이반 대제》의 음악적이고 리듬감 있는 구조를 상찬하면서 자신이 한때 그 리듬에 매혹되기도 했음을 솔직히 밝히고 있는 원서의 몇몇 문장들은 2021년에 나온 새로운 번역본에는 모두 누락되어 있다. 하지만 1991년에 처음 출간된 번역본에는 포함되어 있다. 이는 다음과 같다. "이 영화는 음악적이고 리듬감 있는 구조 때문에 대단한 힘을 갖고 있다. 몽타주 단편들의 교차, 쇼트의 변화, 이조브라제니에와 사운드의 결합 등이 이 영화에서는 너무나 정교하게, 그리고 엄격하게 이루어져 있다. 바로 이런 이유 때문에 《이반 대제》는 그런대로 설득력을 갖게 된다. 어쨌든 이 영화는 그 당시 그 리듬감 때문에 나를 매혹시켰었다." 안드레이 타르코프스키, 『봉인된 시간: 영화 예술의 미학과 시학』, 김창우 옮김, 분도출판사, 1991, 84~85쪽. (번역은 일부 수정.)

75. 안드레이 타르코프스키, 위의 책, 85쪽. (번역은 수정)

76. 김창우(『봉인된 시간』)는 키노브라즈를 '영화적 형상'으로, 오브라즈를 '영상' 또는 '형상'으로 옮겼다. 라승도(『시간의 각인』)는 키노브라즈를 '영화 이미지'로, 오브라즈를 '이미지'로 옮겼다.

77. 안드레이 타르코프스키, 위의 책, 127쪽. (번역은 수정)

78. Giorgio Agamben, "Cinema and History: On Jean-Luc Godard," trans. John V. Garner and Colin Williamson, in *Cinema and Agamben: Ethics, Biopolitics and the Moving Image*, pp.25~26. 아감벤이

기 드보르의 영화에 대해 다룬 다음 글도 중요하다. Giorgio Agamben, "Difference and Repetition: On Guy Debord's Films," trans. Brian Holmes, in *Guy Debord and the Situationist International: Texts and Documents*, ed. Tom McDonough, Cambridge, MA and London: MIT Press, 2002, pp.313~319. 아감벤의 고다르 독해와 관련해서는 다음의 논문을 참고. 박영석, 「장뤽 고다르의 메타역사: 역사적 몽타주와 디지털 이미지」, 《문학과 영상》제20권 제3호 (2019년 12월), 문학과영상학회, 525~552쪽.

79. 세르게이 에이젠슈테인·알렉산더 클루게, 앞의 책, 46쪽.

80. 이 작품의 영어 제목은 'The Deserted'이다. 국내에서는 '더 데저티드'라는 제목으로 2019년 부천국제판타스틱영화제를 통해 소개되었다. 제목의 난야사는 영화 《천녀유혼》의 원작으로 잘 알려진 포송령의 기담 모음집 『요재지이』의 「섭소천」 편에 나오는 귀신 들린 절의 이름이다. 《난야사의 집》에서 배우 이강생은 귀신 섭소천과 사랑에 빠지게 되는 영채신을 연상케 하는 인물로 등장한다. 난야사는 국내에서 흔히 '난약사'로 잘못 알려져 왔다. 난약사라는 절 이름은 1987년에 개봉된 정소동 연출의 《천녀유혼》을 통해 널리 알려진 이래 2021년에 tvN에서 방영된 드라마 〈빈센조〉에까지 등장하고 있다. '난약'은 숲을 뜻하는 산스크리트어 'aranya(아라냐)'를 음역한 '蘭若(난야)'를 잘못 읽은 것이다. '若'자는 '같다'나 '어리다', 혹은 '만약'의 뜻으로 쓰일 때는 '약'(중국어 발음은 '루어')으로 읽지만 『반야심경』의 '반야(般若)'처럼 산스크리트어의 음역일 경우에는 '야(중국어 발음은 '러')'로 읽어야 한다. 난야사와 관련된 이상의 내용을 확인해 일러 준 이화여자대학교 중어중문학과의 김정구 교수께 감사드린다.

81. 나는 별도의 글에서 이 작품에 대해 좀 더 상세히 다루었다. 이 글은 서현석의 〈X(무심한 연극)〉를 제작 지원한 국립현대미술관의 다원예술 프로그램 《멀티버스》연계 책자(2022년 출간 예정)에 수록될 예정이다. 유운성, 「몸짓의 영화를 위한 산책: 서현석의 〈X(무심한 연극)〉」, 2021, 미출간.

82. 이와 관련해서는 다음 논문을 참고. 오준호, 「한국 영화제도의 형성 과정: 유네스코의 기초교육 프로그램과 교육영화를 중심으로」, 《문학과 영상》제19권 제2호 (2018년 9월), 문학과영상학회, 247~280쪽. 특히 논문 의 2절('유네스코의 기초교육 프로그램과 노먼 맥라렌')을 보라.

83. Gilberto Perez, *The Material Ghost: Films and Their Medium*, Baltimore: The Johns Hopkins University Press, 1998, pp.266~267.

84. 이 서신교환 프로젝트는 스페인의 바르셀로나현대문화센터 (CCCB)에서 기획한 것이다. 두 감독이 일련의 영화-편지를 만들어 서 로 교환하고 그 결과물을 일반에 공개한다는 아이디어는, 원래 알랭 베르 갈라와 호르디 바요가 기획한 전시를 준비하는 과정에서 나온 것이었다. 《에리세-키아로스타미: 서신교환(Erice-Kiarostami: Correspondences)》 이라는 이 전시는 스페인 바르셀로나(2006.2.10.~5.21)를 시작으로 이후 프 랑스 파리(2007.9.19~2008.1.7) 그리고 호주 멜버른(2008.8.21~11.2) 등에 서 진행되었다.

85. Pavle Levi, *Cinema by Other Means*, New York: Oxford University Press, 2012, p.138.

86. Pavel Levi, Ibid., p.27.

87. 오르페우스 스튜디오에 대한 이 문단의 설명은 프라다 재단의 프로 젝트 홈페이지를 참고했다. www.fondazioneprada.org/project/jean-luc-godard-le-studio-dor-phee/?lang=en

88. 모리스 블랑쇼, 앞의 책, 250쪽.

89. 모리스 블랑쇼, 위의 책, 257~258쪽.

어쨌거나 밤은 무척 짧을 것이다
세기의 아이들을 위한 반영화입문

초판 1쇄 발행 · 2021년 11월 11일
초판 3쇄 발행 · 2023년 12월 29일

지은이 · 유운성
편집 · 이기원 김현호
디자인 · 동신사

펴낸 곳 · 주식회사 보스토크 프레스
펴낸이 · 김현호
등록 · 2016년 9월 7일 서울 제 25100-2016-000075호
주소 · 서울시 마포구 망원로 1-5

홈페이지 · www.vostokpress.net
전화 · 02-333-6602
팩스 · 02-335-4627
이메일 · vostokon@gmail.com
ISBN · 979-11-7037-036-9 (03680)
값 · 17,000원

이 책은 서울문화재단의 2021년 예술전문서적발간지원사업 선정 도서입니다